욕망과
환상

욕망과 환상

한국 교회와 사회에 관한 문화사회학적 탐구

지은이 | 이철
펴낸이 | 김성실
기획편집 | 이소영 · 박성훈 · 김하현 · 김성은 · 김선미
마케팅 | 곽홍규 · 김남숙
인쇄 | 삼광프린팅
제책 | 바다제책사

초판 1쇄 | 2014년 6월 2일 펴냄

펴낸곳 | 시대의창
출판등록 | 제10-1756호(1999. 5. 11.)
주소 | 121-816 서울시 마포구 연희로 19-1 4층
전화 | 편집부 (02) 335-6125, 영업부 (02) 335-6121
팩스 | (02) 325-5607
이메일 | sidaebooks@daum.net

ISBN 978-89-5940-291-5 (93210)

ⓒ 이철, 2014, Printed in Korea.

이 도서의 국립중앙도서관 출판시도서목록(CIP)은
서지정보유통지원시스템 홈페이지(http://seoji.nl.go.kr)와
국가자료공동목록시스템(http://www.nl.go.kr/kolisnet)에서 이용하실 수 있습니다.
(CIP제어번호: CIP2014011925)

욕망과
환상

한국 교회와 사회에 관한
문화사회학적 탐구

이철 지음

시대의창

두 번째 책을 내놓는다. 이번 책에 실린 글들은 필자의 첫 번째 책《사회 안에 교회 교회 안에 사회》의 내용과는 상당히 다르다. 지난번 책은 주로 종교사회학의 관점에 근거하여 교회와 사회의 관계나 기독교 문화 운동을 연구하였다. 그리고 이때 사용한 방법론은 대부분 미국 종교사회학 이론이었으며 특히 나의 은사였던 피터 버거Peter L. Berger나 리처드 펜Richard Fenn의 이론을 활용하였다. 그러나 이번에는 문화사회학Cultural Sociology의 관점에서 사회와 교회의 문제점들을 조망하면서 보다 다양한 학자들의 이론을 사용하였다.

이런 변화를 취하게 된 이유는, 첫째로 문화와 사회구조를 더 깊게 연구할 필요가 있었고, 둘째로 기존의 연구 방법이나 이론과는 다른 새로운 방법론을 찾고 싶었기 때문이다. 그리하여 최근 학문 분야나 동향을 탐문하기 시작했고 그러던 중 만나게 된 것이 문화사회학이었으며, 특히 이 주제에 새롭게 접근한 제프리 알렉산더Jeffrey C. Alexander와 필립 스미스Phillip Smith의 문화사회학이었다. 이들이 저술한 책들을 읽으면서 새로운 각도에서 문화를 바라볼 수 있는 기회를 갖게 되었고 결국 이전과는 매우 다른 학문 영역으로 들어갈 수 있었다.

한 가지 놀라운 것은 아주 오래전인 청년기 때부터 가지고 있었던 질문들에 대한 대답을 이 새로운 분야에서 찾을 수 있었다는 것이다. 이는 미처 생각하지도 예상하지도 못한 일이었는데, 덕분에 이 새로운 분야에 쉽게 빠져들 수 있었다. 또한 이전부터 관심이 있었던 에밀 뒤르켐Émile Durkheim과 지크문트 프로이트Sigmund Freud의 이론도 새롭게 발전된 형태로 만날 수 있었다. 나는 이미 리처드 펜 교수에게 영향을 받아 이들에게 관심을 가지고 있었지만, 문화사회학에서 보다 '업그레이드'된 그들의 이론을 만날 수 있었다.

그 후 뒤르켐 이론의 발전된 형태인 뒤르켐주의 문화사회학, 프로이트의 이론과 페르디낭 드 소쉬르Ferdinand de Saussure의 언어학이 연결되어 발전된 자크 라캉Jacques Lacan의 정신분석학 그리고 여기에 헤겔Georg Wilhelm Friedrich Hegel 철학과 마르크스주의Marxism를 덧붙여 접목한 슬라보예 지젝Slavoj Žižek의 이론을 접하게 되었을 때 나의 학문적 관심은 그간 그 어떤 학문적 대상에 쏟았던 관심보다도 더 강하고 깊었다. 이는 위에서 언급하였듯이 처음 사회학적 물음을 갖기 시작했던 때부터 오랫동안 품어온 물음에 대한 갈증이 여기서 '극적으로' 해소되는 해갈의 기쁨을 맛보았기 때문이다. 그때부터 나는 라캉, 지젝 그리고 후기구조주의와 관련된 몇몇 학자들의 책들을 열심히 찾아 읽기 시작하였으며, 틈틈이 이들의 이론을 통해 사회나 교회의 현상을 살펴보았고, 또한 이 이론들 안에서 기독교사회학(종교사회학)의 이론이 될 수 있는 것들을 찾아 그 타당성을 묻곤 하였다.

이 책에 실린 글들은 바로 이러한 시도를 하는 과정에 쓴 것들이다. 개중에는 학회나 학술지를 통해 발표한 것도 있고 그렇지 않은 것들도 있다. 글 대부분이 뒤르켐주의 문화사회학이나 라캉과 지젝의 관점에서 서술되었는데, 새롭고 어려운 분야라 다소 미흡한 점이 있을 수 있겠지만 그럼에도 불구하고 문화사회학이나 라캉, 지젝과의 만남이 매우 놀랍고 흥미로웠기에 이 글들을 쓰고 나누길 원했다.

연구를 하면서 쉽지 않은 글을 쓰는 여러 학자들을 만났다. 특히 후기구조주의에 속한 학자들이 그러하였는데, 대학원 학생들과 매 학기 관련 세미나를 진행하면서 많은 고생을 하였다. 이 지면을 빌려 세미나에 들어와 어렵고 난해한 글들을 읽으면서 열심히 토의한―정말 열심히 토의하였다―대학원생 모두에게 감사를 드린다. 쉽지 않은데도 불구하고 이 분야에 관심을 갖고 힘닿는 만큼 열심히 따라와준 학생들에게 박수를 보낸다.

자연히 감사를 표하는 순서가 되었다. 먼저 부족한 글들을 학회에서 발표할 수 있게 허락해주신 한국인문사회과학회, 한국기독교사회윤리학회 그리고 한국기독교교육정보학회와 임원들께 감사를 드린다. 이 책에 실린 글 여러 편이 이 학회들의 학회지에 게재되는 기회도 얻었다. 숭실대학교 기독교학과 교수님께도 감사를 드린다. 학과 교수 세미나를 통해 논문을 발표할 때마다 귀한 논평을 해주어 이 글들이 더욱 논문다워질 수 있었다. 빛소리교회 장진경 목사님과 모든 교우 분들께도 깊은 감사를 드린다. 연구와 저술에 끊임없는 격려와 기도를 보내주시어 마침내 이 책이 세상에 나오게 되었다. 아내 미선, 두 딸 한솔, 한결에게 고마움과 함께 미안함을 전하고 싶다. 책 읽고 글 쓴다고 많이 돌보지 못하고 함께하지 못하였다. 이 책이 가족들에게는 큰 의미가 되지 못할지도 모르지만 그래도 교수와 가장으로서 해야 할 일을 했다는 것을 보여줄 수 있는 기회가 되었으면 한다. 마지막으로 책 출판을 허락해주신 시대의창에도 진심으로 감사드린다.

저자 이 철

차례

문화사회학과
기독교

사건의
문화사회학

자본주의, 마르크스주의, 아니면 문화사회학?

신자유주의와 마르크스주의는 서로 상극이라고 간주되지만 실은 그렇지 않다. 서로 통하는 점이 있다. 바로 경제의 힘이 거대하며, 이 힘이 세상의 많은 것들을 좌지우지할 수 있다는 인식이다. 물론 둘 간의 차이점은 분명하다. 전자는 물질의 사유화를, 후자는 물질의 공유화를 주창한다. 그러나 이 차이보다 더 중요한 것이 경제와 물질이 갖는 힘과 마력에 대한 공통된 이해이다. 사유화는 물질의 마력에 매료된 결과이다. 신자유주의는 이 힘에 매몰되어 이를 더 향유하고자 사유화를 고집하고, 마르크스주의는 이 힘의 파괴적 결과를 알기에 공유화로 나아가고자 한다. 이를 위해 신자유주의는 민주주의라는 장치를 적극적으로 활용하고, 마르크스주의는 공산주의 혹은 사회주의 장치를 구축한다. 이 조합의 역은 성립 가능성이 낮다. 곧, 신자유주의는 공산주의나 사회주의와 조응하기 어렵고, 마르크스주의는 민주주의에서 구축되기가 쉽지 않다. 이런 의미에서 각 사상과 정치 체계 간에는 막스 베버Max Weber가 언급한 선택적 친화성elective affinity이 존재한다고 할 수 있다.

정치와 경제의 이 같은 논의 속에서 문화가 가지고 있는 위상과 힘은 무엇일까? 문화는 경제나 정치에 상응하는 위치와 영향력을 소유하고 있을까? 일반적으로 말해 마르크스주의는 문화를 과소평가하는 경향이 있다. 문화를 물질적 토대의 반영이나 결과로 인식하면서 물질에 대한 문화의 종속성과 환원주의를 언급한다. 신자유주의는 마르크스주의 만큼 문화를 과소평가하지는 않으나 문화의 자율성과 독립성을 인정하지 않는 태도는 마르크스주의와 크게 다르지 않다. 신자유주의는 문화를 시장에 종속된 대상 혹은 경제적 목적을 위해 사용할 수 있는 대상으로 생각하는 경향이 강하며, 실제로 여러 방법과 경로를 통해 문화를 경제를 위한 재원으로 활용하고 있다.[1]

그러나 문화는 때로 경제보다 우위에 있을 수 있으며, 독립적이고 자율적일 수 있다. 더 나아가 문화가 경제를 결정하거나 제어할 수 있다. 이를 잘 피력한 사람이 위에서 언급한 막스 베버이다. 잘 알려진 그의 책《프로테스탄티즘의 윤리와 자본주의 정신Die Protestantische Ethik und der Geist des Kapitalismus》은 이를 구체적으로 서술한 연구서이다.[2] 이런 흐름을 따라 로버트 벨라Robert Bellah는《도쿠가와 종교Tokugawa Religion》를 저술하였고, 피터

---

1 이에 관련된 대표적인 책이 클로테르 라파이유의《컬처 코드》(김상철·김정수 옮김, 리더스북, 2007)이다.

2 물론 베버가 경제에 대한 문화의 힘이 기계적이고 일방적이라고 주장한 것은 아니다. 마르크스주의의 기계론적 결정론을 비판하면서 문화도 경제에 독립변수로 작용할 수 있다는 것을 보여주고자 한 것이다.

버거는 '경제 문화economic culture'를 주창하였다. 버거는 경제 발전에 있어서 물적 토대나 정치 체계의 효율성보다는 경제를 발흥시킬 수 있는 문화적 토대를 더욱 중요하게 보았으며, 이러한 관점에서 그는 남아메리카의 미미한 경제 발전과 아시아(소위 네 마리의 용인 한국, 타이완, 싱가포르, 홍콩)의 경제 기적을 비교 분석하였다.[3] 이 네 국가에는 라틴아메리카에 없는 경제 문화가 존재했으며, 이 문화는 유교에서 형성된 가치들로 뒷받침되었다. 근면, 절제, 학업, 인내 등이 그 예이다.[4]

문화의 중요성과 독립성은 이러한 거대 담론에서뿐만 아니라 미시적 차원과 개인 차원에서도 존재한다. 예를 들어 우리는 자본주의가 맹위를 떨치고 있는 사회에 살다 보니 돈이나 물질의 축적을 가장 중요하게 여길 수 있으며, 사람을 움직이는 것은 돈 혹은 돈과 연결된 것(성공, 지위, 명예)이라고 생각할 수 있다. 그러나 전혀 그렇지 않은 경우도 있다. 자신이 능력이 있다는 것을 타인에게 보여주기 위해 부를 축적하는 경우가 그러하다. 이 경우 근본적인 동기는 물질이 아니라 타자의 인정이며, 그 사람을 지속적으로 움직이게 하는 것 역시 물적 욕구가 아니

---

3 버거가 경제 문화에 관심을 갖게 된 배경이나 결과에 대해서는 최근 그가 쓴 책인 《어쩌다 사회학자가 되어》(노상미 옮김, 책세상, 2012)를 참조하라. 책의 원제는 'Adventures of an Accidental Sociologist'인데 어쩌다 책 제목이 이렇게 되었는지 모르겠다.

4 근대화 이전에 유교가 경제 문화로 작동하지 못한 이유는 상공업을 천시하는 봉건국가의 정치 및 교육 체계 때문이라는 것이 경제 문화 이론가들의 생각이다. 그들은 근대화로 인해 이러한 저지선이 제거되자 경제 문화로서 유교가 힘을 발휘하게 되었고 이것이 자본주의 경제 발흥으로 이어졌다고 본다. 이러한 '유교 자본주의'는 문제 또한 내포하고 있다. 예를 들어 혈연, 학연, 지연과 같은 인간관계와 관련된 문제이다. 1997년에 발생한 외환 위기는 혈연관계에 있는 대기업들 간의 무리한 지급보증으로 인해 사태가 더욱 악화되었다.

라 인정 욕구이다. 만일 이 욕구가 없어지거나 그를 인정해줄 의미 있는 타자가 사라진다면 부를 축적하려는 그의 의지와 행동에 변화가 생길 것이다.

또 다른 예로, 가족과 자녀를 책임지기 위해 경제적 부를 추구하는 경우도 생각해볼 수 있다. 이런 사람이 사고나 가정불화로 가족을 잃는다면 그는 이전처럼 경제활동을 수행하지 않을 것이다. 경제활동의 의미나 그것을 통해 이루려던 소망을 상실했기 때문이다. 이 사람의 행동의 변화는 신자유주의나 마르크스주의로 설명할 수 없다. 그는 의미나 신념을 더욱 중요하게 여긴다는 사실에서 오히려 막스 베버에 입각해 이해될 수 있다. 사람들은 의미, 가치, 신념, 소망 등과 같은 비물질적이고 관념적인 것을 위해 경제활동을 할 수 있다. 이 같은 의미, 소망, 신념, 가치 등이 바로 문화적인 것들이다. 이것들은 물질이나 사회, 정치 구조와 독립적이고 자율적인 관계를 유지할 수 있으며, 때로 개인뿐만 아니라 집단, 제도, 구조 등을 형성하거나 통제할 수 있다.

이러한 내용에 강조점을 둔 새로운 분야의 연구가 바로 근래에 국내에 소개된 문화사회학이다. 미국의 사회학자 제프리 알렉산더와 필립 스미스는 기존의 문화사회학Sociology of Culture의 문제점을 지적하면서 그것과 구별할 요량으로 '문화사회학Cultural Sociology'이라는 명칭을 마련해 문화를 바라보는 개선된 시각을 제안하였다. 이들은 기존의 문화사회학이 문화의 자율성과 그것이 사회와 개인들에게 미치는 영향을 간과하였다고 본다.[5]

이 문제점을 해결하고자 이들은 두 가지 학문 전통을 선택해 자신들의 문화이론과 조합했다. 첫째, 빌헬름 딜타이Wilhelm Dilthey가 주도한 19세기

말 독일의 해석학이다. 딜타이는 자연과학과 달리 인문과학은 "외부가 아닌 내부, 주관성, 의미, 경험을 지향"해야 하므로 "인문과학의 방법은 해석학적이어야만 한다"고 하였는데, 알렉산더는 이러한 학문적 태도를 막스 베버가 개신교 직업 문화와 자본주의 연구에 매우 적절하게 적용하여 중요한 문화사회학적 업적을 이루어냈다고 보았다.[6] 베버는 이 연구에서 칼뱅Jean Calvin과 루터Martin Luther의 추종자들이 자신들의 경제 행위에 부여한 주관적 의미를 적절하게 해석해 그것이 자본주의 발흥에 기여한 측면을 밝혀내었다. 이러한 해석학적 전통은 '두꺼운 기술thick description'을 수행한 인류학자 클리퍼드 기어츠Clifford Geertz에게까지 이어진다. 기어츠는 자바 섬 연구를 통해 조직화된 사회적 의미의 망을 정교하게 해석해내었다.[7]

두 번째 전통은, 에밀 뒤르켐 이론과 이를 이어받은 상징 인류학 그리고 기호학 전통이다. 뒤르켐은 호주 아룬타Arunta 부족의 토템 종교의 의례와 상징을 연구하면서 그것들이 가진 사회 통합적 힘을 분석해내

---

5 이 두 학자에 따르면 문화란 "물질적, 테크놀로지적, 사회구조적인 것에 대립되는 … 추상적인 어떤 것"으로 그것은 "관념적인 것, 정신적인 것, 비물질적인 것의 영역"에 속하며 "신념, 가치, 상징, 기호 그리고 담론의 유형화된 영역"과 관련된 것이다. 그리고 이 문화는 "개인, 집단 혹은 제도적 행위를 안내"한다. 필립 스미스, 《문화 이론》, 한국문화사회학회 옮김(이학사, 2008), 19~20쪽; 제프리 C. 알렉산더, 《사회적 삶의 의미》, 박선웅 옮김(한울, 2007), 14쪽.

6 알렉산더, 14쪽. 그러나 알렉산더와 스미스는 경제행위의 문화 구조를 밝힌 베버의 공헌이 그의 종교 관련 연구에 한정된다고 주장한다. 이들은 후기의 베버가 의미나 해석의 문제보다는 경제 및 정치사회학에 몰두하게 되어 그간의 연구 주제와 단절됨으로써 자신들이 구상하고 있는 문화사회학에 더 이상의 기여를 하지 못했다고 지적한다. 다행히 이들은 뒤르켐의 종교 연구에서 후속 작업을 찾아낸다. Ibid., 34쪽.

7 Ibid., 41쪽.

었다. 그는—매우 중요하게도—아룬타 부족과 같은 원시사회뿐만 아니라 현대사회에도 집합 행위로서의 의례가 존속하고, 성과 속의 분류 체계가 존재하며, 이러한 것들과 연결되어 있는 신념, 도덕, 의미, 감정 등이 개인과 사회에서 중요한 역할을 수행한다고 보았다. 이러한 이해는 후기 뒤르켐주의자이자 영국의 상징 인류학자인 메리 더글러스Mary Douglas, 모리스 알박스Maurice Halbwachs, 그리고 위에서 언급한 기어츠에게 전수된다.[8]

한편, 뒤르켐의 강의를 들은 페르디낭 드 소쉬르가 제창한 언어학 그리고 이를 토대로 발전된 구조주의 언어학도 문화사회학의 발전에 영향력을 발휘하였다. 클로드 레비스트로스Claude Lévi-Strauss와 롤랑 바르트Roland Barthes로 이어진 구조주의 언어학은 현대사회와 개인의 삶에서 기호 체계가 어떻게 의미를 생산하는지에 주목한다. 루이 알튀세르Louis Althusser, 장 보드리야르Jean Baudrillard 또한 소쉬르의 언어학적 통찰력을 자신 나름대로 활용하여 사회와 문화를 분석하는 데 기여하였다.[9] 언어학을 가장 독특하게 활용한 이론가는 바로 자크 라캉이었다. 그는 프로이트의 정신분석학과 소쉬르의 언어학을 접목하여 매우 독특한 이론 체계를 구축하였는데, 그의 이론은 정신분석학계를 넘어 문화, 여성, 정치, 문학 등의 분야에까지 두루 영향을 주었다. 슬라보예 지젝은 라캉에 기대어 헤겔과 마르크스Karl Marx를 읽으면서 오늘날 현존하는 여러 사회

---

8 Ibid., 17쪽. 문화사회학과 관련된 이들의 공헌에 대해서는 위에서 언급한 필립 스미스의 책 5장을 참조하라.

9 Ibid., 17쪽.

문화적 문제들을 자신만의 독특한 시각으로 설명한다.

　결국 알렉산더가 이상의 두 전통을 자신의 문화사회학에 조합시킨 목적은 분명하다. 문화의 자율성을 확보하는 것 그리고 문화를 정치나 경제 구조만큼 견고하고 응집력 있는 구조로 세우는 것이다.[10] 해석학은 개인들이 가지고 있는 의미, 가치, 감정과 같은 문화적 요소들에 관심을 두고 그것들이 개인들의 사고나 행위에 미치는 영향을 분석함으로써 문화의 자율성을 파악하는 데 도움을 주고, 뒤르켐을 이은 상징 인류학과 언어학은 기호, 상징, 서사, 코드, 신화, 의례 등을 주목하면서 개인, 집단 혹은 제도적 행위를 안내하는 문화 구조를 밝히는 데 기여한다.

　이 두 방법론이 결합되어 의미와 구조가 만나면 의례나 기호를 통해 사회적으로 구성되는 주관성(혹은 의미)의 차원을 간과할 수 있으며, 이것이 개인이나 공동체에 미치는 영향과 그 과정도 파악해낼 수 있다. 이는 알렉산더가 해석학과 기호학의 연계 필요성을 주창한 폴 리쾨르Paul Ricœur의 의견을 중시하면서 여기에 상징 인류학을 도입하여 소위 '구조주의 해석학'을 정립한 결과이며, 이를 통해 그는 문화사회학을 위한 새로운 도정을 마련하게 된 것이다.[11]

　한편, 알렉산더와 스미스가 의미나 가치에 주안점을 둔다고 하여 그들의 문화사회학을 관념론으로 치부하거나 경제나 정치적 요소를 간과하는 이론으로 간주해서는 안 된다. 이들은 관념론이 때로 공동체나 개인에 대해 이상주의적이고 낙관론적인 관점을 갖고 있다고 지적하면

10　Ibid., 14쪽.

11　Ibid., 38쪽.

서, 개인이 자신의 생각에 근거해 자유롭게 행동한다고 믿는 태도를 비판한다. 또한 '물적' 요소에도 관심을 집중하여 계층, 정치, 민족, 자본주의, 인종, 제도 등과 같은 요소에도 주의를 기울인다.[12] 더 나아가 알렉산더와 스미스가 기존 문화사회학의 주장, 곧 문화는 사회관계의 반영이며 그 역할은 사회관계를 재생산하는 것이라는 생각을 비판한다고 하여 그러한 역할을 부정한다고 생각해서도 안 된다. 문화에는 그러한 역할도 있고 또한 역으로 변화를 가져오는 역할도 있다는 것이 그들의 생각이다.

결국 이들이 주장하고자 하는 것은 외부의 '물적' 환경이 분명 무시하지 못할 힘을 가지고 있지만 그것이 아무리 물질적이고 강압적이라 할지라도 거기에는 가치, 의미, 감정과 같은 관념적 차원이 작용할 수 있다는 것, 그리고 이 환경 안에서 행동하는 개인들이 완벽하게 합리적이거나 성찰적인 존재가 아니라는 것이다. 다시 말해, 제도나 개인에게는 성찰, 논리, 합리성을 넘어서는 이상, 신념, 감정의 차원이 존재할 수 있으며, 이것들이 때에 따라 어떤 정해진 행위를 가능하게도 하고 제약하기도 하여 결국 "일상성과 창조성 모두를 제공하기도 하며 구조의 재생산과 변형을 주기도 한다"는 것이다.[13] 곧, 구조화된 생각이나 행위를 지속하게도 또는 넘어서게도 하여 구조를 영속시킬 수도 혹은 변혁할 수도 있다는 것이다.

이런 의미에서 문화는 마치 무의식과 비슷하다고 이 새로운 문화사

---

12 Ibid., 29쪽, 33쪽.
13 Ibid., 39쪽.

회학자들은 암시한다. 행위는 의식의 논리성, 성찰성, 의지에 의해서만 수행되는 것이 아니다. 의식이 아무리 논리적, 성찰적, 의지적이라 할지라도 무의식에 의해 어느 정도 제한된다. 이 무의식의 존재와 활동으로 인해 의식적 행위가 제약될 수 있으며, 일상성이 훼파되어 비일상성 혹은 창조성이 출현할 수 있고, 새로운 변화가 발생할 수 있다. 그러나 무의식이 그러하듯이 문화 구조 역시 우리가 모두 파악하고 이해할 수 있는 것이 아니다. 따라서 알렉산더는 문화사회학의 임무를 "사회를 규제하는 무의식적인 문화 구조를 밝"히는 것이라고 서술하고 있으며, 이러한 의미에서 "문화사회학은 일종의 사회적 정신분석학이다. 이의 목표는 사회적 무의식을 가시화하는 것이다"라고 지적하였다.[14]

오늘날 경제나 물질의 힘이 거세다는 것은 대부분 이의 없이 공유하고 있는 보편적 지식이다. 이는 광범위하게 확산되어 있는 신자유주의나 물질만능주의에서 분명히 드러난다. 그러나 지금도 의미, 신념, 감정의 차원이 개인이나 집단의 삶에서 강력한 배경으로 작동한다는 것 역시 분명한 사실이므로 베버의 해석학은 오늘날에도 요청되는 사회 이론이다. 또한 전통 사회 못지않게 현대사회에서도 의례, 상징, 성과 속, 오염과 정화, 서사, 신화 등이 필요하고 또한 작동하고 있다는 것 역시 사실이므로 뒤르켐과 그의 후예들의 이론이 매우 중요한 연구 방법론이 되고 있다. 알렉산더와 스미스는 이 두 사회학적 이론을 조합하여 문화사회학이라는 연구 주제를 풀어헤쳐 나간다.

결국 '물화'냐 '문화'냐 하는 문제는 매우 중요한 주제이며 지금도 논

14　Ibid., 26~27쪽.

의의 대상이 되고 있다. 그렇다고 이 논의가 단지 둘 중 어느 하나를 선택해야 한다는 방식으로 전개되어야 하는 것은 아니다. 여러 학자들이 그러하듯이 필자 역시 둘 모두를 고려해야 한다고 생각한다. 다만 일반적으로 인식되듯이 물화가 오늘날 지배적인 사회현상으로 보일 수 있으나, 이는 표면적인 모습이며 이면에서는 문화가 여전히 자기 나름대로의 위상과 힘을 보유하고 있다고 보아야 한다.

문화사회학은 이러한 입장에 서 있는 학문 분야이며, 이 책에 실린 글들도 이러한 입장에서 서술되었다. 다만 필자의 전공이 종교사회학과 기독교사회학이기에 기독교와 관련된 주제들이 선택되거나 기독교적 가치나 신념들이 피력되는 특징이 차이와 반복으로 나타날 뿐이다. 이제 관심 주제들에 대해 문화사회학적 접근을 시도해보자.

문화사회학과 기독교

1.
욕망과 환상에 사로잡힌 한국 교회:
라캉과 지젝의 관점

진리는 단순하다: 욕심과 죄와 사망의 연쇄 작용

신약성서의 야고보는 우리가 죄나 '사망'에 빠져 고통을 받고 있는 것을 본다면 매우 간단한 진단을 내릴 것이 분명하다. '욕심 때문이다'라고 할 것이다(약 1:15). 욕심이 모든 죄와 사망의 근원이라는 것은 아담과 이브의 선악과 사건에서뿐만 아니라 오늘날 신앙인과 신앙인의 공동체인 교회에서도 쉽게 발견되는 사실이다. 한국 교회가 생동감 있게 살아 움직이지 않는다는 사실은 누구보다도 기독교인들이 잘 알고 있다. 비록 '사망' 단계까지 가지는 않았지만 교회 성장이 정체되었다는 연구 보고서는 이미 20여 년 전부터 제출되기 시작하였다.[1] '정체'는 양적 성장뿐

---

1   이와 관련하여서는 이원규의 《한국교회의 사회학적 이해》(성서연구사, 1992) 6장을 참조하라.

만 아니라 질적 성장에서도 의심받고 있는데, 그것은 교회와 교인에 대한 세상 사람들의 비판, 달리 말해 공신력 문제만 살펴보아도 분명하게 드러난다. 교회와 교인을 세상의 빛과 소금이라고 주장하기가 이제 힘겹게 되었다. 오히려 교회와 교인이 세상에서 버려져 밟히고 있다고 보아야 할 상황이다. 윤리 실천은 교회의 질적 성숙의 중요한 척도 중 하나인데, 이제 이것이 교회와 교인의 삶에서 점차 쇄진해가고 있다. 쇄진이 계속되면 결국 소멸인데, 그렇다면 이 문제는 실로 교회의 앞날을 위해 중요하지 않을 수 없다. 이러한 위기가 어디서부터 초래되었는가? 욕심이 그 근원적 요인은 아닌가? 그 대표적인 예로 오늘날 흔히 회자되고 있는 현상이 대형 교회의 세습 문제이다. 교회의 세습은 '아버지' 목사와 '자녀' 목사의 욕심이 어우러져 만든 결과이다. 대형 교회의 세습 문제에 대한 야고보의 처방은 간단명료할 것이다. '욕심과 환상을 가로질러라.'

'환상 가로지르기traversing the fantasy'는 소위 후기구조주의에 속한 것으로 분류되는 학자들, 특히 자크 라캉과 슬라보예 지젝의 이론에서 유래된 용어라 할 수 있다.[2] 이에 대해서는 잠시 후에 다시 살펴보기로 하고, 우선 이 글의 목표를 밝히고자 한다. 욕심이 있는 한 순종하기 어렵다. 아담과 이브도 선악과에 욕심을 가져 하나님의 명령에 불순종하였다. 신앙과 윤리는 말씀에 대한 순종에서 시작된다. 십계명에서부터 신약 성서에 이르기까지 기독교에는 수많은 말씀과 명령이 순종을 요구

---

2 라캉과 지젝을 개론적 수준에서 접근할 수 있는 책이 지젝이 저술한 《HOW TO READ 라캉》 (박정수 옮김, 웅진지식하우스, 2007)이다. 비록 내용이 쉽지는 않지만 이 책은 두 사람의 사상의 중요한 내용들을 소개해주고 있다.

하며 기다리고 있다. 그리고 이러한 요구에 순응하는 것이 교인과 교회 공동체의 바른 자세이다. 그러나 모두 인지하듯이 교인과 교회가 기독교의 가르침을 제대로 따르지 못하고 있다. 순종하기보다는 오히려 자기 욕심에 이끌리어 불순종의 길을 가는 것이다. 과연 욕심이란 무엇인가? 욕심이 불순종을 낳는 이유는 무엇인가? 이 문제를 해결하는 방법은 없는가? 이러한 물음들을 후기구조주의, 특히 라캉이나 지젝의 관점에 근거하여 대답해보고자 하는 것이 이 글의 목적이다. 이를 위해 다음에서 간단하게나마 라캉과 지젝의 욕심과 환상에 대해 살펴보는 것이 필요하다.

한편, 욕심과 불순종의 문제가 결코 인간 내면의 문제만은 아니다. 내면적 문제도 있지만 인간 외부에 이 욕심과 불순종을 자극하고 일으키는 요인들이 있다. 마치 아담과 이브 사건의 뱀처럼 말이다. 뱀의 유혹만 없었다면 어쩌면 아담과 이브는—비록 내면의 욕심은 잔존하였을지라도—불순종과 사망까지 가지는 않았을지 모른다. 이런 측면에서 욕심과 죄와 사망의 연쇄 작용을 유발하는 외적 요인 역시 연구의 대상이 되어야 한다. 후기구조주의는 이에 대한 탁월한 분석을 내놓고 있다.

욕망과 환상 가로지르기

욕망에 대하여

라캉은 욕심이라는 단어를 사용하지 않는다. 정신분석학자로서 그는 욕망desire이라는 표현을 사용한다. 그리고 욕구need와 요구demand라는 용어를 사용하여 분석을 세분화한다.[3] 인간은 욕구를 가지고 태어난다. 욕구는 자연적인 것이며 모든 이가 동일하게 가지고 있다. 갓 태어난 인간, 곧 유아는 어머니(혹은 첫 대상)와의 관계 속에서 욕구의 충족을 추구한다. 그런데 유아는 이 과정에서 항상 욕구 이상의 것을 요구한다. 다시 말해, 필요한 욕구만 충족하면 되는데 항상 그 이상을 요구한다는 것이다. 이런 요구는 유아가 가지고 있는 나르시시즘(자기애), 곧 즐거움 혹은 만족 추구와 관련된다. 이것들을 충족시키고자 유아는 항상 '더' 요구하는 것이다.

이에 견주어 아담과 이브 사건을 살펴볼 수 있다. 에덴동산은 아담과 이브의 욕구가 충분히 충족될 수 있도록 만들어졌다. 이들은 그 안에서 만족, 즐거움, 평안으로 지속되는 삶을 영위할 수 있었다. 그런데 아담과 이브는 뱀의 유혹을 받으면서 자신의 즐거움과 자기애, 곧 하나님처럼 높아지고 싶은 마음으로 인해 '더' 요구하게 되었다. 라캉은 욕구와 요구를 설명하면서, 욕망이란 욕구 이상을 추구하는 것이라 하였다. 이를 수학적으로 말하면, 욕망이란 요구에서 욕구를 뺀 부분이다. 욕망은 반드시 필요한 부분이 아니다. 이 부분이 없더라도 삶에 문제가 발생하지 않는다. 마치 선악과 사건 이전 에덴동산에서의 아담과 이브의 삶에 문제가 없었던 것처럼 말이다. 문제는 '더' 요구하는 욕망 때문에 발생한다. 결국 라캉의 이론에 근거하여 말한다면, '더'를 요구하는 욕망이 죄를 낳고 죄가 사망을 낳는 것이다.

그렇다면 우리를 불순종과 죄로 이끄는 욕망은 어떤 과정을 통해 형

---

3   이에 대한 자세한 내용은 김석의 《에크리》(살림, 2007) 2부를 참조하라.

성되고 또한 강화되는가? 이미 위에서 언급하였듯이 욕망의 저변에는 자기애가 있다. 그러나 자기애에 근거한 욕망이 구체적인 형태를 갖추려면 특정 과정을 거쳐야 하는데, 바로 타자(어머니 포함)와의 관계이다. 라캉과 지젝은 우리의 욕망은 타자의 욕망이라고 지적한다. 이것이 의미하는 바는 다음과 같이 설명된다. 어린아이는 어머니의 관심과 돌봄을 받고 싶다. 어머니의 관심과 돌봄을 받을 수 있는 좋은 방법은 무엇보다도 어머니가 바라는 것을 하는 것이다. 다시 말해 어머니의 욕망을 실현하면 되는 것이다. 그래서 유아는 어머니(타자)의 욕망을 욕망하게 된다. 아이러니한 것은 어머니의 욕망이 자신이 원하는 것이 아닐 경우에도 그렇게 한다는 것이다. 이는 일차적으로 관심과 돌봄을 받기 위해서이고, 이것은 결국 자기애를 위해서이다. 여기서 가장 아이러니하고 파국적인 것은 결국 자기애 때문에 자기가 '죽는다'는 것이다. 다시 말해, 자기가 원하는 것(자기애)을 얻기 위하여 자기를 희생(자기가 원하지 않는 것 하기)한다는 것이다. 이는 마치 그리스 로마 신화에 나오는 나르키소스의 운명과 유사하다.

라캉의 이러한 설명이 일면 어불성설로 들릴 수 있으나 우리의 일상생활에서 이러한 일은 지속적으로 일어나고 있다. 예를 들어 인정 욕구(욕망)를 살펴보자. 우리 모두 인정 욕구에 시달린다. 우리는 사람들에게, 특히 '의미 있는 타자'에게 인정받기를 원한다. 그렇다면 인정받기 위해서는 무엇을 해야 하는가? 그들이 원하는 것을 해야 한다. 그들이 원하는 것을 하지 않고 인정받기를 바라는 것은 어불성설이다. 더욱 말이 안 되는 것은 사람들이 원하지 않는 것을 하고 나서 그들로부터 인정받기를 원하는 것이다. 그래서 우리 대부분은 그들이 원하는 것, 곧 타자의 욕망을 실현하고자 하며 그 반대로 행하는 것을 원치 않는다. 결국 지금 내가 행하려는 것은 타자의 욕망이다. 타자의 욕망이 나의 생각 또는 바람과 상치될 때도 그렇게 한다.

타인의 욕망을 가장 잘 실현하는 방법은 그 욕망을 자기화하는 것이다. 곧 타인의 욕망을 나의 욕망으로 삼고 그 욕망을 추구하는 것이다. 이것이 가져오는 가장 치명적인 결과는 자신이 지금 가지고 있는 욕망이 타인의 욕망이 아니라 자신의 욕망이라고 생각하는 것이다. 이것은 의식보다는 무의식에서 발생하는 현상이다. 예를 들어보자. 양악 수술을 받고자 하는 여자가 있다. 왜 그녀는 신체적으로 그리고 경제적으로 적지 않은 '희생'을 감수해야 하는 수술을 받으려 하는가? 자신의 아름다움을 위해서인가? 혹은 남들에게 미인이라는 소리를 듣고 싶어서인가? 그녀는 자신의 아름다움을 위해서라고 할지 모른다. 그러나 라캉은 미인이라는 소리를 듣고 싶은 그녀의 인정 욕구 때문이라고 할 것이다. 어느 것이 맞을까? 그녀가 만일 한국이 아니라 미의 기준이 다른 나라 혹은 성형을 터부시하는 나라에 태어나 살았다면 과연 양악 수술을 받았을까?

예를 하나 더 들어보자. 한국의 많은 젊은이들이 좋은 대학에 다니고 싶어 한다. 그들은 이것이 자신의 욕망이라고 한다. 그런데 과연 그들이 남미에서 태어나 살았다면 '좋은 대학'에 대해 동일한 정도의 욕망을 가졌을까? 오히려 축구나 삼바를 잘하기를 더 욕망하지 않았을까? 왜 이 땅에 살고 있는 사람들은 출신 대학과 학위에 그토록 연연하는가? 이에 대한 라캉의 대답은 분명하다. 우리는 인정받길 원한다. 무관심이나 손가락질 받기를 원하지 않는다. 따라서 인정을 받는 길은 다른 사람들이 원하는 것을 실현하는 것이다. 설령 그것을 내가 원하지 않는다 하여도 말이다. 그래서 공부를 싫어하는 사람들도 공부를 계속한다. 우리는 자신의 욕망을 욕망하는 것이 아니라 타인의 욕망을 욕망한다. 그리고 이 욕망이 자신의 욕망이라고 생각하고 추구하면서 산다. 마치 아름다워지는 것이 자신의 욕망이고, 공부를 잘하여 좋은 대학에 다니는 것이 자신의 욕망이라고 생각하듯이 말이다. 이것은 일종의 착각이고 환상이다. 진정한 자신의 욕망이 아닌데 자신의 욕망이라고 믿는다는 점에서 그렇다. 이 착각과 환상 속에서 지금도 우리는 그 욕망을 실현하고자 한다. 따라서 이러한 착각과 환상은 가로질러져 해체되어야 한다. 여기서 벗어나야 한다.

환상에 대하여

환상은 이것뿐만이 아니다. 중요한 환상이 하나 더 있다. 바로 욕망하는 것을 갖게 되면(예를 들어, 아름다운 얼굴형, 명문대 출신이라는 배경 그리고 그로 인한 인정 등을 갖게 되면) 기쁘고 행복해질 것이라는 환상이다. 이러한 환상 속에서 오늘도 수많은 사람들이 욕망의 대상을 좇는다. 과연 욕망의 대상을 갖게 되면 행복하고 기쁜 삶을 살 수 있는가? 라캉은 아니라고 말한다. 욕망의 대상을 갖게 되면 행복하고 만족스러울 것이라고 생각하는 것 또한 환상이라고 말한다. 그래서 라캉과 지젝은 '환상 가로지르기'를 수행한다. 왜 욕망의 대상을 갖게 되었는데 행복하게 살지 못하는가? 자신과 욕망이 아니었기 때문이다.

   이를 라캉의 이론을 통해 좀 더 자세히 살펴보기 전에, 실제 우리들 삶 속의 관련 경험들을 반추해보아도 이 주장의 사실 여부를 쉽게 확인할 수 있다. 이것만 있으면 너무 좋겠다는 자녀의 계속된 요구에 그 것(예를 들어 장난감)을 사주지만 며칠 지나면 관심이 시들해지면서 다른 것을 요구하는 자녀를 생각해보라. 어른 역시 예외가 아니다. 특정 물건 (예를 들어 스마트폰, 자동차, 옷, 핸드백, 집, 직장, 승진 등)을 욕망하며, 그것 만 있으면 정말 행복하고 만족스러울 것 같다고 하지만 그것들의 '유효 기간'은 길지 않다. 곧 욕망은 다른 대상을 향해 나아간다. 이는 교회에 도 적용된다. 한 목사가 교인이 500명만 되면 너무 행복하고 좋을 것 같 다고 생각하여 열심히 노력한 끝에 500명이 출석하는 교회를 만들었다. 이제 그 목사는 행복하고 만족스러울까? 혹 다시 1,000명이 출석하는 교회로 욕망의 대상을 바꾸지는 않았을까? 그리고 교인이 1,000명만 되 면 참 좋을 것 같다고 생각하지 않을까?

이러한 태도에 대한 라캉의 이론적 설명은 정신분석학적이며 또한 기 호학적이다. 먼저, 정신분석학적으로 살펴보자. 유아는 어머니 혹은 첫 대상과의 관계 속에서 욕구의 충족을 경험한다. 유아기 때는 어머니가 아이에게 매우 몰두해 있을 때이므로 유아는 그 어느 때보다도 욕구가 충실히 충족되는 시기를 보낸다.[4] 이런 욕구 충족 속에서 아이는 편하고 행복하고 안정된 경험을 갖게 된다. 그러나 일정 시간이 되면 아이와 어 머니의 이 같은 이자二者 관계는 아버지(아버지의 법 혹은 세상의 규범)의 개입으로 위기를 맞게 된다. 유아는 어머니와의 유착 관계를 계속 유지 하면서 그간 가졌던 행복과 평안과 안정을 지속적으로 향유하기를 욕 망하지만 아버지는 아이에게 이자 관계를 끊고 삼자 관계(혹은 사회)로

---

4   도널드 위니캇의 《놀이와 현실》(이재훈 옮김, 한국심리치료연구소, 1997) 1장을 참조하라.

들어올 것을 요구한다. 이제 아이는 결단해야 한다. 이때가 바로 라캉이 말하는 상징적 오이디푸스의 시기이다.[5] 만일 아이가 아버지의 법을 받아들이기를 거부하고 어머니에게 머물러 있으면 아이에게 상징적 거세의 위협("이제 컸으니 애기 짓 그만해라", "계속 그러면 우리 아들 아니다", "경찰 아저씨가 '이놈' 한다" 등)이 가해진다. 이러한 상징적 거세의 위협 앞에서 아이는 어머니와의 애착 관계를 끊고 아버지의 세계, 곧 사회로 편입된다. 그리고 그 순간 어머니와의 이자 관계를 통해 향유하였던 행복과 충족감은 더 이상 가능하지 않게 되고, 이전에 행복과 충만이 있었던 자리는 이제 빈 공간, 곧 결여의 자리로 남는다. 이 결여는 이후 다른 어떤 것(돈, 아파트, 명품, 승진 등)으로도 완전히 채워지지 않는다. 어머니의 모성을 통한 유아의 욕구 충족이 상대적으로 강력하고 충실하기 때문이다. 이해의 편의를 위하여 성서의 사건을 빗대어 설명하면, 실낙원후 낙원 밖에서 얻은 어떤 것도 낙원 안에서 얻었던 것을 대체하거나 메울 수 없다는 것이다. 다시 말해, 아이에게 어머니와의 이자 관계의 삶은 마치 파라다이스에서의 삶과 같다는 것이다. 이때의 만족과 행복은 성장 이후(삼자 관계 혹은 사회 진입 이후) 그 어떤 삶에서도 동일하게 얻어지거나 대체될 수 없다.

한편, 오이디푸스의 시기를 지나면서 들어간 아버지의 세계는 기호와 상징들로 구성된 세계이다. 라캉은 이 세계를 상징계라고 칭하였다. 유아가 상징계에 진입할 때에는 이자 관계의 분리로 인해 발생하는 결여뿐만 아니라 상징계로 인한 결여도 발생한다. 상징계는 기호의 세계

---

5   숀 호머, 《라캉 읽기》, 김서영 옮김(은행나무, 2006), 97~100쪽.

인데, 기호는 완벽하지 않기 때문에 주체인 '나 자신'이나 세상을 완전히 기호화시킬 수 없다. 자연히 기호화되지 않은 부분, 그래서 의미화되지 않은 부분이 남는다. 그래서 상징계는 주체에게 무엇인가 남아 있지만 그것이 무엇인지 알 수 없다는 생각이 들게 하여 결여를 느끼게 한다. 주체는 이 결여를 상징계에 있는 다른 것으로 채우려 한다. 물론, 상징계에 '없는' 것이 결여되었기에 그 결여는 상징계에 있는 다른 어떤 것으로도 채워질 수 없다. 그럼에도 주체는 상징계의 어떤 것이 이 결여를 채울 것이라고 믿는(환상하는) 가운데 그것을 끊임없이 욕망한다. 이것이 환상 속에서 욕망의 대상을 좇는 주체에 대한 라캉의 분석이다.[6]

한편, 상징계는 기호학적으로 구성, 운용된다고 지적했는데, 기호는 기표(記標, 시니피앙)와 기의(記意, 시니피에)로 구성되어 있고 이 중에서 기표가 더욱 중요하다고 라캉은 말한다. 의미나 가치는 기표의 차이에서 발생하기 때문이다. 예를 들어 보자. 교통 신호등 불빛의 색깔(기표)에 차이가 없으면 우리는 그 불빛의 의미를 알 수 없다. 다시 말해, 신호등 불빛이 모두 초록이라든지 빨강이라면 불빛이 의미하는 바를 알 수 없다. 색깔의 차이가 있기 때문에 우리가 의미를 파악할 수 있는 것이다. 동일하게, 군대 사병들의 계급장(기표)에 차이가 있기 때문에 우리는 의미를 알고 가치('고참' 혹은 '신참')를 파악할 수 있다. 모두 동일한 계급장을 가지고 있다면 우리는 의미나 가치를 알 수 없다. 이러한 예는 수없이 많은데, 상징계는 이러한 차이를 통해 의미나 가치를 발생시키는 체계이다.[7]

---

6 Ibid., 134~139쪽.

이제 이 글과 연관된 예를 들어보자. 국산차와 외제차의 가치나 의미는 기표의 차이에서 발생한다. 만일 기표들이 동일하다면(상표, 외형, 장비, 재질, 인테리어, 이미지 등) 우리는 그것들의 가치나 의미를 구분할 수 없을 것이고 따라서 둘 중 아무거나 구입하거나 혹은 아예 구입하지 않을 수 있다. 혹 외제차는 비싸기 때문에 가치가 높다고 생각한다면, 맞는 말 같지만 실은 잘못된 지식이다. 가격이라는 기표에서 차이가 있기 때문에 가치 차이가 발생하는 것이다. 생각해보자. 가격을 비롯하여 모든 기표가 동일하다면 국산차와 외국차(이것 역시 기표 차이다!) 사이의 가치나 의미가 나타날 수 있는가?

우리 모두는 상징계에 진입하여 살고 있는데, 이 상징계는 차이 체계에 근거하여 가치나 의미를 발생시키는 구조를 가지고 있다. 따라서 상징계는 끊임없이 차이를 유발시키는 기표를 가진 세상이다. 이런 세계에서 가치나 의미를 구별하고 싶다면 한 가지 쉽고도 강력한 방법이 있다. 바로 기표에서 차이를 만드는 것이다. 이 방법은 생활의 편리를 위해 끊임없이 사용된다. 학급을 구분하기 위하여, 학년에 차이를 두기 위하여, 학교들을 서로 구분하기 위하여 우리는 줄곧 기표의 차이를 사용한다. 그러나 기표의 사용은 생활의 편리함을 위해서만 사용되지는 않는다. 가치와 의미를 의도적으로 구별하기 위해 기표를 사용하는 경우도 많다. 명품 핸드백은 디자인, 품질, 광고, 가격 등에서 다른 기표를 사용하여 일반 핸드백과의 차이를 만들면서 자신의 가치와 의미를 구축

7　기호학에 대한 쉽고 상세한 안내는 조너선 컬러의 《소쉬르》(이종인 옮김, 시공사, 1998) 2장을 참조하라.

한다. 동일한 방식으로 대기업은 자신들의 제품과 타 기업 혹은 중소기업의 제품들을 구별 지으면서 자신들의 상품에 가치의 의미를 입힌다.

이렇게 기업이 매출 향상을 위해 의도적으로 가치와 의미를 구별 짓는 것 외에도 우리는 일상생활에서 차이에 근거하여 가치와 의미를 산출한다. 예를 들어, 30평 아파트보다는 50평 아파트가 더 가치와 의미가 있다고 생각한다. 100명이 출석하는 교회보다는 1,000명이 출석하는 교회가 더 가치 있고 의미 있다고 생각한다. 그러나 기표가 같다면, 다시 말해, 30평과 30평을 비교하라고 한다면, 우리는 그것들 간의 가치와 의미를 분간해내거나 찾아내지 못할 것이다. 굳이 찾으려면 이 아파트들의 다른 기표를 살펴보아야 한다. 앞의 30평은 복도식이고 뒤의 것은 계단식이거나 앞의 30평은 신도시에 있고 뒤의 것은 구시가지에 있다면 우리는 금세 가치와 의미를 구별해낼 것이다. 기표에 차이가 있기 때문이다.

결국 우리의 세계(상징계)는 기표 차이에 근거한 세계이고, 우리는 여기서 벗어날 수 없다. 이는 우리가 기표에 의존하는 존재이며 기표 차이에 근거하여 살아가는 존재임을 말해준다. 그런데 우리는 위에서 살펴보았듯이 욕망하는 주체이다. 이자 관계에서의 분리로 인해 발생한 결여 그리고 곧이어 상징계에 들어오면서 갖게 된 결여로 인해 우리는 그 결여를 채우려는 욕망을 품고 있다. 그래서 우리는 상징계에서 우리의 욕망을 풀어줄 기표를 찾고 좇는다. 그리고 그 기표가 우리의 욕망을 채워줄 것이라는 환상을 품는다.[8] 이 같은 종류의 기표들은 이미 상징계에

---

8 슬라보예 지젝, 《이데올로기라는 숭고한 대상》, 이수련 옮김(인간사랑, 2002), 206쪽.

광범위하게 배치되어 있다. 앞에서 언급한 명품 핸드백, 외제 자동차, 일류 대학, 유학, 학위, 좋은 직장, 50평 아파트, 대형 교회 등이 그 예이다. 우리는 이 기표들을 좇으며, 이 기표들을 갖게 되면 만족, 기쁨, 행복, 평안이 올 것이라고 생각한다.

때로 이러한 것들을 노골적으로 선전하는 기구나 체계 들도 있다. 기업, 대중매체, 권력, 문화, 담론 등이다. 후기구조주의는 이런 것들의 역할을 분석하고 해체하는 데 유용한 방법론들을 제시한다.[9] 이들은 자신들이 소유하고 조작하는 여러 메커니즘을 통하여 우리가 이런저런 기표를 가지면 행복해질 수 있다고 여기게 한다. 이들은 자신들만의 방법으로 다양한 환상을 생산하고 배포하는 환상 생산자들이다. 이들은 또한 기표에 차이를 발생시켜 의미와 가치를 의도적으로 만들어내는 기표 관리자들이기도 하다. 이들은 이 환상과 기표를 가지고 욕망하는 주체에게 다가간다. 마치 에덴동산의 뱀이 선악과와 다른 나무의 차이를 아담과 이브에게 드러내 보여주려 하였듯이 말이다.

기업이나 권력은 또한 주체에게 타자인데, 특히 상징계에서 힘과 영향력을 가진 타자들이다. 우리의 욕망은 타자의 욕망이라고 하였는데, 이 힘과 영향력을 발휘하는 타자들은 쉽게 우리의 욕망의 대상을 구성하거나 결정할 수 있다. 앞서 지적하였듯이 우리에게는 타자의 인정에 관한 욕망이 있는데, 타자의 인정을 받는 것은 타자의 욕망을 자기 욕망화하여 그것을 실현함으로써 가능해진다. 우리는 힘 있고 영향력 있는 타자들의 인정을 받으려 하며 또한 그로 말미암아 우리 주위 사람

---

9 이에 대해서는 이 책 3장에 보다 자세히 서술되어 있다.

(일반 타자)들에게 인정을 받고자 한다. 결국 우리는 타자의 욕망을 욕망하고, 그 욕망을 실현함으로써 타자들('큰 타자' 그리고 일반 타자)에게 인정을 얻으려고 한다.

이것을 달리 표현하면, 우리는 상징계에서 무엇을 욕망할지what to desire 혹은 지젝의 표현대로 하자면 어떻게 욕망할지how to desire를 배운다. 그리고 이때 그 욕망의 향방과 내용은 대부분 위에서 언급한 기구나 체계에 의해 결정된다. 어떻게 보면 우리는 단지 결여만 가지고 있을 뿐인데, 이 결여가 상징계에 놓이면서 결국 욕망의 향방과 내용이 결정되는 것이다. 그리고 사람들은 그 욕망이 실현되면 행복하고 좋을 것이라고 환상하는 것이다.

환상 가로지르기

우리는 타인의 욕망을 자신의 욕망이라고 생각하며 그것을 좇는다. 그리고 그 욕망을 성취하면 행복하고 만족스러울 것이라고 믿는다. 많은 사람들이 이러한 환상에 의식적 혹은 무의식적으로 사로잡혀 상징계의 기표를 좇으며 욕망을 이루려 한다. 그러나 라캉은 그 기표가 결코 그 사람을 만족시킬 수 없다고 지적한다. 위에서 언급하였듯이, 이자 관계를 끊고 상징계에 들어올 때 생기는 결여 그리고 상징계 자체가 만드는 결여는 상징계의 그 어떤 것으로도 채울 수 없기 때문이다. 그럼에도 그는 자신 안의 결여를 의식적 혹은 무의식적으로 느끼고 있기 때문에, 그리고 이 결여를 메워 이자 단계에서처럼 나르시시즘적 만족을 느끼고자 하기 때문에 상징계의 기표를 찾아 나선다. 그러나 기표를 얻게 되더라도 만족할 수 없는 우리는 다시 또 다른 기표를 좇는다. 그래서 이 기표에서 저 기표로 옮겨간다. 명품 핸드백이 기쁨, 만족, 행복을 줄 것이라고 생각하고 그것을 구입하지만 결국 만족하지 못하고 외제 자동차, 50평 아파트, 해외여행, 아들의 명문대 입학, 남편의 승진 등을 번갈아가며 추구한다. 결국 세상(상징계)은 환상 공장이고 우리는 환상 소비자들이다. 환상을 만들어내는 이 사회도 문제지만 그러한 환상을 소비하는 우리의 나르시시즘적 태도 또한 문제이다. 잘못된 욕망과 환상은 가로질러져야 한다.[10] 혹 욕망을 어쩔 수 없다면 적어도 환상이라도 멈춰야 한다.

한 가지 간단한 예를 들어보자. '하우스 푸어house poor'라는 말이 통용되고 있다. 집만 있지 돈은 없는 사람들을 가리키는 용어이다. 같은 선상에서, 젊은이들 사이에 '매리지 푸어marriage poor'라는 말이 돌고 있다. 결혼할 상대는 있지만 돈이 없어 결혼하지 못하는 사람들을 가리킨다. 이들은 행복한 결혼(신혼) 생활을 위해서는 어느 정도의 돈, 집, 자동차, 가전제품 등이 있어야 한다고 생각한다. 그래서 그러한 조건들이 갖추어질 때까지 결혼을 미룬다. 여기에도 역시 환상이 있다. 바로 그러한 것들을 갖추면 행복한 결혼 생활을 할 수 있을 것이라는 환상이다. 이것이 환상이라는 것은 그런 조건들을 갖추었음에도 불구하고 불행한 신혼 생활을 하는 부부들과 그러한 것들이 준비되지 않았음에도 불구하고 행복하게 사는 부부들이 있다는 사실에서 드러난다. 따라서 그러한 조건들이 갖추어져야 행복한 결혼 생활을 할 수 있다는 생각이나 믿음은 환상이다. 이것은 단순한 상상이나 꿈이 아니다. 실제로 힘을 발휘하고 있

---

10 슬라보예 지젝, 134~135쪽.

는 생각과 믿음이다. 그래서 젊은이들이 실제로 결혼을 미루고 있고, 그래서 '매리지 푸어'라는 용어까지 나오게 된 것이다. 이런 환상은 가로질러져야 한다. 행복한 결혼 생활은 그런 조건들과 상관이 없다는 깨달음을 통해 환상에서 깨어 나와야 한다.

한국 교회의 환상 가로지르기

한국 교회 역시 많은 환상을 가지고 있다. 목회자와 교인도 예외가 아니다. 목회자와 교인 들이 모두 상징계에 살고 있고, 또한 나르시시즘적 욕망을 갖고 있는 경우가 대부분이기 때문이다. 우리들이 상징계에서 벗어나 살 수 없다는 것이 이론적 사실일 때, 이 문제에서 벗어나는 방법은 환상을 가로지르고 욕망을 내려놓는 것이다. 그러나 환상 가로지르기는 어느 정도 가능할지 모르나 욕망을 제거하기란 좀처럼 쉽지 않다. 사도 바울조차도 '매일 죽노라'라고 말했을 만큼 욕망은 '매일' 지속되고 쉽게 사라지지 않는다. 결국 이 욕망으로 인해 우리 신앙인들도 환상 속에서 기표를 좇으며, 이 기표에서 저 기표로 옮겨가면서 만족과 기쁨과 행복을 향유하기 원한다.

　예수님 역시 세상이 주는 평안, 기쁨, 행복이 결코 우리를 만족시킬수 없다고 가르치셨다. 그러면서 예수님은 '내가 주는 평안, 기쁨, 행복, 만족'은 세상이 주는 것과 다르다고 선포하시면서 예수님이 주는 것들은 지속적이고 충만할 것이라고 약속하셨다. 이러한 가르침과 약속은 결여를 갖고 있는 우리들에게, 또 상징계와 기표의 한계에 직면한 우리들에게 매우 놀랍고도 기쁜 소식이 아닐 수 없다. 예수님은 세상이 주는 '환상'을 가로지르시면서 동시에 우리의 결여를 해결할 수 있는 대안까지도 제시한 것이다. 관건은 우리가 예수님의 가르침에 귀를 기울이고 순종하는가 하는 것이다. 그러나 이 순종의 문제가 본 논문의 주제는 아니기에 여기서는 '환상 가로지르기'라는 관점에서 예수님의 활동을 분석해보려 한다. 예수님이 사마리아 여인과 만난 사건을 분석해보자.

사마리아 여인의 욕망과 환상을 가로지르신 예수

요한복음 4장에는 예수님이 사마리아 여인을 만난 사건이 기록되어 있다. 이 여인이 우물가에 온 것은 정오쯤이었다. 당시 사마리아 여인들은 정오가 아닌 아침이나 저녁에 물을 길었다. 정오는 몹시 무더웠기 때문이다. 그럼에도 이 사마리아 여인이 정오에 물을 길러 온 것은 다른 여인들과의 조우를 피하기 위해서였을 것이다. 벌써 여섯 번째 남자와 살고 있으니 주변 여인들의 입방아가 만만치 않았을 것이기 때문이다. 이러한 이유로 남들이 오지 않는 정오에 물을 길러 왔다는 사실은 이 여인이 비록 여섯 명의 남자들과 결혼과 동거를 반복하였지만 생각이나 감정이 비정상적인 상태는 아니라는 것을 어느 정도 암시해준다. 그녀는 남의 시선과 반응을 인식할 줄 알았고 사회규범(예를 들어, 결혼 제도)도 의식하고 있었으며 그래서 수치를 느꼈다. 그런 그녀가 왜 다섯 번이나 결혼하고도 또다시 다른 남자와 동거했을까?

라캉의 입장에서 이 사마리아 여인을 분석한다면 아마 다음과 같은 내용이 나왔을 것이다. 그녀는 행복과 기쁨의 삶을 원했다. 만족과 즐거움 속에서 살기를 바랐다. 그녀는 상징계에서 결혼 혹은 남자(남편)라는 기표가 자신에게 만족과 즐거움을 줄 것으로 생각(환상)했다. '남자 1호' 가 나타났다. 그 남자가 가지고 있던 기표들(남성성, 외모, 직업, 성격, 재산 등)은 그녀로 하여금 행복과 만족을 가질 수 있을 것이라는 환상을 갖게 하였다. 그녀는 그 남자와 결혼하였다. 그러나 그녀의 욕망(결여)은 채워지지 않았고 오히려 깨어진 환상 속에서 고통만 계속되어 결국 이혼하였다. 비록 이혼하였지만 그녀는 결여의 공간 속에서 다시 행복과 만족을 꿈꿨다. '남자 2호'가 나타났다. '2호'는 '1호'와 다른 기표(예를 들어, 좀 더 자상하다든지 매력적인 몸매를 가지고 있다든지)를 가지고 있었다. 그녀는 또다시 결혼하였다. 신혼 초에는 행복도 기쁨도 있었다. 그러나 오래가지 못하였다. 그녀는 얼마 안 가 이 남자 역시 자신을 채워줄 수 없는 사람이라고 생각했다. 다시 이혼하고 '3호' 그리고 '4호' 그리고 '5호'를 만났다. 그러나 그 누구도 그녀의 욕망을 채워줄 수 없었다. 이제 결혼(혹은 남자, 남편)이 자신에게 행복을 가져다줄 것이라는 환상은 점차 사라졌다. 그러나 완전히 놓을 수는 없었다. '6호'와 동거를 시작하였다.

라캉의 분석이 이와는 다르게 진행되었을 수도 있지만 결론은 역시 사마리아 여인의 욕망이 실은 자신의 욕망이 아니라 타자의 욕망이라는 분석이었을 것이다.[11] 그녀는 결혼(남자, 남편)과 관련된 욕망이 있기 때문에 결혼하였다. 그러나 만족하지 못했다. 그 욕망은 그녀 자신의 욕망이 아니라 타자 혹은 사회의 욕망이었다. 그러니 아무리 결혼을 반복하고 남자를 바꾸어도 그녀는 원천적으로 충족될 수 없었던 것이다. 그럼에도 결혼이 욕망을 충족시켜줄 것이라는 환상 속에서 그녀는 '6호'와의

11　나의 욕망이 실은 타자의 욕망이라는 것에 대해서는 이미 위에서 언급한 바 있다.

결혼까지 가게 되었다. 라캉이라면 그녀에게 그녀의 욕망이 그녀 자신의 것이 아니라는 것을 일깨워줌으로써 그녀가 그 욕망에서 벗어날 수 있도록 안내할 것이다.[12] 그 후 그녀에게 진정한 욕망을 찾아 그 욕망에 충실하라고 하였을 것이다. 자신의 것이라고 잘못 알고 있었던 욕망에서 벗어나면 당연히 그간 따라붙었던 환상 또한 나타나지 않을 것이다.

이상의 두 분석에서 나타났듯이 사마리아 여인의 욕망은 세상의 기표(결혼 혹은 남자)로는 결코 채울 수 없는 어떤 것이었다. 그리고 아마 '5호'와의 결혼이 끝날 때쯤 그녀도 그 사실을 알았을지 모른다. 그래서 예수님이 '내가 주는 물을 마시는 자는 영원히 목마르지 아니하리니 내가 주는 물은 그 속에서도 영생하도록 솟아나는 샘물이 되리라'[13]라고 말씀하시자 '그런 물을 내게 주사 목마르지' 않게 해주길 부탁한다. 이러한 과정을 거치면서 예수님은 세상의 물로 목을 축일 수 있을 것이라고 생각한 그 여인의 환상을 분명하게 가로질러주셨다. 물론 여기서 조심할 것은 결혼이 행복을 가져올 수 없다는 것이 이 사건의 본질이 아니라는 것이다. 결혼은 행복을 가져올 수도 있고 그렇지 않을 수도 있다. 그러나 그 여인은 욕망과 환상에 휩싸여 그렇게 생각하지 않았다. 마치 '매리지 푸어'가 돈이 준비되면 결혼이 행복할 것이라고 생각하는 것처럼 말이다. 예수님은 그 여인에게 다가와 환상을 거두어주셨고, 사실을 보게 하셨고, 대안 또한 제시해주셨다. 한국 교회와 교인에게도 이러한 깨달음이 필요하다.

---

12 흡사한 내용의 라캉식 분석 사례를 다음 책에 실린 20대 청년 마이클의 경우에서도 발견할 수 있다. 스테판 미첼·마가렛 블랙, 《프로이트 이후》(한국심리치료연구소, 2000), 336~337쪽.
13 본문에 인용된 성경 구절은 대한성서공회의 개역개정판을 따랐다 – 편집자주.

한국 교회의 욕망과 환상

한국 교회의 목회자와 교인 역시 욕망을 갖고 있고, 이 욕망을 상징계 안에서 채우고자 힘쓴다. 우리 모두는 지금도 결여의 공간 속에서 각기 자신들이 선택한 욕망의 기표들을 좇고 있다. 그러나 분명한 것은 결여의 빈자리를 상징계의 기표로는 결코 완전히 채울 수 없다는 것이다. 그럼에도 불구하고 우리 대부분은 상징계의 기표를 추구하고, 만일 한 기표에서 실망하면 다른 기표를 또 좇으면서 행복과 만족을 구한다. 예를 들어, 앞에서 언급했듯이 500명의 교인을 가진 목회자는 자신의 교회가 1,000명의 교인들이 출석하는 교회가 되면 행복하고 기쁠 것이라고 생각한다. 1,000명이 출석하는 교회를 만들기 위해 목회자는 때로 기독교의 정신과 윤리를 벗어나는 생각과 행동을 하기도 한다. 이런 무리수를 두면서까지 교회 성장을 꾀하여 결국 그 교회는 1,000명의 교인이 출석하는 교회가 된다. 그러나 기대하고 상상하였던 행복과 기쁨은 잠시 있다가 사라진다. 그리고 다시 교회가 2,000명이 출석하는 교회가 되면 행복하고 만족할 것이라고 생각하고 '2,000명 교회'라는 기표를 좇기 시작한다. 이 기표를 얻기 위해 다시 무리수를 둔다. 때로 이 목표를 위해 하나님과 하나님의 능력도 도구로 사용한다. 목표와 수단이 뒤바뀌는 순간이다. 그리하여 주인과 종의 위치가 뒤바뀐다.

교인들 역시 자신들의 삶에서 유사한 과정을 밟는다. 교회에 들어와 신앙생활을 하고 있지만 상징계의 기표에서 완전히 자유롭지 못하다. 자신들 안에 있는 결여를 채우기 위해 세상이 제시하는 기표를 좇는다. 세상은 기독교인들에게도 이런저런 기표를 갖게 되면 행복, 기쁨, 평안, 만족을 얻게 될 것이라고 말한다. 교인들은 기표를 소유하기 위해 고민

하고 노력하며, 종종 그 기표를 갖게 해달라고 기도한다. 교회는 쉽게 그런 기표를 갖게 된 사람들이 '축복'받았다고 말하고, 교인들은 자신들도 그런 '축복'을 갖는 '은혜'를 베풀어달라고 간구한다. 그리고 그런 '축복'을 받았다고 기뻐하고, 받지 못했다고 원망한다. 그러나 그런 '축복'을 받은 자 역시 얼마 후 또 다른 기표를 좇는다.

성서는 분명히 말한다. 세상의 어떤 것도 완전한 만족, 충만, 기쁨, 평안을 줄 수는 없다고 말이다. 모든 것을 가져본 솔로몬 역시 모든 것이 헛되다고 고백한다. 성서와 예수님은 우리들의 욕망과 환상을 가로질러 준다. 그리고 대안까지 제시해준다. 성 아우구스티누스Saint Augustin와 파스칼Blaise Pascal도 우리 마음속에 세상의 것으로 결코 채워질 수 없는 빈 공간이 있으며, 오직 하나님 안에서 쉼과 평안과 행복을 얻을 수 있다고 증언하였다. 기독교 성현들의 가르침을 깊이 생각해볼 필요가 있다.

나오는 말: 성숙의 길

신앙이 성숙할 수 있도록 돕는 효과적인 실천은 무엇일까? 분명한 것은 교인들이 그간 여러 신앙 훈련이나 프로그램을 통해서 신앙의 성숙을 실현하려 하였지만 항상 한계 혹은 실패를 만났다는 것이다. 이미 우리가 깊이 인지하듯이 제도나 법으로는 욕망을 충분하게 막거나 제거할 수 없다. 그렇다면 가능한 방법은 없는가? 그렇지 않다. 기독교는 구체적인 방법을 제안한다. 곧 결단과 수행이다. 예수님과 사도 바울은 끊임없이 우리를 향해 욕망을 버리라고 촉구한다. 그리고 그것을 지속적으로 삶에 적용하여 수행하라고 요구한다. 우리가 욕망을 버리면 죄를 짓지 않게 되고 사망을 피하게 될 것이다. 이 방법은 분명하고 구체적일 뿐만 아니라 제대로 실천하면 매우 바람직한 결과를 가져올 수 있다. 이 해결책을 간과하거나 회피한다면 오늘날 한국 교회의 문제는 사라지지 않을 것이다. 욕망을 파하라. 환상을 가로질러라. 이것은 라캉과 지젝의 지적인 동시에 기독교의 자체 성숙을 위한 매우 의미 있는 방안이라 할 수 있다.

2.
'우리 모두 성공합시다':
서사와 코드로 본
한국 교회 설교와 신앙 교육

한국 교회의 문제에 대한 또 다른 접근

오늘날 한국 교회에 문제가 많다는 것은 누구도 부인할 수 없는 명백한 사실이다. 이런 한국 교회의 문제점에 대해 많은 연구자들이 각기 자신들의 관점에 근거하여 문제의 원인, 과정, 결과 및 대안 등을 피력하였다. 사회학도 그 분석 방법론 중 하나이며, 이 글도 그러한 시도 중 하나라 할 수 있다. 다만 이 글은 기존의 방법론과는 다소 상이한 문화사회학 이론을 활용하려 하고, 그중에서도 특히 서사와 코드라는 보다 구체적인 개념 도구들을 사용하고자 한다.

이 방법을 사용하는 이유는 간단하다. 기존의 연구 방법론이 사용하지 않았던 접근 방법을 사용함으로써 방법론에 새로운 기여를 할 수 있을 뿐만 아니라 이로 인해 도출되는 새로운 연구 결과도 기대할 수 있기 때문이다. 이를 통하여 본 연구는 한국 교회의 문제에 대한 새로운 시각을 소개하고자 하며 또한 필요한 대안도 제시해보고자 한다. 이 글에서 특별히 다루고자 하는 문제는 오늘날 한국 교회가 수행하고 있는 설교와 신앙 교육[1]에 관한 것이다.

이론적 배경

문화사회학

미국의 사회학자 제프리 알렉산더와 필립 스미스는 1990년을 전후하여 기존의 문화사회학Sociology of Culture과는 다른 '문화사회학Cultural Sociology'이라는 학문 분야를 정립하기 시작하였다. 이론 작업을 통해 이 새로운 분야에 대한 학문적 정초 작업을 효과적으로 수행한 이들은 자신들의 연구에서 문화의 중요성과 자율성을 특별히 강조한다.[2] 기존의 문화사회학은 문화를 경제나 정치 구조의 반영이나 종속물로 간주하는 경향이 있었다. 이는 특히 유물론적 입장에 서 있는 마르크스주의에서 강했는데, 두 학자는 이 입장에서 벗어나 문화가 독립적이며 사회 동학動學에서 매우 중요한 역할을 수행한다고 보았다.

물론 이들이 사회적 삶에서 정치나 경제 제도의 역할을 경시한 것은

1　여기서 신앙 교육은 특히 기독교 서적을 매개로 해서 이루어지는 교육을 의미하기로 한다.

2　필립 스미스, 《문화 이론》, 한국문화사회학회 옮김(이학사, 2008); 제프리 C. 알렉산더, 《사회적 삶의 의미》, 박선웅 옮김(한울, 2007).

아니다. 이들 또한 정치, 경제, 법, 군사력, 테크놀로지 등의 힘과 영향력을 인정하지만, 이것만으로는 오늘날 일어나고 있는 사회현상(종교현상 포함)을 온전히 설명할 수 없다고 본다. 더 나아가 이러한 사회현상을 주도하거나 심화시키는 데 문화가 결정적인 역할을 수행한다고 본다.[3] 알렉산더와 스미스는 이러한 문화적 영향력을 고려하는 새로운 문화사회학을 구축하기 위해 후기마르크스주의, 에밀 뒤르켐 이론, 기호학, 구조주의, 후기구조주의, 해석학, 현상학, 민속방법론, 상징적 상호작용론, 정신분석학, 포스트모더니즘 등을 오가면서 필요한 방법론들을 도출하여 활용하고 있다.[4]

서사와 코드

문화사회학Cultural Sociology에서 서사와 코드는 사회현상을 분석할 때 자주 활용하는 개념 도구이다. 먼저, 서사는 영어로 '내러티브narrative'인데 이는 우리말의 '이야기'에 대응하는 학술 용어이다. 인간은 정치적, 사회적 동물인 동시에 서사적 동물이기도 하다.[5] 인간은 다른 동물과 달리 서사를 필요로 하고 서사를 만들어낸다. 서사 혹은 '이야기'는 단순한 허상이나 허구가 아니다. 우리는 보통 '이야기'를 허구로 생각하지만 실제로 이야기는 허구 이상의 의미와 역할을 가진다.

---

3 이에 대한 자세한 설명은 이미 서론에서 서술하였다.

4 이를 잘 보여주고 있는 것이 앞에서 언급한 필립 스미스의 책이다.

5 원신애, 〈해체적 주체와 통합적 주체가 만나는 장場으로서의 예배: 여성의 주체성에 대한 성찰을 중심으로〉, 《한국기독교교육정보학회 춘계학술대회 자료집》(한국기독교교육정보학회, 2009), 83쪽.

이것은 특히 개인의 삶이나 공동체에서 발생하는 사건들과 관련하여 더욱 중요하다. 사회적 사건들 혹은 개인의 사건들은 사건 개개의 측면에서 살펴보면 일시적이고 불안정하며 다른 사건들과의 연속성이나 상호 동질성이 없어 보일 수 있다. 이럴 때 해당 사건들은 카오스, 아노미, 무질서의 영역에 존재하게 된다. 그러나 사건들을 하나의 서사 안에 놓고 살펴보면 그것들은 결코 일시적이거나 불안정하지 않으며, 지속성과 동질성을 가진다. 따라서 사건들은 '이야기', 곧 서사 안에서 역할과 의미를 갖게 되고 해석의 대상이 된다. 그래서 사람들은 서사 안에서 사건이나 삶을 이해하고 표현한다. 이 때문에 서사가 없는 곳에서는 의미도 삶도 없다든지, 서사의 부재는 곧 삶의 부재라는 언급들이 나온다.[6]

예를 들어 '신데렐라 서사'를 상정하여 설명해보자. 신데렐라의 입장에서 볼 때 그녀에게 일어난 사건들(예를 들어, 모친의 조기 사망, 아버지의 재혼, 악한 계모의 출현, 계모 딸들의 학대, 가사일의 고통 등) 개개는 사건의 의미나 사건들 간의 연결이 불분명하여, 단지 일시적이고 불안정하고 개별적이고 상호 동질성이 부재한 사건처럼 보인다. 또한 개별 사건만 보면 왜 그런 일이 발생하는지, 그녀의 삶에서 그 사건들이 어떤 위치와 의미를 갖는지 인지하기 어렵다. 당연히 그녀의 삶은 고통과 혼란과 무의미성에 쉽게 노출된다. 그러나 이야기의 결론 지점에서 보면 모든 일들은 멋진 왕자를 만나 결혼하여 행복하게 살기 위한 과정 중에 발생한 사건들이다. 이 경우 과거의 모호했던 사건들은 의미와 연속성과

---

6   박승길, 〈포스트모던 문화의 서사구조와 현대 종교시장의 스펙트럼〉, 《종교사회학 특별포럼 자료집》(한국종교사회학회, 2009), 4쪽.

안정성을 갖게 된다.

이러한 신데렐라 서사는 단순한 문학 이야기가 아니라 오늘날 우리 삶에서도 중요한 의미와 역할을 가진다. 예를 들어, 부친의 조기 사망, 악한 계부의 출현, 가정과 학교에서의 고통스러운 사건 등을 겪고 있는 한 여학생을 가정해보자. 이 학생은 자신에게 발생한 사건들의 원인, 나아가 그러한 사건들로 점철된 자신의 삶을 의미 있게 여기기 힘들 것이다. 이때 그는 '신데렐라 서사'를 사용하여 사건들과 자신의 삶을 의미 있게 구성할 수 있다. 예를 들어, 이 모든 일이 후에 좋은 사람을 만나 행복한 가정을 갖기 위한 과정이라고 이해하는 것이다. 이러한 구성을 통해 일시적이고 불안정하고 개별적이고 동질성이 없어 보이는 사건들이 하나의 목적과 의미를 가진 지속성 있는 사건들로 연결되면서, 이 여학생은 이제 자신의 삶을 이해하고 그에 상응하게 대응하며(고난 속에서 기뻐하고) 또한 실행(고통 속에서도 꿋꿋이 살아가기)하게 된다. 실제로 그 여학생이 인내 끝에 좋은 사람과 만나 결혼하게 되면 그간의 사건들은 이 서사 안에서 더욱 분명하고 단단한 의미를 갖게 될 것이다. 그리고 기회가 되면 그녀는 자신의 서사적 이야기를 자녀나 주위 사람들에게 들려줄 것이다. 이는 또다시 서사의 전파와 수용을 가져오게 된다.

기독교에서도 이러한 서사 작업이 매우 강력하고 효과적으로 수행되는 경우가 있는데, 바로 간증이라는 형식을 통해서이다. 간증자들은 회중 앞에서 지난날 자신에게 일어난 사건들(질병, 사고, 부도, 가족 사망, 낙방, 실직, 이혼 등)을 당시에는 이해하지 못하였지만 신앙을 가지게 된 후 그 이유를 알게 되었다고 하면서, '고통에는 의미가 있다', '하나님의 예정하심이 있었다' 혹은 '나를 단련시켜 정금이 되게 하려고 하셨다'고

고백한다. 이는 자신들에게 발생한 사건들을 구원, 승리 혹은 성공 서사에 연결시켜 그 안에서 의미를 찾은 결과이다. 물론 모든 사건이 의미를 갖게 되는 것은 아니다. 서사 작업이 이루어진 후에도 의미를 찾지 못한 사건들이 있을 수 있다. 그러나 그것들 역시 다음과 같은 방식으로 의미를 갖게 된다. 예를 들어, '피조물인 우리가 모든 것을 다 알 수는 없다', '언젠가 하나님 앞에 가면 다 알게 될 것이다' 등과 같은 방식의 해결이다. 이것은 이미 서사 작업을 통해 중대 사건들의 의미가 찾아졌기에 가능하다. 결국 무의미, 혼돈, 무질서, 불연속에 속한 사건들에 의미, 안정성, 연결성을 제공하는 서사는 개인의 삶에서 매우 중요한 역할을 수행하게 된다.

오늘날의 시대를 종종 서사의 시대라고 한다. 서사는 일반적으로 거대 서사grand narrative를 의미하는데, 포스트모더니즘의 입장에서는 거대 서사가 근대사회의 특징이었을 뿐 오늘날에는 소멸되었다고 주장하기도 한다. 그러나 포스트모더니즘은 근대와 별리된 영역이 아니라 근대의 연장선상에 있다는 것이 필자의 의견이다. 이런 이유로 오늘날에도 사회적 차원의 거대 서사가 작동하고 있고 또한 개인적 차원의 자기 서사self-narrative도 있다고 본다. 자기 서사란 개인이 오늘날 사회, 문화, 과학 등의 요소들을 활용하여 자신의 관심과 필요에 따라 스스로 구성하여 만든 서사이다. 물론 이러한 개인 서사를 시도하지 못한 사람들은 거대 서사나 다른 사람들의 서사를 자기화하는 '서사의 자기화'에 참여한다.[7] 이 서사 안에서 개인들은 자신에게 일어나는 사건들의 의미를 해

---

7   Ibid..

석하면서 자신을 둘러싼 세상과 자신의 삶을 이해하고 이에 대응한다.

한편, 서사는 일반적으로 인물, 플롯, 장르로 구성되어 있는데, 서사를 연구한 노드롭 프라이Northrop Frye는 플롯과 장르를 연결시키면서 네 가지 종류의 서사가 존재한다고 주장한다. 바로 로맨스 서사, 희극 서사, 비극 서사, 아이러니 서사이다. 그중 이 글이 관심을 갖는 서사는 로맨스 서사와 비극 서사이다. 로맨스 서사는 공동체나 개인에게 문제가 발생하나 일반인보다 힘이나 지혜가 뛰어난 주인공이 출현하여 당면한 문제를 해결하고 개인과 공동체를 승리로 이끄는 내용으로 이야기가 구성된다. 이런 의미에서 로맨스 서사는 '성공 서사', '영웅 서사' 혹은 '진보 서사'라고 칭할 수 있다. 반면 비극 서사는 일반인보다 힘이나 지혜가 뛰어난 주인공이 출현하여 활동하지만 지배 집단의 공격을 받아 실패하거나 축출되는 비극적 결론으로 사건이 종결된다.[8] 이미 위에서 언급하였듯이, 이러한 서사들은 단지 '이야기'일 수 있으나 서사는 이야기

---

8   프라이는 로맨스 서사와 비극 서사의 특징을 다음과 같이 기술하고 있다. "로맨스는… 시간적 또는 공간적으로 어떤 상상적인 황금시대를 추구하고자 하는 것이 특징이다. … 로맨스에서 플롯의 본질적인 요소는 모험이다. … 로맨스의 완벽한 형식은 분명히 편력을 성공적으로 끝마치게 되는 형식을 취하며, 이 완벽한 형식에는 세 개의 주요한 단계가 있다. 즉 위험한 여행과 준비단계의 소모험, 다음에 생명을 건 투쟁… 그리고 마지막으로 주인공의 개선이다." 노드롭 프라이,《비평의 해부》, 임철규 옮김(한길사, 2000), 363~365쪽; "로맨스에서는 등장인물들이 주로 여전히 몽상적인 인간들이 많고… 비극에서는 주요 등장인물들이 꿈에서 해방된다. … 압도적으로 침울한 분위기가 비극의 구조에 통일성을 주는 역할을 하고 있지만 그 분위기에만 집중한다고 해서 비극적인 효과가 강렬해지는 것은 아니다. … 전형적인 비극의 주인공은 운명의 수레바퀴의 정점에 있으며, 그러기에 지상의 인간 사회와 천상의 보다 위대한 존재의 중간에 위치하고 있다. 프로메테우스, 아담과 그리스도는 천상과 지상의 중간, 천국적인 자유의 세계와 지상적인 제약의 세계의 중간에 매달려 있다." 프라이, 399~401쪽.

를 뛰어넘어 한 개인이 자신이나 자신이 속한 공동체에게 발생한 사건들을 이해, 표현, 대응하게 하는 준거가 될 수 있다. 다시 말해 삶의 의미와 성격을 규정짓는 관점이 될 수 있다.

코드는 문화사회학자들이 자주 활용하는 이항대립과 관련이 있다. 알렉산더는 이항대립이 인류 사회의 본질적인 요소이며, 원시사회뿐만 아니라 오늘날의 사회에서도 발견되는 지배적인 사고방식 및 인식 방법이라고 지적한다.[9] 다시 말해, 사람들은 대개가 이항대립의 코드를 사용하여 세상과 삶을 이해한다는 것이다. 일반적으로 가장 보편화된 이항대립은 성과 속, 선과 악이다. 이러한 이항대립의 분류는 인지적 차원에서만 작용하는 것이 아니라 감정적 차원(예를 들어, 선에 대한 경외심, 악에 대한 분노 등)에서도 작용한다. 사람들은 이러한 이항대립의 구조 위에서 자신들에게 일어난 사건들을 구분하고 이해하는데, 이 작업을 통해 해당 사건이 어디에 분류되는지(예를 들어, 성 혹은 속의 영역) 정해지며, 그에 따라 그 사건에 특성과 의미(예를 들어, 성스러운 사건, 속적인 사건)가 부여된다.[10] 그리고 사람들은 분류된 코드에 근거해 사건을 이해하고 이에 대응한다. 물론 사건에 의미를 더욱 분명히 부여

---

9   알렉산더, 78쪽. 이것은 원래 프랑스 사회과학자인 뒤르켐과 레비스트로스의 원시사회 공동체 연구에서 기인된 이론이다.

10   한 사건의 특성이나 의미는—특히 사건 초기에는—명확하지도 않고 안정적이지도 않다. 그래서 사건의 분류나 범주화가 어렵다. 그러나 시간이 지나면서 이 사건에 대한 평가들이 부가되면 해당 사건은 보다 분명하게 성 혹은 속으로 코딩되기 시작한다. 이렇게 코딩이 되면 사건의 특성이나 의미는 분명히 드러나며, 사람들은 보다 쉽고 분명하게 사건을 이해하고, 분류된 코드를 근거로 해당 사건에 대한 반응을 표출한다.

하는 것은 코드보다는 서사이다. 그러나 코드는 사건의 의미에 단순성을 부여하는 것이 특징이다. 사건을 이항대립적 범주로 분류하여 구별하기 때문이다.

한국 교회와 세상: 서사와 코드 비교

교회에도 서사와 코드가 존재한다. 서사와 코드는 모든 사회 공동체에서 작동하고 있고, 교회 역시 예외가 아니다. 또한, 인간은 서사적 동물이라는 주장은 신앙인에게도 적용된다. 교회에서 서사가 대표적으로 표출되는 곳은 무엇보다도 설교 영역이다. 설교는 서사들로 구성되어 있다. 이것은 오늘날의 교회에서 특히 그러한데, 그 이유는 현대 교회의 설교 형태가 주로 '이야기 설교' 혹은 '내러티브 설교'이기 때문이다. 설교가 서사적인 것은 전체적으로 볼 때 성서 역시 서사적이고, 성서의 인물들이 서사적 삶을 살았으며, 설교를 전하는 목회자나 설교를 청취하는 교인들도 서사적 존재이기 때문이다. 설교에는 코드 또한 존재한다. 성과 속, 선과 악으로 나눠지는 인물과 사건, 그리고 이들에 대한 해석이 존재하는 곳이 설교이다. 한편, 설교 외에도 서사와 코드가 존재하는 또 다른 대표적인 곳이 있는데, 바로 교인들의 신앙을 깊게 하기 위해 사용되는 신앙 서적이다. 신앙 서적 역시 설교와 같이 코드와 서사가 분명히 내포된 텍스트이다. 신앙 서적을 서사와 코드로 분석하려는 이유가 바로 이 때문이다.

이제 한국 교회의 서사 및 코드를 분석하여 보자. 이 분석은 세상과 교회의 서사 및 코드를 비교하면서 진행되는데, 주된 이유는 오늘날 이 두 영역의 서사와 코드가 매우 유사하기 때문이다. 다시 말해, 한국 교회의 서사 및 코드가 한국 사회의 서사 및 코드와 거의 같다는 것이다. 신앙 원칙상 이 둘은 같을 수 없다. 그러나 현실적으로는 거의 동일하다. 이로 인해 오늘날 한국 교회에 여러 문제가 발생하고 있다. 그래서 서사와 코드를 비교하고 평가하는 것이 한국 교회의 문제점을 생각해볼 수 있는 또 다른 기회가 되는 것이다. 이제 좀 더 자세히 살펴보자.

설교

먼저 신앙에서 서사의 중요성을 고찰해보자. 서사는 신앙인에게 의미와 목표를 제공하고 이에 부응하는 대응을 수행하게 한다. 위에서 언급한 예를 다시 인용해보면, 어릴 때 아버지를 여의고 악한 계모 밑에서 고생하다 겨우 독립하여 직장을 얻은 한 여인이 직장에서도 쫓겨나고 사귀던 남자와도 헤어졌다고 가정해보자. 이 사람에게 일어난 일련의 외상trauma적 사건들은 그 자신에게 혼돈이고 불안정일 뿐만 아니라 사건과 사건 간에 무슨 연관성이 있는지 알 수 없어 사건 간의 동질성도 인식할 수 없다. 그에게 사건들은 그저 일시적이고 단편적이며 의미를 알 수 없는 상태에서 나열되어 있을 뿐이다. 그러나 이 사람이 기독교의 '구원 서사'를 받아들이면 이 사건들은 더 이상 혼돈, 불안, 무의미, 이해 불능의 범주 안에 자리하지 않는다. 하나님의 구원 계획이 있어 그러한 사건들이 발생하였고 그 결과 구원에 이르게 되었다고 생각하는 것이다. 이제 그 사건들은 의미와 뜻을 갖게 되고 서로 연결되어 있는 동일한 성격의 사건으로 인식된다. 이러한 예가 신앙 간증에서 흔히 드러난다고 하였다. 간증에 참여한 개인들은 이전에 일어난 사건들이 왜 일어났는지, 무슨 관계가 있는지 알지 못했는데 이제는 그 모든 일들이 발생한 이유와 목적을 분명히 알게 되었다고 표명한다. 그리고 앞으로 설령 고난이 오더라도 구원받은 자답게 행동하겠다고 밝힌다. 이 모든 것이 기독교의 구원 서사를 자기화하여 사건들을 해석하게 된 결과이다.

이러한 일은 개인 차원에서뿐만 아니라 공동체 혹은 사회 차원에서도 가능하다. 예를 들어 구약의 이스라엘 공동체에게 발생했던 사건들을 살펴보자. 아브라함의 이주, 요셉의 애굽행, 애굽에서의 노예 생활, 출애굽, 40년의 광야 생활, 가나안 정착 후 계속되는 이웃 부족과의 전쟁, 사울 왕의 실패, 다윗 왕조의 분열, 주변 강대국의 횡포, 포로 생활, 귀환 등의 사건은 통합된 의미를 갖지 못하고 단지 집단적 외상으로 남아 있을 수 있다. 그러나 하나님의 구원 경륜을 담고 있는 구원 서사에서 볼 때 이 모든 사건들은 의미가 있고 연결과 해석이 가능해진다.

성경에서 구원 서사의 기본적인 형태가 잘 나타난 곳은 사사기이다. 사사기의 구원 서사는 대부분 다음과 같은 플롯으로 진행된다.[11]

I. 이스라엘 자손이 여호와의 목전에서 악을 행하고 하나님을 잊고 우상을 섬긴다.

II. 이에 여호와께서는 진노하여 가나안 왕의 손에 붙이신다.

11 　대표적으로 사사기에 나오는 첫 서사라 할 수 있는 3장 7-11절의 옷니엘 사사를 그 예로 들 수 있다.

Ⅲ. 이스라엘이 그 밑에 들어가 오랫동안 고통을 당한다.

Ⅳ. 고통 속에서 이스라엘이 여호와께 부르짖는다.

Ⅴ. 하나님이 한 구원자를 세워 이스라엘을 구원하신다.

Ⅵ. 그 땅이 태평해진다.

사사기 시대의 이스라엘 사람들은 이러한 서사에 근거하여 자신들에게 일어난 고통이나 회복을 이해하고 체험하였다. 그리고 이러한 서사의 작동은 신명기적 신앙을 통하여 출애굽기에서부터 말라기까지 이어진다.

이러한 구약의 구원 서사는 신약에서도 지속되는데, 다만 서사의 소재와 내용이 조금 달라진다. 사도행전 10장 38-43절에 나타난 베드로의 설교가 좋은 예이다. 이 서사 역시 사사기 서사와 동일하게 구원 서사의 내용을 갖고 있다. 다만 인물과 플롯과 장르는 다소 상이하다. 사사기 서사에 나오는 '한 구원자'가 여기에서는 예수가 되고, 예수가 사람들에게 배척되어 죽음을 맞이하는 비극 장르의 형태를 띤다. 그러나 종국에는 그가 부활하여 이스라엘을 구원한다는 내용이다. 프라이의 서사 이론에 비추어 보면 최종 결론은 로망스 서사인 셈이다. 플롯은 다음과 같이 진행된다

Ⅰ. 하나님으로부터 보냄을 받은 나사렛 예수는 성령과 능력으로 하나님의 나라를 전하였다.

Ⅱ. 이런 예수를 사람들은 나무에 매달아 죽였다.

Ⅲ. 하나님이 그가 택한 백성들을 위해 사흘 만에 예수를 다시 살리셨다.

Ⅳ. 예수는 산 자와 죽은 자의 심판자로, 저를 믿는 자들은 그 이름에 힘입어 죄 사함을 받는다.[12]

빌립보서 2장 5-11절에 나오는 예수의 케노시스도 기독교 신앙의 핵심을 내포하는 서사라 할 수 있다. 케노시스 서사는 예수의 서사일 뿐만 아니라 "너희 안에 이 마음을 품으라"(5절)는 바울의 지적이 의미하듯이 신앙인이 받아들여 '자기 서사화'할 수 있는 서사이다. 이 빌립보서 서사는 다음과 같이 구성된다.

Ⅰ. 그리스도 예수는 근본 하나님의 본체시고 하나님과 동등하시다.

Ⅱ. 그러나 오히려 자기를 비워 종의 형체를 가져 사람과 같이 되셨다.

Ⅲ. 그리고 자기를 낮추시고 죽기까지 복종하여 십자가에 죽으셨다.

Ⅳ. 이러므로 하나님이 예수를 지극히 높여 모든 이름 위에 뛰어난 이름을 주시고 하늘과 땅의 모든 무릎을 예수의 이름에 꿇게 하시고 하나님 아버지께 영광을 돌리게 하셨다.

---

12 이 구원 서사는 초대 교회 설교와 신앙 교육에서 중심적이고 반복적인 형태로 나타났을 것임에 틀림없다.

이러한 구원 서사의 현대적 예로는 한국대학생선교회CCC의 사영리를 거론할 수 있는데, 사영리는 '우리들을 향한 하나님의 놀라운 사랑과 계획 → 우리의 죄로 인한 분리 → 예수 그리스도만이 유일한 길 → 예수 그리스도를 영접하여 죄 해결 및 하나님의 사랑과 계획을 체험'이라는 네 개의 플롯을 가진 구원 서사로 볼 수 있다.[13]

이상의 서사들을 근거로 기독교 신앙의 이항대립 체계를 구성해보면 아래와 같이 단순하지만 매우 명증한 성과 속의 분류 코드가 나타나게 된다.

〈기독교 신앙의 이항대립 분류〉

	성(선)	속(악)
사사기 서사	여호와 이스라엘 구원자 태평	우상 가나안(세상) 가나안 왕 고통
베드로 서사	나사렛 예수 하나님의 나라 선택된 백성 산 자 죄 사함	예수를 나무에 단 자 세상 선택받지 못한 백성 죽은 자 심판
바울 서사	비움 종 낮춤 헌신 순종	채움 주인 높임 자기 추구 거역

---

13 http://www.kccc.org/korean/fourlaws/fourlaw01.htm?Code=B00600&type=html(2009. 9.5 검색). 이러한 서사 내용은 대학생선교회뿐만 아니라 다른 곳에서도 많이 발견된다.

이상이 기독교 서사와 코드의 핵심 내용이며, 따라서 교회와 신앙인은 이 서사와 코드로 성서, 교회, 세상, 교인의 삶에 일어난 일들을 해석하고 이해해야 한다. 이런 코드와 서사가 설교나 신앙 교육을 통해 선포되고 교육될 때 회중들은 이 서사를 자기화하여 자신과 세상에서 일어난 사건들을 인식하고 평가하게 되며, 이를 통해 필요한 의미와 목적을 찾아 신앙인으로서의 삶을 영위해 나가게 된다.

그런데 오늘날 한국 교회에서 작동하고 있는 서사와 코드는 어떤 내용의 서사와 코드인가? 과연 한국 교회의 강단에서 선포되는 설교에서 구원 서사는 얼마나 큰 비중을 차지하고 있는가? 한국 교회의 수많은 설교에서 죄, 심판, 속죄, 구원, 헌신, 순종, 비움, 헌신, 종말과 같은 주제들이 언급되는 서사와 코드가 제대로 작동하고 있는가? 한국 교회 설교를 분석한 연구 논문에 따르면 한국 교회 강단에서 선포되는 설교 주제 중 구원과 관련된 논문은 단지 15퍼센트에 불과하다. 100편의 설교가 선포되었다면 그중 15편만 구원에 대한 설교라는 것이다. 또한 회개는 4퍼센트, 사랑은 5퍼센트, 공의는 1퍼센트인데, 이에 비해 복과 은혜에 관한 설교는 9퍼센트에 달한다.[14] 이 통계 조사는 성공이나 건강(치유, 회복, 신유 등)을 복과 은혜 항목에 포함시키지 않았다. 성공이나 건강이 이 항목에 포함되었다면 비율은 더욱 높았을 것이다.

결국 교회 강단에서 가장 강조되어야 할 구원은 그 중요성에 비해 선

---

14 서정민, 〈한국 교회 강단 경향성의 분석: 한국 교회학의 한 시도〉, 《교회사학》 제2권(수원교회사연구소, 2003), 134쪽. 이 논문은 2000년부터 2001년까지 2년간에 걸쳐 서울 및 근교 15개 교회의 주일 대예배 설교를 조사 분석한 것이다. 교파는 초교파적으로 선택되었고 교회 크기도 대형 교회에서 개척 교회까지 일정 비율을 정해 실시하였다.

포되는 강도나 빈도가 빈약한 반면, 축복과 성공에 대한 강조는 상대적으로 매우 높다. 구원 서사가 희소하게 나타나는 반면 진보 서사 혹은 성공 서사가 상대적으로 강세를 띠고 있다는 의미이다. 이런 현상은 결국 이항대립 분류 코딩에서 성공이나 진보와 관련된 주제들이 성聖(선善) 쪽으로 분류되고 있다는 사실을 암시한다고 볼 수 있다.[15] 이러한 분류에 대해서는 잠시 후 다시 살펴보기로 하자.

한편, 교회 강단에서 이러한 상황이 전개되는 이유는 무엇보다도 교회가 세상의 서사를 반영하고 있기 때문이라고 할 수 있다. 예를 들어, 세상의 '성공 서사'라는 것은 대부분 한 입지전적인 인물이 많은 역경을 겪으면서도 끝내 비전을 포기하지 않고 마침내 자신의 목표를 이룬다는 내용이다. 이는 '영웅 서사'라고 불릴 수 있다. 세상의 사람들은 이런 서사를 자기화하여 자신의 삶에서 일어난 사건들을 이해하고 또한 그에 상응하여 행동한다. 때로 험난한 과정들과 힘겨운 사건들의 발생으로 인해 도전을 포기해야 하는 상황이 발생하더라도 개인들은 이 '성공' 서사를 통해 고통의 의미를 깨달아 도전을 계속하려 할 것이다.

이러한 사회의 서사들이 교회에 유입되면 그 서사들은 강단에서 혹은 기타 신앙 모임을 통해서 교인들에게 선포, 전파된다. 교회에 들어온 이 진보 서사나 성공 서사는 때로 이름을 달리하여 승리, 비전, 축복, 형통,

---

15 이에 대해서는 신앙 교육에 대한 분석에서 다시 다루기로 한다. 설교 분석에서 이를 다루려면 설교들을 모아 내용 분석을 해야 하는데, 이 글에서 인용한 서정민의 설교 연구는 설교 내용이 아닌 설교 주제만을 다루고 있어 인용에 한계가 있다. 이 문제를 해결하려면 설교 내용에 대한 서사 및 코드 분석이 요청되는데 이것은 쉽지 않은 연구 과제이다. 여기서는 필자나 다른 연구자의 차기 연구를 기대해보는 것으로 마무리하고자 한다.

평안의 서사로 변환된다. 물론 기독교와 성서에는 승리, 비전, 축복, 형통, 평안, 안정의 주제들이 스며들 수 있는 서사가 있다. 예를 들어 아브라함이나 요셉 이야기가 그러하다. 그러나 문제는 이러한 서사들이 기독교의 핵심 서사가 될 수 없다는 점이다. 이보다는 죄, 심판, 속죄, 구원, 헌신, 순종, 비움, 헌신, 종말 등이 더 근본적이고 중요한 서사의 주제들이기 때문이다. 그럼에도 불구하고 한국 교회 설교에서는 이러한 주제보다는 축복, 승리, 비전, 형통, 평안, 성공, 건강 등이 더욱 두드러지게 부각되는 것이 사실이다. 이 경우 코딩 분류 작업에서 이러한 것들이 성(선)의 위치에 자리 잡게 되는 것은 당연한 결과이다.

교회의 강단과 신앙 교육이 이러한 방향으로 전개될 때의 문제는 그러한 설교와 교육을 받은 교인들이 그 서사를 자기 서사화하고 그에 맞는 코딩을 수행한다는 것이다. 그리고 이 서사와 코드에 근거하여 자신에게 그리고 자기 주위에서 발생한 사건들을 해석하고 이해한다는 것이다. 그리하여 이 서사와 코드에 맞는 결과가 나오면 하나님의 은혜와 축복과 사랑을 받는 것으로, 그렇지 아니하면 받지 못한 것으로 인식한다. 또한 이러한 이항대립의 분류 체계는 앞서 언급하였듯이 인식 차원에서만 일어나는 것이 아니라 감정 차원에서도 발생한다. 따라서 성에 속한 결과들의 발생에 대해서는 좋은 감정을(기쁘고, 축하하고, 부러워하고), 속에 속한 것들에 대해서는 나쁜 감정을(잘못된, 실망스러운, 원망스러운) 갖게 된다. 결국 이 서사와 코드는 자신의 신앙과 삶, 주위 교인들의 신앙과 삶, 목회자의 자질과 능력 등에 대한 판단의 기준이 되기도 하며, 그에 따라 감정의 향방이 갈리기도 한다.

신앙 교육

한국 교회에서 행해지는 신앙 교육에서도 유사한 상황이 발생한다. 이 글이 관심을 가지고 있는 서적을 통한 신앙 교육을 살펴보자. 먼저 서사와 관련하여 한국 교회 교인들이 가장 많이 읽은 책을 살펴본다면 그것은 브루스 윌킨슨Bruce H. Wilkinson의 《야베스의 기도The Prayer of Jabez》일 것이다. 2001년 2월에 발행된 144쪽의 이 짧은 책은 미국 아마존닷컴 비소설기독교 부문에서 출간 7개월 만에 100만 부가 판매되었다.[16] 이러한 호응 속에 이 책은 계속해서 후속편을 낳았는데, 《어린이를 위한 야베스의 기도》(2002), 《학령전 어린이를 위한 야베스의 기도》(2002), 《청소년을 위한 야베스의 기도》(2002), 《야베스와 하나님의 보물창고》(2002), 《묵상을 위한 야베스의 기도》(2002), 《야베스의 기도, 그후》(2006)가 발행되었고, 윌킨슨이 저술하지 않았으나 야베스를 주제로 하여 출간된 책으로 《야베스의 축복원리》(헤럴드 이반 스미스, 2001), 《여성을 위한 야베스 기도》(달린 마리 윌킨슨, 2002), 《야베스 가족의 비밀》(정대웅, 2007), 《야베스 기도의 숨겨진 진실》(김나사로, 2008), 《야베스의 기도로 자녀를 존귀하게 하는 기도문》(한치호, 2008) 등이 있다. 이 외에도 야베스의 기도를 주제로 하는 복음성가와 음반도 다수 출시되었으며, 야베스 기도

---

[16] http://www.lifebook.co.kr/final/bookjumun.asp?gs_product=aa01070037177&detail=yes(2009. 9. 3. 검색). 박득훈(교회개혁실천연대 공동대표, 서울언덕교회 목사)은 "한국 교회에 이러한 기복신앙이 얼마나 깊이 침투해 들어와 있는가는 브루스 윌킨슨의 《야베스의 기도》라는 책이 현재 200쇄를 넘길 정도로 선풍적인 인기를 얻고 있다는 점에서 찾아 볼 수 있다"고 보고하였다. http://blog.naver.com/greatimpact?Redirect=Log&logNo=100036636802(2009.9.5 검색).

문을 내용으로 하는 액자나 카드도 다량 제작되어 판매되었다. 그리고 적지 않은 교인들이 윌킨슨의 권고에 따라 야베스의 기도를 암기하여 수시로 암송하였다.

이러한 '야베스의 기도'는 어떤 서사 형태를 띠고 있는가? 이미 위에서 언급하였듯이 서사는 인물, 플롯, 장르로 구성되어 있다. 야베스 기도의 원문이 들어 있는 성경의 역대상 4:9-10절을 살펴보면 인물은 주인공인 야베스이고, 플롯은 다음과 같이 네 가지 기승전결의 사건으로 구성된다.

I. 야베스의 어머니가 야베스를 고통 중에 낳다.[17]

II. 야베스가 하나님께 복과 지경의 확장 그리고 주의 도우심을 통해 환난과 근심에서 벗어나게 해달라고 기도하다.

III. 하나님이 그의 구함을 허락하다.

IV. 야베스는 그의 형제들보다 존귀한 자가 되다.

이 서사의 장르는 어느 모로 보나 성공 서사 혹은 진보 서사이다.

윌킨슨은 자신의 저서 《야베스의 기도》를 아래와 같은 장들로 구성하

---

17 윌킨슨은 자신의 책에서 야베스가 그의 형제들 중 가장 미천한 자로 태어났을 것이라고 지적하면서 이 점을 강조한다. 이는 야베스가 종국에는 다른 형제들보다 존귀한 자가 되었다는 점을 부각시키기 위해서이다.

였는데, 제목만 살펴보아도 이 신앙 서적이 전형적인 성공 서사를 구사하고 있다는 것을 알 수 있다.

I. 짧은 기도, 엄청난 상

II. 그렇다면 왜 구하지 않는가?

III. 하나님을 위한 원대한 삶의 경험

VI. 위대한 접촉

V. 물려받은 것 안전하게 지키기

VI. 하나님의 존귀한 자의 명부에 오른 자

VII. 야베스의 것을 나의 것으로

이 제목들이 암시하듯이 '야베스 서사'에 비극 서사는 존재하지 않는다. 또한 이 서사에는 심판, 속죄, 구원, 헌신, 순종, 비움, 사랑, 종말과 같은 주제도 담겨 있지 않다. 단지 축복, 변화, 선물, 영향력, 능력, 높아짐, 승리, 존귀한 자, 보호, 평안, 형통 등만 나타나 있다. 이 책은 전체적으로 이러한 서사로 구성되어 있을 뿐만 아니라 각 장들에서 사용하는 예화 역시 축복, 성공, 승리 추구와 관련된 것들 일색이다.[18] 예를 들어, 《야베스의 기도》의 저자는 캘리포니아에 있는 한 기독교 대학에서 강

18　《야베스의 기도》의 이러한 점들을 비판하는 서적도 출간되었다. 김홍만의 《다시 쓰는 야베스의 기도》(생명의말씀사, 2003)를 보라.

의하면서《야베스의 기도》로 학생에게 도전을 주었다. 세계지도에서 섬 하나를 정한 후 비행기 한 대를 전세 내어 "그 섬을 취하러 가자"는 제안이었다.[19] 어떤 학생들은 이 제안을 조소하였으나 저자는 계속 도전하였고, 결국 '지경'을 넓히고 '영향'을 끼치고자 하는 학생들을 중심으로 '야베스 작전'이 시작되었다. 그 결과 제트 비행기에 학생들과 교수를 가득 채우고 트리니다드 섬으로 가서 그 섬을 '취하였고', 이에 "대학의 학장은 야베스 작전을 학교 역사상 처음 벌어진 학생들에 의한 가장 중요한 사역이라고 말하였다".[20] 이 외에도 '10대 아이 열두 명과 사라진 달걀'이라는 제목의 글에 다음과 같은 간증이 있다. 저자는 뉴저지의 한 교회에서 10대 사역을 할 때 열두 명의 고등학생들과 6주 동안 100명의 학생들을 전도하겠다는 목표를 세우고 움직이기 시작하였다. 학생들의 부모들과 주위 사람들은 모두 불가능할 것이라고 말했지만 결국 저자와 학생들은 기도를 준비한 첫 주에 500명이 넘는 아이들에게 복음을 전했고 결국 6주 동안 1,200명의 새 신자를 얻어 '지경'을 넓혔다.[21]

　또한 윌킨슨은 다음과 같은 예를 들면서 축복에 대한 사람들의 관심을 자극시켰다. 천국에 간 존은 베드로의 안내로 천국의 아름다움과 황홀함을 구경하다가 이상하게 생긴 커다란 창고를 하나 발견했다. 존이 베드로에게 그 안을 보여달라고 부탁하자 베드로는 "안 보는 게 나을 거예요"라고 대답했다. 창고 안에 무엇이 들었는지 계속 궁금했던 존은 베

19 　브루스 윌킨슨,《야베스의 기도》, 마영례 옮김(디모데, 2001), 50쪽.

20 　Ibid., 54쪽.

21 　Ibid., 88~93쪽.

드로에게 간청했고, 결국 베드로가 문을 열어주어 창고에 들어간 존은 그곳에서 "세상에 살아 있을 동안 하나님이 자신에게 주기 원하셨던 많은 복들이 들어" 있는 상자를 발견하였다.[22]

이 같은 윌킨슨의 성공 서사는 성공, 승리, 형통, 진보 등이 기독교의 중요 서사라고 독자들을 교육시킨다. 이러한 신앙 서적의 파급효과로 인해 위에서 언급한 기독교의 핵심 서사는 상대적으로 그 영향력과 위치를 잃게 되고, 사람들은 성공 서사에 근거해 교회, 교인 혹은 자기 자신에게 일어난 사건들을 판단한다. 그리고 하나님에게 감사하거나 하나님을 원망한다.

한편,《야베스의 기도》는 서사뿐만 아니라 이항대립의 분류 체계를 만들어내면서 코딩 작업을 수행한다.《야베스의 기도》의 이항대립의 내용은 아래와 같다.

〈《야베스의 기도》의 이항대립 분류〉

성(축복)	속(비축복)
도전	회의
성공	실패
성장 혹은 확장	정체 혹은 유지
존귀	비천
큼	작음
능력	무능력
강함	약함
다수	소수

---

22   Ibid., 38~41쪽.

《야베스의 기도》 외에도 근래에 한국 교회에서 베스트셀러가 된 책이 있다. 조엘 오스틴Joel Osteen의《긍정의 힘Your Best Life Now》이다. 2005년 5월에 처음 출간된 이 책은 "미국에서 400만 권이 팔렸고, 국내에서는 출간된 지 2년 만에 기독교 책 사상 최단 기간 밀리언셀러가 되는 영예를 차지했다".[23] 이 책 역시 여러 후속편을 만들어냈는데《긍정의 힘 말씀 카드 365 Daily Calendar》(2005),《내 인생을 바꾼 긍정의 힘 실천편》(2005),《긍정의 힘 — 축복편》(2007),《긍정의 힘 : 묵상편》(2007),《직장인을 위한 긍정의 힘 성공편》(2007),《긍정의 힘 — 성경공부편》(2007),《청소년 긍정의 힘》(2008),《긍정의 힘 for Moms》(2008),《매일 아침 긍정의 힘 365》(2009) 등이다.[24]

《긍정의 힘》은 그 내용상 서사적 분석이 적절하지 않은 문헌이다. 주인공, 플롯 등이 형성되어 있지 않기 때문이다. 따라서 이 책은 서사 분석보다는 코드 분석이 보다 적절히 적용될 수 있는 텍스트이다. 이 텍스트의 중심 주제는 긍정인데, 이를 달리 표현하면 "믿는 대로 된다"라고 할 수 있다.[25] 그런데 이 책에서 중시하는 믿음은 믿음을 통한 구원,

---

23 http://www.kyobobook.co.kr/product/detailViewKor.laf?ejkGb=KOR&mallGb=KOR &barcode=9 788953108 851&orderClick=LAG (2009.9.3 검색).

24 오스틴 책의 호황으로 인해 국내 저술가들도 유사한 내용과 제목의 글들을 쏟아내었다.《어린이를 위한 긍정의 힘》(정성란 외, 2006),《긍정의 힘》(최상길, 2007),《나는 긍정을 선택한다》(류태영, 2007),《긍정의 힘으로 세상을 정복하라》(박영득, 2007),《좋은 친구가 아이의 미래를 결정한다: 어린이를 위한 긍정의 힘》(김태광, 2007),《긍정의 힘을 키우는 그리기놀이 88》(김정연, 2008),《리더를 키우는 긍정의 힘》(이광재 외, 2008),《긍정 에너지》(주경희, 2008),《긍정》(안광호, 2009),《긍정의 힘》(김어진, 2009) 등이다.

25 "믿는 대로 된다"는 글귀는 이 책의 한국어판 부제이기도 하다.

죄 사함, 영생 등이 아니다. 구원, 영생, 죄 사함은 이 책에 언급되지 않는다. 이 책에서 언급하는 믿음은 단지 축복, 비전, 기적, 성공, 풍요, 형통, 평안 등을 유발시키는 믿음이다. 때로 이 책에는 역경(시험)에 관련된 주제도 나오지만 이 역시 역경을 통한 신앙 성장이나 역경을 통한 제자(십자가)의 길을 이야기하는 것이 아니다. 단지 역경을 통한 성장, 강해짐, 축복, 은혜를 말한다.[26] 베풂에 대해서도 언급하고 있으나 이 베풂은 사랑, 긍휼, 약자에 대한 관심과 책임 등과 관련된 것이 아니라 베풀었기에 받게 되는 보답에 관한 것이다. 저자는 "베푸는 행위는 보험을 드는 것과 비슷하다"라고 적었다.[27] 따라서 이 책에 대한 성과 속의 분류 코드에는 믿음, 역경, 베풂 등을 포함시킬 수 없다. 이 책이 기독교 신앙의 일반적인 개념을 좇고 있지 않기에 오해의 소지가 있을 수 있기 때문이다. 이 책의 코드 분류는 단지 다음과 같이 분류될 수 있을 뿐이다.[28]

성	속
긍정	부정不定
축복	비非축복
비전	안주
성장	정체
강함	약함
기적	평범
성공	실패
풍요	비천

---

26   조엘 오스틴, 《긍정의 힘》, 정성묵 옮김(두란노, 2005), 212~243쪽.

27   Ibid., 244~287쪽. 오스틴은 "우리가 남에게 베풀면 하나님이 우리에게 그대로 갚아주신다. 정말 멋지지 않은가!"라고 하였다. 오스틴, 7쪽

28   이러한 이항대립은 오스틴의 다음 책인 《잘되는 나》에서 더욱 구체적이고 분명하게 드러난

이러한 이항대립이 신앙 독자들의 의식에 자리 잡고, 이항대립적 사고가 세상과 교회와 주위 사람들과 자신을 바라보는 관점이 될 때 문제가 발생한다. 더구나 이러한 이항대립은 이미 위에서 언급하였듯이 인식적 차원에서뿐만 아니라 감정적 차원에서도 발생한다. 성에 속한 항목들은 좋은 것, 기쁜 것, 행복한 것으로, 속에 속한 항목들은 나쁜 것, 싫은 것, 불행한 것으로 분류된다.

이로 인해 한국 교회와 교인은 과연 어떤 영향을 받을까? 한국 교회는 성에 속한 것들을 가치 있다고 여기게 될 것이고, 따라서 그것들을 추구하는 것을 제일의 과제로 생각할 것이다. 한국 목회자와 교인은 성에 속한 것들의 획득 여부에 따라 자기 자신과 다른 교인들과 교회를 평가할 것이다. 그리고 그 평가 결과에 따라 감사도 하고 원망도 할 것이다. 또한 그 결과에 따라 하나님의 존재와 역사를 믿기도 하고 의심하기도 할 것이다. 이같이 분류 코드가 잘못되면 감사할 일을 원망하고 원망할 일을 감사해 감사와 원망이 뒤바뀔 수 있고, 하나님의 존재와 역사가 왜곡될 수 있다. 바른 기독교 서사와 코딩의 확립이 중요하고도 시급한 이유가 바로 여기에 있다.

한국 교회의 분류 코딩은 이상에서 보았듯이 세상의 코딩과 별 차이가 없다. 세상에서 발견되는 코딩이 교회에서도 동일하게 작동되고 있다. 이러한 세속적인 코드가 한국 교회와 교인들의 의식 속에 계속 존속되는 한 신앙인들은 기독교를 통해 세속적 성공과 축복을 추구하게 될

다. 이 책은 다음과 같이 구성되어 있다. 1부: 잘되는 마음, 2부: 잘되는 생각, 3부: 잘되는 습관, 4부: 잘되는 관계, 5부: 잘되는 태도, 6부: 잘되는 결단, 7부: 잘되는 실천. 오스틴, 《잘되는 나》 정성묵 옮김(긍정의힘, 2009)

것이다. 그리고 이로 인해 야기되는 한국 교회의 모든 문제는 서사나 코드가 바르게 바뀌지 않는 한 계속 지속될 수밖에 없을 것이다.

나오는 말: 제안 및 결론

교회가 바른 서사와 코드를 갖지 못할 때 생기는 폐해는 매우 크다. 사람들은 자기 자신과 주위에서 일어난 사건들에 대해 올바른 관점을 가지고 대응할 수 없게 된다. 그리하여 올바르지 않은 것들을 가치 있다고 여기고 그것들을 추구하게 된다. 올바르지 못한 서사와 코드의 문제는 여기서 그치지 않는다. 기독교의 신앙과 성서를 해석하는 일에서도 문제를 일으킨다. 오늘날 세상의 서사와 코드로 성서를 해석하면서 왜곡된 설교와 양육을 실행하는 많은 교회와 목회자가 있다. 이를 해결하려면 바른 기독교 서사와 코드 확립이 시급하고 긴요하다. 기독교의 핵심 서사인 구원 서사와 기독교 신앙의 바른 코딩을 제대로 확립하여 그것들을 바탕으로 설교와 신앙 교육을 수행해야 하고, 교인들로 하여금 그 서사와 코드를 자기화하도록 해야 한다.

오늘 한국 교회는 어떤 서사와 코드에 의해 움직이고 있는가? 한국 교인들은 어떤 서사와 코드를 통해 자신들의 삶과 신앙을 구성하고 있는가? 성서와 신앙 교육을 위해 우리는 어떤 서사적 접근을 시도하고 있는가? 이 물음들은 오늘날 한국 교회가 물어야 할 매우 중요한 질문으로, 이에 대한 바른 대답들이 구해지고 실행될 때 한국 교회는 올바른 신앙과 성서 전통 위에서 바른 교회의 모습을 취할 수 있게 될 것이다.

3.
'신'들의 전쟁:
지젝의 물신주의 비판

들어가는 말

"주는 그리스도시요 살아계신 하나님의 아들이시니이다"라는 베드로의 고백은 예수님의 질문, "너희는 나를 누구라 하느냐"에 대한 대답이었다.[1] 예수님이 제자들에게 이 질문을 던진 곳은 '빌립보 가이사랴' 지방이었다.[2] 예수님은 왜 이렇게 중요한 질문을 이곳에서 하셨을까? 예수님이 주 활동 무대였던 가버나움에서 북쪽으로 40킬로미터 정도 떨어진 빌립보 가이사랴에서 이 질문을 제기한 것은 이 지역이 특별한 의미를 가지고 있었기 때문이다. 이를 세 가지 측면에서 살펴보자.

1　마태복음 16장 15-16절.
2　마태복음 16장 13절.

먼저, '가이사랴'는 '가이사(카이사르)', 곧 로마 황제의 칭호에서 나온 말이다. 기원전 1세기경에 헤롯 왕은 로마 황제에게 경의를 표하고 충성심을 보이기 위해 이곳에 왕궁과 성전을 세우고 이름을 '가이사랴'라고 칭하였다. 그 후 이 지역은 헤롯 왕의 아들 필립(빌립보)이 관할하게 되었는데, 그는 기존의 '가이사랴'와 이곳을 구별하기 위해 개명을 시도하였고, 결국 '가이사랴'라는 이름에 자신의 이름인 '빌립보'를 첨가하였다. 이곳은 당시 세계 제국이었던 로마의 황제와 이스라엘 왕가의 권세가 공개적으로 칭송되고 인정되던 곳이었다.

한편, 이곳의 원래 이름은 파니아스Panius였다. 이곳이 그리스 로마 신화에 나오는 가축과 목자의 신인 판Pan 신이 태어난 곳이기 때문이다. 이 때문에 이곳에서는 판 신에게 제사를 드리는 예배가 행해졌는데, 고증에 따르면 대리석으로 만든 웅장한 신전이 세 채나 있었다고 한다. 판신 외에도 제우스와 헤르메스에게 올리는 제사 또한 이곳에서 행해졌다. 판 신은 제우스의 아들인 헤르메스가 낳은 아들이었다.

마지막으로, 파니아스라고 불리기 이전의 이곳 이름은 발리나스Balinas였다. 시기적으로 구약시대와 관련된 것으로 보이는 발리나스라는 지명은 이곳이 풍요의 신인 바알Baal을 예배하던 중심지였기 때문에 붙여졌다. 바알 종교가 어떤 목표를 위해 숭배되었는지는 이미 구약성서를 통해 익히 알려진 바이다.

이상에서 살펴보았듯이, 이곳은 황제와 왕의 도시, 경제와 물질의 도시, 또한 풍요의 도시였다. 이곳에서 예수님은 갈릴리 지방 마을에서 데리고 온 제자들에게 자신이 누구인지 물어본 것이다. 이를 오늘날의 상황으로 바꾸어 말해본다면, 미국 워싱턴에서, 뉴욕 맨해튼에서, 라스베

이거스에서 예수님의 위상과 능력에 대해 물어본 것이다. 예수님의 위상과 힘을 인정하기 쉽지 않은, 그보다는 오히려 부인하기 쉬운 곳에서 촌부 베드로는 용케 제대로 고백하였다. 예수님은 그 고백이 쉽지 않았음을 알았고 그리하여 "이를 네게 알게 한 이는 혈육이 아니요 하늘에 계신 내 아버지시니라"고 하였다.[3]

　예수님의 질문은 오늘날에도 반복적으로 제기된다. 어쩌면 지금 이곳이 2000년 전 빌립보 가이사랴보다 제대로 대답하기 더 힘든 곳일지 모른다. 막강한 경제력과 군사력을 가진 국가, 극으로 치닫는 물질·경제 만능주의, 깊어지는 향락과 풍요의 매혹 등이 만들어내는 현실 앞에서 예수님의 말씀이나 권위는 쉽게 잊히고 부인된다. 본 논문은 이러한 상황을 반추하면서 오늘날 기독교 신앙에 도전을 가하고 위기를 불러일으키는 물신주의에 대해 분석하고자 한다. 이 시대에는 물질이라는 신이 다른 종교의 이방 신들보다도 더 강력하게 힘을 떨치고 있다. 오늘날 기독교인들에게 우상은 타 종교의 신이 아니라 물질, 경제, 풍요이다. 이 물신 현상을 어떻게 인식해야 하는지 분석하고, 기독교가 이에 대해 취해야 할 비판과 대안은 무엇인지 살펴보는 것이 본 글의 목적이다. 이를 위해 라캉의 정신분석학, 마르크스주의, 헤겔 철학을 접목시켜 이 주제에 접근한 슬라보예 지젝의 이론, 특히 그의 대표작인 《이데올로기라는 숭고한 대상 The Subline Object of Ideology》을 중심으로 살펴보고자 한다.

3　마태복음 16장 17절.

물신주의 분석

지젝이 자주 사용하는 예화가 있다. 공장에서 매일 무엇인가를 훔친다고 의심을 받는 노동자가 있었다. 경비원은 그 노동자가 퇴근할 때마다 그가 끌고 가는 수레를 유심히 살펴보았다. 그러나 경비원은 그 수레 안에서 아무것도 발견할 수 없었다. 그 노동자가 매일 훔친 것은 바로 수레 자체였기 때문이다.[4] 지젝은 이 예화를 여러 경우에 적용하는데 물신주의를 분석할 때도 이 예화를 활용할 수 있다. 상품이 물신적 위치나 힘을 갖는 것은 상품 '안에 있는' 내용 때문이 아니라 상품 '그 자체' 때문이다. 따라서 우리는 물신화의 원인이 해당 물건에 숨겨져 있는 어떤 내용(질, 디자인 또는 가격)에 있을 것이라는 생각을 버리고 상품 그 자체, 더 자세히 말하면 상품 형식 자체에 있는 비밀을 찾아내야 한다. 지젝은 이것이 바로 마르크스의 상품 물신화 분석의 핵심 내용이라고 지적한다. 지젝은 동일한 내용이 프로이트의 꿈 분석에서 반복되어 나타난다고 언급한 후 이를 근거로 '증상' 개념을 고안한 학자가 마르크스라는 라캉의 주장을 받아들인다. 이제 이에 대해 좀 더 자세히 살펴보자.

숨어 있는 사회 계급

라캉에 따르면(그리고 지젝 역시 주장하길) 꿈의 해석에서 프로이트가 주목한 것은 꿈의 내용(수레 안)이 아니라 꿈의 형식 그 자체(수레)였다. 그럼에도 다수는 이를 곡해해 프로이트의 꿈 해석 이론을 비판한다. 다시

---

4   슬라보예 지젝, 《폭력이란 무엇인가》, 이현우·김희진·정일권 옮김(난장이, 2011), 23쪽.

말해, 이들은 꿈의 내용에 주목한 것이다. 대표적인 사례는 '범성욕주의'와 관련된 꿈 해석이다. 프로이트의 범성욕주의에 따르면 꿈속에서 표현되는 욕망에서도 성적인 본능이 나타나야 하는데 꿈(정확히 말하면, 꿈 내용) 분석에서 그러한 것이 나타나지 않는다는 것이다. 이들의 지적은 전형적으로 꿈 '내용'과 꿈 '형식'을 구분하지 못하는 이론적 실책에서 초래된 결과이다.[5] 프로이트는 꿈 형식에 대한 분석과 관련하여 '전치'와 '응축'이라는 개념을 발전시켰다. 간단히 말해, 전치는 다른 어떤 것으로 대치된다는 것이고, 응축은 여러 가지 것들이 하나로 압축된다는 것이다. 따라서 꿈을 내용 그대로 분석하는 것은 꿈의 형식 구조인 전치와 압축을 간과했기 때문에 실패할 수밖에 없다. 한편, 전치와 응축은 무의식적으로 발생하는 것이기에 개인이 이를 의식적으로 인식하거나 간파하기는 쉽지 않다. 따라서 분석가의 도움이 필요하다.

동일한 과정이 '무의식은 언어처럼 구조화되어 있다'는 라캉의 명제에서도 반복된다. 여기서 라캉이 주목한 것은 언어의 '내용'이 아니라 언어의 '형식'이다. 따라서 내담자의 무의식을 살펴보고자 하는 분석자는 내담자의 언어 내용에 어떤 '비밀'이 있을 거라고 생각해서는 안 된다. 라캉이 관심을 두고 분석하는 것은 내담자의 말 속에 나타나는 언어 형식이다. 그가 관심을 둔 언어 형식은 '은유'와 '환유'이다.[6] 언어학자 로만 야콥슨Roman Jakobson의 이론에서 빌려온 이 두 용어는 각각 프로이트

---

5   슬라보예 지젝,《이데올로기라는 숭고한 대상》, 이수련 옮김(인간사랑, 2002), 34~35쪽.
6   은유와 환유는 모두 비유법에 속하는 것들로, 은유는 어떤 것을 다른 대상을 빌려 표현하는 것 (예를 들어, '사랑은 따뜻한 초약돌')이다. 이때 둘 사이에는 어떤 인과관계나 유사 속성이 존재하지 않는다. 반면, 환유는 어떤 것을 그것의 속성과 밀접한 관계('어깨'는 '조폭')나 인과관계가 있는 다

의 전치와 응축에 대응한다. 따라서 분석자는 내담자의 언어에 나타난 은유와 환유에 주목하면서 증상을 분석해야 한다. 동일하게, 은유와 환유는 무의식적으로 발생하므로 내담자는 은유적 혹은 환유적으로 움직이는 무의식적 사고를 인지하기 어렵다.

지젝은 동일한 과정이 물신주의 현상에서도 반복된다고 말한다. 물신주의를 분석하기 위해 물건의 질, 디자인, 기능, 가격 등(곧 물건의 '내용')에 주목한다면 우리는 다시 실책하게 된다. 실제로 우리는 이러한 것들 안에 상품이 물신이 되는 '비밀'이 존재한다고 보는데, 이러한 오인은 '상품 내용'과 '상품 형식 그 자체'를 구분하지 못한 데서 기인한다. 더 나아가, 상품 물신화의 원인이 상품과 상품 간의 상대적인 관계(예를 들면 A보다 질이 좋고 비싼 B), 곧 사물들 간의 관계에 있다거나, 상품을 생산하기 위해 필요했던 노동의 가치 차이에서 기인한다고 보는 것 역시 오인이다. 지젝은 이 모두가 상품 내용에 주목하는 것이라고 주장한다. 그는 이러한 것들보다는 상품 형식 그 자체, 보다 정확히 말해 상품에 물신성을 주입하고 물신화를 발생시킨 형식(혹은 구조)[7]을 살펴보아야 하고, 바로 여기에 물신주의의 '비밀'이 있다고 말한다.

이 형식을 살펴보기 위해 지젝은 헤겔의 '주인과 종의 변증법'과 유사한 '왕과 신하'의 관계를 언급한다. 이는 상품 물신이 '인간의 눈에는 사물들 간의 관계라는 환상적인 형태로 나타나지만, 사실상 인간들 사이

른 낱말('연기가 난다'는 '불이 났다')로 표현하는 것이다. 더 자세한 것은 숀 호머의 《라캉 읽기》(김서영 옮김, 은행나무, 2006) 83~84쪽을 참조하라.

7   여기서 우리는 프로이트와 라캉과는 달리 개인 차원이 아닌 사회 혹은 자본주의를 언급하는 것이므로 형식 대신 구조라는 용어를 사용하는 것이 보다 적절할 수 있다.

의 특정한 사회적 관계'라는 마르크스의 주장에 근거하여 그가 물신주의를 분석하기 때문이다.[8] 주인이 주인일 수 있는 이유는 종이 존재하기 때문이듯이 왕은 신하가 있기 때문에 왕이다. 왕과 신하 간에는 이러한 의존관계가 있음에도 불구하고 신하는 왕이 이러한 관계와 상관없이 이미 그 자체로 왕이기 때문에 왕에게 충성해야 한다고 생각한다. 마치 왕 안에 그가 왕일 이유나 속성이 있는 것처럼 말이다. 지젝의 표현을 빌리자면, "마치 '왕으로 존재하는 것'을 결정한 것은 왕 개인의 '자연적인' 속성이라는 듯이 말이다".[9] 이 전도된 오인 속에서 신하와 왕의 상관관계(의존관계)는 숨겨지고 '왕'은 왕의 자리에 등극한다.

　물신화 역시 전도된 오인 과정을 거친 결과이다. 자본주의하에서 살고 있는 소비자들은 상품이 '신'이 되는 것이 상품 내용 때문이라고(즉, 상품 내용 안에 상품이 '신'으로 존재하도록 결정하는 어떤 속성이 있기 때문이라고 혹은 그 상품이 갖는 상대적 가치 때문이라고) 생각한다. 그러나 상품의 물신화 과정은 이 같은 상품들 간의 관계에 의해서가 아니라 인간들 간의 관계(신분 관계)에 의해 진행되고 결정된다(이에 대해서는 뒤에서 다시 언급할 것이다). 여기서 중요한 것은, 물신화가 상품들 간의 관계에서 비롯된다고 오인됨으로써 실제 요인인 인간들 간의 관계는 인식되지 못한 채 물신 현상 뒤로 '억압'되어 숨겨진다는 것이다. 그리고 이 오인과 억압은 무의식적으로 실행되고 처리된다. 그리하여 상품의 물신화는 마치 상품과 관련된 인간들의 관계와는 상관없는 어떤 것으로 여겨진다.

8　《이데올로기라는 숭고한 대상》, 52쪽에서 재인용.

9　Ibid., 54쪽.

다시 말해 물신화된 상품은 인간관계(신분 관계, 계급, 지위)에서 자유로운 듯이 행동하는 것이다.[10]

이제 A라는 물건의 물신화와 관련된 인간관계에 대해 살펴보자. 물건 A가 물신화되는 과정에는 물건 A와 관련하여 그것을 소유한 계급과 그렇지 못한 계급(쉽게 말해, 부르주아와 노동자) 간의 간극이 존재한다(더 정확히 말하면, 존재해야 한다). 물신화는 물건 A에 대한 부르주아와 노동자 간의 차이 및 구별이 만들어낸 효과이기 때문이다. 물건 A가 '신'의 위치까지 올라간 것은 물건 A에 대한 '접근성'에서 나타나는 두 계급 간의 차이 때문이다. 이를 역설적으로 서술하면, 부르주아나 노동자가 모두 동일하게 접근하거나 소유할 수 있는 대상은 물신화의 대상에서 제외된다. 또한 노동자가 소유한 상품 역시 물신화의 대상에서 제외된다. 오직 부르주아만 가질 수 있는(그러므로 향유하는) 상품이 물신화의 대상이 될 수 있다. 이런 맥락에서 물신화는 물건의 내용이 아니라 물건의 형식이나 구조(물건에 대해 인간들이 맺는 특정한 사회적 관계)에 의거한다. 이같이 특정한 상품 이면에는 항상 특정한 사회적 관계가 있다. 물론 이러한 작용은 위에서 언급한 대로 무의식적으로 처리되어 결국 '억압'되고 숨겨진다. 그러나 분석가(사회학자, 철학자 등)는 이를 밝혀내고 내담자(소비자)에게 필요한 설명을 제시한다.

이상의 내용을 고려해볼 때 우리는 라캉의 "무의식은 언어처럼 구조화되어 있다"는 명제를 빗대어 "상품은 인간관계처럼 구조화되어 있다"고 말할 수 있겠다. 따라서 무의식 혹은 무의식으로 인해 나타나는

10　Ibid., 42~43쪽.

심리적 증상을 이해하기 위해서는 언어(특히 은유와 환유)를 분석해야 하듯이, 상품 물신화라는 사회적 증상을 살펴보려면 상품과 관련된 인간들 간의 관계를 해석해야 한다. 마르크스와 라캉, 이 둘에게 있어 해석의 대상 곧 증상은 상이하였지만, 그 증상을 인식하고 분석할 때 '내용'보다는 '형식(구조) 그 자체'에 주목했다는 측면에서 둘은 서로 동일한 관점을 소유하고 있었다고 주장할 수 있다. 그래서 라캉은 증상의 개념을 고안한 학자가 마르크스라고 언급한 것이다.

환상 대상으로서의 물신

라캉의 지적 궤적을 따라가면, 증상 이후에 환상 이론이 등장한다. 환상은 라캉 이론에서 매우 중요할 뿐만 아니라 매우 매혹적인 이론으로 라캉 이론가들에게 회자되고 있다.[11] 환상 이론은 다양한 분야에서 광범위하게 다루어질 수 있지만 여기서는 물신과 관련된 환상에 대해서만 살펴보자. 라캉이 환상에 주목하게 된 것은 내담자에게 증상의 의미를 분석해준 후에도 내담자의 증상이 사라지지 않았기 때문이다. 라캉은 그 이유를 환상이 주는 향락에서 찾는다.[12] 좀 더 자세히 살펴보자.

내담자는 자신의 증상의 원인(혹은 의미)을 알지 못한다. 그래서 분석가는 내담자가 갖고 있는 증상의 '기표'들을 은유와 환유의 방식으로 관찰한다. 그리고 대표적인 원인이 되는 기표, 곧 '주인 기표'를 찾아 그것

---

11   대표적인 예는 신구 가즈시게가 저술한 《라캉의 정신분석》(김병준 옮김, 은행나무, 2006)에서 보인다.

12   《이데올로기라는 숭고한 대상》, 133~134쪽.

을 '고정점'으로 하여 다른 기표들을 연쇄시키면서 증상을 분석해낸다. 이 모든 과정은 소급적으로 이루어지는데 이를 '사후 작용'이라고 일컫는다. 이 소급 작용을 통해 증상은 이해할 수 있는 의미로 내담자에게 제시된다.

이를 우리의 주제인 물신화 증상과 연결시켜 예를 들어보자. 끊임없이 옷을 구입하는 여성 쇼퍼홀릭shopaholic이 있다고 하자. 그녀는 필요 때문에 옷을 구입하는 것이 아닐뿐더러, 계속 옷을 구입할 수 있을 만큼 충분한 금전적 여유도 없다. 여기에 주위의 만류와 핀잔이 더해져도 그녀는 반복적으로 옷을 구입한다. 프로이트가 자주 언급한 '엠마' 사례의 방식으로 이 여인을 분석해보면, 그녀가 어린 시절 옷과 관련된 어떤 것(혹은 일)으로 인해 수치나 고통을 겪었다고 생각해볼 수 있다.[13] 그러나 그때는 그녀가 그 사건의 의미를 충분히 알 수 없는 시기였기에 그때 그녀가 느낀 경험이나 감정은 무의식 속에 억압되었다. 그런데 프로이트와 라캉이 지적하듯이 억압된 것은 반드시 회귀하면서 증상을 일으킨다. 그리고 이 증상은 내담자가 성장하면서 해당 사건의 의미를 알게 된 이후에 나타난다. 그리하여 그녀는 증상으로서의 옷 쇼퍼홀릭의 삶을

---

[13] 엠마는 가게에 가지 못하는 공포증을 앓고 있는 내담자이다. 이 증상은 그녀가 12세경 한 가게에 갔을 때 점원들이 그녀의 옷을 보고 웃었기 때문에 나타난 증상이다. 그러나 이것은 엠마가 여덟 살 때 겪은 일, 곧 사탕 가게 주인이 그녀의 옷을 만지면서 성추행을 한 사건과 결부된 증상이었다. 그러나 이때 그녀는 성추행의 의미를 알지 못했기에 이 사건은 엠마에게 어떤 증상도 일으키지 않았고 다만 그때 그녀가 느낀 감정이나 자극은 무의식에 억압된 채로 남아 있었다. 그 후 성장 과정에서 엠마는 성추행의 의미와 도덕관념 등을 알게 되었고, 열두 살이 되어 그 가게에 들어갔을 때 자신의 옷을 향한 점원들의 웃음을 보고 증상이 나타나기 시작한 것이다. 지크문트 프로이트, 《정신분석의 탄생》, 임진수 옮김(열린책들, 2005), 288~292쪽.

산다. 그러나 그녀는 스스로도 자신이 왜 이런 삶을 살고 있는지 알지 못한다. 또한 멈출 수도 없다. 자신의 의식과 의지를 넘어선 무의식적 차원이 쇼퍼홀릭의 삶 안에 존재해 작동하고 있기 때문이다. 단지 분석가만이 그녀가 보여주고 말하는 기표들을 분석해 증상을 해석한 후 이를 그녀에게 제시한다(이 논문의 주제에 맞춰 말한다면, 그 증상이 상품 내용 혹은 물질들 간의 관계 때문에 발생한 것이 아니라 개인들 간의 관계에서 기인된 것이라고 밝혀준다). 내담자는 이를 통해 이전에 있었던 모든 관련 사건의 경험들을 조망, 조직하면서(다시 말해, 증상의 원인과 결과를 연결시키면서) 증상의 의미를 이해하게 된다. 그러나 이것은 소급적으로 작용하는 과정이기 때문에 실은 원인이 결과를 일으킨 것이 아니라 결과가 원인을 일으킨 것이며, 지젝의 표현에 따르면 분석이 '진리'를 생산한 것이다.[14] 그럼에도 불구하고 내담자는 이 '진리'를 받아들이며 자신의 증상을 이해한다.

문제는 내담자가 이 과정을 통해 증상의 원인을 알게 되었음에도 불구하고 증상이 사라지지 않는 경우가 있다는 것이다. 다시 말해 내담자가 옷 쇼퍼홀릭의 삶을 포기하지 못하는 것이다. 라캉은 그 이유를 환상이 증상 안에 기입되어 있기 때문이라고 하였다. 지젝은 "바로 이런 이유에서 완전한 해석이 이루어지고 나서도 주체는 자신의 증상을 포기할 준비가 되어 있지 않은 것이다"라고 말한다.[15] 이는 환상 때문에 주체가 자기 자신보다 증상을 더 사랑한다는 것을 의미한다.

---

14 《이데올로기라는 숭고한 대상》, 104쪽.

15 Ibid., 134쪽.

그렇다면 도대체 환상이 무엇이기에 사람들은 자신을 괴롭히는 증상을 포기하지 못하는 것일까? 한 가지 이유지만 두 가지로 나누어 살펴볼 수 있다. 첫째, 환상은 타자(사물 혹은 사람) 안에 있는 공백을 채우는 역할을 수행한다.[16] 이것이 의미하는 바는 다음과 같다. 상징계(언어계) 안에서 태어난 모든 대상은 언어의 한계로 인해 분리, 결여되고 '빗금 쳐진' 대상이 된다. 상징계조차도 역시 동일하게 불완전한 체계이다. 환상(혹은 환상 대상 a[17])은 타자의 이 같은 결여나 공백을 채워 타자가 마치 '완전함', '충만함', '일관성', '영속성', '통합성', '균질성' 등과 같은 속성들을 갖춘 것으로 보이게 한다. 이는 왜상 歪像, anamorphosis 효과이다. 그러나 주체는 이를 제대로 응시하지 못한 채 환상이 만든 타자를 욕망하고 그 타자를 소유하거나 타자와 동일시하려 한다.[18] 그리고 이를 통해 주체는 자신의 결여와 욕망의 공백을 채우려 한다.[19] 그러나 이것은 상징계에서 결코 가능한 것이 아니다. 상징계 자체가 결여와 공백을 내포하고 있기 때문이다. 그럼에도 환상은 그것이 가능한 것처럼 보이게 한다.

---

16 Ibid., 134쪽.

17 환상 대상 a는 욕망하는 주체가 자신의 결핍을 채우려고 상징계에서 찾는 대상이다. 환상 대상 a는 결코 주체의 결핍을 채울 수 없는데 주체는 환상 대상 a가 결핍을 채울 수 있을 것이라고 착각한다.

18 이는 마치 라캉이 인용한 한스 홀바인 II세의 작품 〈대사들〉에서 해골은 보지 못하고 그 외 여러 상품들(지구본, 과학 도구들, 류트 등)을 바라보는 것과 유사하다. '왜곡'된 입장('삐딱하게 보기')에서만 바로 보이는 것(해골), 이것이 환상 대상 a가 추구하는 욕망의 대상이자 결과이다. 슬라보예 지젝, 《How To Read 라캉》, 박정수 옮김(웅진지식하우스, 2007), 107쪽.

19 이런 의미에서 환상 대상 a는 주체의 결여와 욕망의 공백을 물질화한 어떤 것이라고 할 수 있다. 《이데올로기라는 숭고한 대상》, 120쪽.

그래서 개인들은 환상을 좇고 환상은 또한 깨지기도 한다.

환상을 포기하지 않는 두 번째 이유 역시 주체의 결여 및 욕망과 관계가 있다. 만일 환상이 없다면 타자의 결여나 욕망은 주체에게 "견딜 수 없는 수수께끼"일 것이다.[20] 다시 말해, 주체는 끊임없이 타자의 결여와 욕망에 대해 물으면서 그 공백과 대면해야 할 것이며, 동시에 자신의 결여와 공백 또한 감내해야 할 것이다.[21] 환상은 스크린처럼 이러한 공백과 결여를 은폐해왔다. 스크린이 거둬진다면 주체는 실재(혹은 균열되고 결여된 타자와 자기 자신)를 직면해야 한다. 이런 의미에서 환상은 주체를 지켜주는 위치에 서 있다. 다시 말해 주체는 환상을 통해 상징계 안에서 자신을 보호할 수 있는 것이다. 이 때문에 주체는 환상을 포기하지 않으려 한다. 지젝은 이에 대해 환상은 "현실을 왜곡한다. 동시에 현실로부터 우리를 보호한다"고 표현하였다.[22]

이제 우리는 옷 쇼퍼홀릭인 여성이 증상의 의미, 즉 반복적인 옷 구매 행위의 원인을 알고 난 후에도 왜 그것을 포기하지 않는지 알 수 있다. 그녀에게 옷은 환상(혹은 환상 대상 a)이다. 그녀에게 환상이 스며든 옷은 단순한 옷이 아니라 '완전함', '충만함', '영속함' 등이 기입된 대상이다(옷 쇼퍼홀릭이 아닌 사람들이 이것을 쉽게 이해할 수 없다면 사랑에 빠진 남녀를 생각해보면 된다). 그녀는 옷(혹은 이성)에서 결여나 공백을 찾을 수 없다. 그녀는 이 '완전하고 충만한' 옷(이성)을 욕망하고 소유하고자 한

---

20 Ibid., 206쪽.

21 이는 환상이 사라진 결혼 관계 혹은 이성 관계에서 쉽게 관찰된다.

22 이 주장은 영화 〈매트릭스〉에 대한 지젝의 비평에서도 동일하게 반복되었다. 슬라보예 지젝 의, 《매트릭스로 철학하기》, 이운경 옮김(한문화, 2003), 299쪽.

다. 그녀는 이러한 소유를 통해 자신의 결여와 공백을 채울 수 있다고 보고 또한 채우려 한다. 한편, 옷은 그녀가 자신이나 타인의 결여 및 공백을 대면하지 않게 해주는 보호막이기도 하다. 그러한 결여나 공백이 옷으로 가려지면서 그녀는 상징계 안에서 자신의 삶(진정한 삶이 아니라 '실정적'인 삶)을 영위해 나가게 된다.

　라캉과 지젝은 '환상 횡단하기' 혹은 '거리두기'라는 중요한 단계를 완수함으로써 이러한 환상을 치유하거나 해결할 수 있다고 본다. 이러한 횡단과 거리두기를 통해 주체는 환상(환상 대상a)이 "어떻게 타자의 빈 공간, 결여, 공백을 은폐하고 채우는지를 체험해야 한다".[23] 이를 옷 쇼퍼홀릭에 적용하면, 그녀는 옷이 단순한 옷이 아니라 환상(환상 대상a)이었다는 것을 깨닫고, 옷이 '충만함'이나 '완전함'을 줄 수 있다는 기존의 환상을 가로지를 필요가 있다. 증상 해결을 위해 이것이 더욱 요청되는 이유는 환상이 증상 해석을 방해하여 내담자의 치유를 지연시키기 때문이다.

　결론적으로, 상품 물신화는 바로 이 같은 환상이 개입된 현상이라고 분석할 수 있다. 앞에서 분석하였듯이 물신화 증상은 물건들 간의 관계가 아니라 사람들 간의 관계에서 기인된 것이다. 물건 안에는 그 물건이 '신'적인 위치로 등극할 수 있게 하는 어떤 본질적 가치나 속성이 존재하지 않는다. 그런데 이러한 증상 해석에도 불구하고 사람들은 물신주의에서 벗어나지 못한다. 그 안에 환상이 작동하고 있기 때문이다. 라캉이나 지젝이 물신화 증상에 대한 치유법을 제시한다면 그것은 '환상

23　《이데올로기라는 숭고한 대상》, 135쪽.

과의 거리두기' 혹은 '환상 가로지르기'일 것이다. 환상이 주는 것(정확히 말해, 줄 수 있다고 제시하는 것)은 사실이 아니고 단지 스크린이자 보호막일 뿐이라는 것을 소비자들이 알게 하여 상품 물신 증상에서 벗어나게 하는 것이다. 그런데 '환상 가로지르기'를 수행하였음에도 불구하고 또다시 상품 물신 증상에 되돌아오는 사람들이 있다는 것은 증상을 포기하지 못하는 개인들이 있음을 의미한다. 라캉과 지젝은 이러한 증세를 어떻게 해석할까? 이에 대해서는 다음 장에서 살펴보자.

증환으로서의 물신 현상

라캉은 이러한 증세를 증환sinthome이라는 신조어를 만들어 설명한다. 증환이라는 용어 혹은 증환의 증상은 이해하기 쉽지 않은 개념이다. 많은 설명과 여러 오해가 존재한다. 증환에 대한 지젝의 표현을 인용해 보자.

> 증환으로서의 증상은 문자 그대로 우리의 유일한 실체, 우리 존재의 유일한 실정적 지탱물, 주체에 일관성을 부여할 수 있는 유일한 지점이다. 바꿔 말해서 증상은 우리(주체들)가 '광기를 피할 수 있는' 방법, '무無(근본적인 정신병적 자폐증, 상징적 세계의 와해) 대신에 유(증상-형성물)를 선택할 수 있는' 방법이다. 증상(증환)은 향락을 어떤 상징적인 기표 형성물과 하나의 매듭으로 묶어줌으로써 우리 세계—내—존재being-in-the-world에 최소한의 일관성을 보장해 주는 방법인 것이다.[24]

---

24 《이데올로기라는 숭고한 대상》, 135~136쪽.

또 다른 곳에서 지젝은 이렇게 서술한다.

> 증환이 네트워크의 사슬 속에 매어 있지 않으면서 향락이 직접적으로 스
> 며들어 있는 어떤 기표인 이상, 그것의 위상은 당연히 '정신신체적'이다.
> 다시 말해 그 무엇도 표상하지 않고 그 누구도 대표하지 않으면서 혐오
> 스러운 향락을 입증하는 무언의 보증서일 뿐인 무시무시한 신체적 흔적
> 인 것이다.[25]

이상의 기술을 단번에 완전히 이해하기란 쉽지 않다. 그러나 여기서
증환을 이해하기 위한 몇 가지 중요한 단서들을 포착해내면 증환이 무
엇을 의미하는지 밝혀낼 수 있다. 먼저, 증환은 상징계의 네트워크 사
슬(상징계 기표 사슬, 더 포괄적으로 말해, 상징계) 속에 매어 있지 않다. 증
환이 '어떤 상징적인 기표 형성물과 하나의 매듭으로 묶'이긴 하지만 그
렇다고 증환이 상징계의 의미 사슬로 들어가는(해석되는) 것은 아니라
는 뜻이다. 여기서 증환이 라캉이 언급한 실재계와 관계된 어떤 것이라
는 점을 알 수 있다. 실재계는 상징계에서 벗어난 혹은 상징계가 포획할
수 없는 영역으로, 기표의 의미화 작용이 멈춘 공간이다. 증환의 위상이
'정신신체적'이라는 지적은 이러한 사실을 지지한다. 이는 증환의 위상
을 '정신신체적'이라는 '역설적'이고 '초언어적'인 표현으로 서술함으로
써 증환이 궁극적으로 '탈상징계'적이며 의미 체계를 넘어선 것임을 나
타낸다. 또한 증환이 '그 무엇도 표상하지 않고 그 누구도 대표하지 않'

---

25   Ibid., 137쪽.

는다는 표현 역시 증환이 상징계의 기표 작용에 의해 표상되지도 대표되지도 않는다는 것을 지적하는 것이다. 이를 통해 지젝은 궁극적으로 증환이 칸트Immanuel Kant가 언급한 '물자체Das Ding an sich'와 유사한 실재계에 연관되어 있음을 암시한다.[26]

다음으로, 증환은 '우리 존재의 유일한 실정적 지탱물, 주체에 일관성을 부여할 수 있는 유일한 지점'이며 '우리 세계—내—존재being-in-the-world에 최소한의 일관성을 보장해주는 방법'이라고 지적하였는데, 이 두 표현은 사실 동일한 것의 다른 표현일 뿐이다. 곧, 증환은 '질병'의 일환으로 혐오스럽고 외설적이고 위험하고 파괴적이지만 동시에 존재(주체)는 증환의 존재로 말미암아 지탱되고 (최소한의) 일관성을 갖게 된다는 것이다. 이것은 라캉이 제시한 실재계의 본질과 기능에 정확히 부합된다. 실재계는 상징계를 언제든지 침투하여 훼파할 수 있지만 동시에 실재계가 있음으로 말미암아 상징계는 현재와 같이 유지되고 지속된다.[27] 만일 이 실재계적 증환이 주체에서 제거된다면 그는 존재의 일관성이나 존재를 보장해줄 지탱물을 상실하고 '무'(상징적 세계의 와해) 또는 '광기'(죽음

---

26 칸트에게 '물자체'란 주체의 인식 밖에 독립하여 그 자체로 존재하면서 현상의 궁극적인 원인으로 생각되는 어떤 것을 의미한다. 라캉 역시 '물자체'라는 용어를 사용하는데 이때 그는 칸트의 개념을 어느 정도 차용한다. 하지만 그렇다고 칸트의 개념과 라캉의 개념이 동일하다고 보아서는 안 된다. 이에 대해서는 슬라보예 지젝의 《How To Read 라캉》 102쪽을 참조하라.

27 이에 대한 쉬운 예를 들자면, 북한과 같은 나라를 실재계(언제든지 테러, 전쟁 혹은 자체 붕괴가 일어날지 모른다는 의미에서)로 볼 때, 남한이라는 사회(상징계)에서 가능한 것(예를 들어, 통합, 단결, 유지 등)은 북한이 일으킨 혹은 일으킬 수 있는 외상적 사건 때문에 가능하다는 것이다. 이 때문에 남한은 '최소한의 일관성'을 가질 수 있고, 그리하여 이는 남한 사회의 유지를 위한 '실정적 지탱물'로 작용하게 된다. 동일한 현상을 유럽의 반유태주의에서도 찾을 수 있다.

충동이나 정신병적 자살)와 같은 것들을 대면하게 될 것이다.

마지막으로, '향락이 직접적으로 스며들어 있는' 혹은 '혐오스러운 향락을 입증하는' 증상에 대해 살펴보자. 여기서 지젝이 언급한 향락은 라캉의 주이상스Jouissance로, 고통 속의 쾌락이라고 이해할 수 있다. 이에 대한 예는 여럿 있지만 여기서 적합한 예는 '어머니의 육체'이다. '쾌락적이지만 동시에 외설적이고 혐오스럽고 위험하고 파괴적'일 수 있는, 그래서 고통스러운 이 어머니의 육체는 유아가 어머니와의 이자 관계에서 가졌던 경험과 연관된다. 상상계가 주로 장악하던 이 시기에 유아는 자신의 요구에 충실하게 부응해주는 어머니를 나르시시즘적으로 전유하며 자신의 욕망을 좇아 쾌락을 즐긴다. 대상관계 이론가 위니캇D. W. Winnicott의 표현을 빌리면, 이때 유아는 어머니의 헌신으로 인해 '전능감'을 유지한다.[28] 그러나 이러한 향유는 프로이트에 따르면 오이디푸스기에 진입함으로써, 라캉에 의하면 '아버지의 법'(혹은 상징계)이 개입함으로써 금지되기 시작한다. 라캉은 금지가 욕망을 일으킨다고 보았는데, 유아는 금지로 인해 더욱 강해진 쾌락과 고통의 양극단을 오가면서 이 시기를 보낸다. 그러나 결국 아버지의 법을 받아들이게 되면서 유아의 이 쾌락과 고통의 자극 및 경험은 억압되어 무의식의 영역으로 밀려나버린다. 그러나 위에서 언급했듯이, 억압된 것은 끊임없이 회귀한다. 문제는 이 억압된 욕망이 상징계에서는 허락될 수도 대표될 수도 없는 '외설적이고 위험하고 파괴적인' 충동이라는 것이다. 결국 이 고통스럽고 쾌락적인 향락은 상징계에서 배제된 채 실재계(혹은 넓은 의미의 무의식)를 떠돌면서 상

---

[28] 이에 대해서는 도널드 위니캇의 《놀이와 현실》(한국심리치료연구소, 1997) 1장을 참조하라.

징계로의 진입을 열망한다. 이런 의미에서 향락은 '무언의 보증서', 곧 상징계(언어계)에서 벗어나 있지만 그럼에도 존재한다는 증명서요, 유아기 때로 소급할 수 있는 '무시무시한 신체적 흔적'이다. 그렇다면 이것은 기표로 덮이지 않으면서 결코 사라지지 않는 물질적인 잔여물로 남아 계속 회귀(출몰)하는 실재계적인 어떤 것이다. 지젝이 증환의 위상을 '정신 신체적'이라고 지적한 것은 바로 증환의 이 같은 실재계적 차원을 언급한 것이다. 그는 이 같은 "소름끼치는" 잔여물을 "불가능한 향락Jouissance의 물질화"라고 불렀다.[29]

이제 한 가지만 더 언급하면 증환의 주요한 속성이 어느 정도 설명된다. 바로 증환과 상징계의 관계이다. 이미 지적하였듯이 증환과 상징계는 의미적으로 연결될 수 없다. 증환이 상징계의 의미 체계를 벗어나 있기 때문이고, 이를 달리 말하면 상징계가 증환을 포섭할 수 없기 때문이다. 그러나 현실이 이렇다 하여 양자가 어떠한 연결 관계도 갖지 못한다고 말할 수는 없다. 여기서 우리는 인용된 지젝의 글을 다시 한 번 살펴보아야 한다. 비록 그는 증환이 상징계의 기표 연쇄의 사슬(의미화 과정)에 묶여 있지 않다고 지적했지만 그렇다고 이 말이 증환은 상징계와 아무 기표적 연결도 가지지 않는다는 것을 뜻하지는 않는다. 다시 말해 증환은 상징계의 어느 한 기표에 묶일 수 있다(물론 기표 사슬의 연쇄에 맞물리는 것이 아니라 단지 한 기표에 묶이는 것이므로 의미화 과정에 참여하거나 의미를 산출할 수는 없다). 이런 차원에서 지젝은 "증상(증환)은 향락을 어떤 상징적인 기표 형성물과 하나의 매듭으로 묶어줌으로써"라고 하였으

---

29 《이데올로기라는 숭고한 대상》, 129쪽.

며, 또한 "증환이 네트워크의 사슬 속에 매어 있지 않으면서 향락이 직접적으로 스며들어 있는 어떤 기표"라고 기술하였다. 이런 의미에서 그가 언급한 '증상—형성물'은 향락이 증환에 의해 어떤 기표와 묶여 생성된 형성물로 보아야 하며, 단순하게 설명하자면 이는 '밖'으로는 기표를 갖고 있으나 '안'으로는 향락을 내포하고 있는 것, 그래서 '향락이 스며들어 있는 기표'이다. 그래서 우리는 지젝의 지적대로 '유', 즉 '증상—형성물' 혹은 '향락 기표'를 선택함으로써 '무'나 '광기'(실재계 차원)를 피할 수 있다. 위에서 언급한 옷 쇼퍼홀릭에게는 바로 옷이 '증상—형성물' 혹은 '향락 기표'가 될 수 있다.[30]

한편, 왜 옷인가? 물론 그 어떤 것도 '증상—형성물'이 될 수 있다. 다시 말해 상징계의 모든 기표가 이를 위해 선택될 수 있다. 다만 이 내담자에게는 그것이 옷이었을 뿐이다. 여기서 짚고 넘어갈 것은 증환과 그 '기표' 간에는 아무런 본질적, 직접적 관계가 없다는 것이다. 소쉬르에 따르면 이 관계는 자의적이다. 또한 증환과 기표는 프로이트에 따르면 전치와 압축을 통해, 라캉에 따르면 은유와 환유의 방식을 통해 서로 묶인다. 따라서 그것은 옷일 수도 있고, 돈, 남자, 여자, 명품, 명예, 권력일 수도 있다.

이제 우리는 이 글의 결론 부분에 도달하였다. 물신주의라는 증상이 증상이나 환상의 차원을 넘어 증환으로까지 발전해 지속된다면 이것은

---

30 이것은 주체가 환상을 선택함으로써 결여나 공백을 은폐하거나 피하려는 메커니즘과 유사하다. 그러나 환상은 타자의 결여나 공백을 일으키는 정도지만 증환은 주체로 하여금 실재계와의 대면을 피할 수 있게 한다.

증상 분석이나 환상 횡단으로는 해결할 수 없는 상태에 이른 것이다. 이 때는 주체가 이미 어떤 특정 기표(혹은 증상—형성물)에 향락을 기입한 이후이다.[31] 이런 증환은 주체에게 고통과 위협을 줄 수도 있고 파멸을 불러올 수도 있지만 동시에 주체로 하여금 현실 세계 내에서 최소한의 일관성을 가지고 존재하도록, 혹은 적어도 실재계를 직접적으로 대면하지 않게 함으로써 상징계 내에서 최소한의 삶을 유지하도록 한다. 그렇다면 이러한 증환에 대한 분석가의 치료는 어떻게 종결되는가?

　이 질문에 대한 대답은 다소 모호하다. 어쩌면 완전한 대답, 완전한 해결은 존재하지 않을지도 모른다. 우리는 이미 상징계(언어계)에 의해 빗금 쳐지고 분리된 존재들로 결코 상징계 진입 이전으로 돌아갈 수 없고, 그렇다고 모든 욕망(예. 어머니의 육체에 대한 욕망)에 의미를 제공할 수 있는 상징계(메타 언어)를 만들 수도 없기 때문이다. 이러한 증환 분석 과정의 종결점에 대해 지젝은 라캉의 이론을 따라 다음과 같이 말한다. 증환과 자신을 동일화하라! 증환 분석은 내담자가 "자기 증상(증환)의 실재 속에서, 자기 존재의 유일한 지탱물을 인정할 수 있는 순간에 종결된다". 다시 말해, "당신은 그 '병리적인' 특수성 속에서 당신 존재에 일관성을 부여하는 어떤 요소를 인정해야 한다"는 것이다.[32] 지젝은 이런 의미에서 프로이트의 유명한 명제, "Wo es war, soll Ich werden"을 새롭게 해석한다. 여기서 es는 증환으로, 이 명제는 '증환이 있는 곳에 내가

31　그래서 이 기표를 가지고 증환을 분석하거나 치유하려는 시도는 아무런 결과도 얻을 수가 없다. 옷 쇼퍼홀릭에게 옷은 그 자체로 증환에 대해 어떤 의미도 가지지 못한다.

32　《이데올로기라는 숭고한 대상》, 136쪽.

있어야 한다'는 뜻이다. 그러나 이것으로 분석은 종결될 수 있을지 모르지만 증환은 멈추지 않을 수 있다. 지적하였듯이 우리는 이미 상징계에 진입하면서 이전에 전유하던 쾌락을 억압당했고,[33] 완전한 상징계 또한 불가능하기에 증환은 원천적으로 피할 수 없는 증상이라 할 수 있다. 다만 개인이나 문화(상징계)에 따라 증세의 편차가 있을 뿐이다. 결국 증환으로서의 옷 쇼퍼홀릭 증세는 포기되거나 치유되기가 쉽지 않다. 증환으로서의 물신주의 역시 동일하다.

물신주의에 대한 기독교적 비판 및 대안

요한복음 4장에 나오는 사마리아 여인을 재소환해보자.[34] 그녀는 남자와 다섯 번 결혼하였고 현재 여섯 번째 남자와는 동거 중이다. 그녀는 자신의 이러한 행동이 수치인 것을 안다(그래서 다른 아낙들이 물을 길러 오지 않는 정오에 우물가에 혼자 나타난다). 그럼에도 불구하고 남자(혹은 증상)를 포기할 수 없다. 다섯 번의 결혼 실패를 통해 남자에 대해 충분히

33　억압되었다고 하지만 이것 역시 소급 작용의 효과이다. 언어계의 한계로 인해 무엇인가 억압되었다고 인식하고 이것을 사후적으로 처리한 결과 우리는 상징계 진입 이전에 쾌락을 전유했다고 생각하게 된다. 그러나 일단 소급 작용이 완료되면 이 생각은 '진실'이 되고 억압당했다는 것 역시 '진실'에 포함된다. 또한 이 억압 사건이 시기적으로 '후'에 있었던 사건이 아니라 '전'에 있었던 사건으로 인식되면서 그 '진실'은 "존재해왔던 것" 혹은 "항상 존재하고 있던 바"가 된다. 그리고 이 '진실'이 사실로 받아들여짐에 따라 그것은 주체의 삶에서 힘(영향력)을 발휘하게 된다. Ibid., 104쪽, 107쪽.

34　1장에서 이 여인에 대해 언급하였다.

알았는데도 남자를 포기할 수 없는 것이다. 단순한 증상일까? 만약 그렇다면 누군가 그녀에게 증상의 의미를 알려주면 문제는 해결된다. 예를 들어, 남자(수레 안의 내용)가 아니라 다른 것(수레 그 자체)에 주목하면서, 그녀가 진정으로 찾았던 것은 사랑 혹은 행복이었는데 그간 그녀는 결코 사랑도 줄 수 없고 왕자도 될 수 없는 '개구리' 같은 남자들을 좇아왔다고 해석해주는 것이다. 만일 그럼에도 불구하고 그녀에게서 '개구리' 같은 남자를 좇는 증상이 사라지지 않는다면 거기에는 환상이 작동하고 있다고 볼 수 있다. 이 환상이 남자 안에 있는 공백이나 결여를 채우면서 그녀는 그가 완벽하고 충만한 사랑을 갖춘 '왕자'라고(혹은 '왕자'로 변할 것이라고) 착각하고, 그로 인해 자신 역시 '공주'처럼 행복해질 것이라고 착각한다. 이런 환상은 그녀가 환상의 본질을 깨닫고 '환상 가로지르기'나 '환상 거리두기'를 하면 사라진다.

그러나 만일 그녀의 증세가 증환 수준이라면 어떻게 되는가? 성서의 내용에서 명확한 증거를 찾을 수는 없지만 그녀가 이미 다섯 번이나 결혼에 실패했음에도 불구하고 또다시 남자와 동거한다는 사실을 볼 때 그녀에게 증환 증세가 있다고 할 수도 있을 것이다. 만일 이것이 사실이라면 이 여인의 증세는 증상 해석이나 환상 횡단으로는 사라지지 않는다. 이미 불가능한 향락(주이상스)이 기표(여기서는 남자)에 직접적으로 스며들어간 상태이기 때문이다. 물론 이 기표는 상징계의 기표 사슬에 묶여 있지 않기에 의미화가 불가능하므로 기표(남자)를 해석하거나 그 여인에게 남자의 의미가 무엇인지 찾아주는 것은 무의미하다. 향락이 이 기표와 하나의 매듭으로 묶인 것은 순전히 자의적이기 때문이다. 따라서 그 기표가 반드시 남자일 필연성은 없다. 결국 이 여인에게 남자는 '유'(증상—형성물)이고 그것의 위상은 '정신신체적'(실재계적)이다. 물론 이 증환으로 인해 그녀는 '무'(상징적 세계의 와해)나 '광기'(죽음 충동이나 정신병적 자살), 혹은 좀 더 광범위하게 표현하면 실재계와의 대면을 피할 수 있고, 나름대로 그 사회 안에서 최소한의 일관성을 가지고 삶을 유지할 수 있다.

만일 라캉이나 지젝이 이런 상태의 사마리아 여인을 만났다면 면담은 어떤 내용으로 종결되었을까? 아마 그녀에게 "너의 증상과 너를 동일시하라!"라고, 다시 말해 "너의 병리적인 특수성 속에서 네 존재에 일관성을 부여하는 어떤 요소를 인정하라!"라고 말하거나 그녀에게 "증환이 있는 곳에 내가 있어야 한다Wo es war, soll Ich werden"라고 말하였을지 모른다. 요점은, '증환의 원인과 결과를 깨닫고 수용하라, 그러면 어느 정도 평안해질 것이다'이다. 근본적이고 완전한 치료는 현실(상징계)에서 불가능하다.

그렇다면 예수님의 치료는 어떠하였을까? 성서는 이를 정확히 판단할 만한 자료를 제공하고 있지 않지만 다음 사항들을 감안해볼 때 치유는 성공하지 않았을까 추정된다. 그녀는 생전 처음 본 예수님이 자신의 삶을 잘 알고 있다는 사실에 대해 많이 놀란다. 그래서 그녀는 "주여 내가 보니 선지자先知者로소이다"라고 말한다.[35] 또한 그녀는 "메시야 곧 그리스도라 하는 이가 오실 줄을 내가 아노니 그가 오시면 모든 것을 우리에게 알려주시리이다"라고 하고 이에 예수님이 "네게 말하는 내가 그라"라고 말해준다.[36] 모든 면담이 끝날 때, 사마리아 여인은 동네로 들

---

35 요한복음 4장 19절.

어가 사람들에게 "내가 행한 모든 일을 내게 말한 사람을 와서 보라"라고 말했는데, 이를 라캉의 이론에 비추어 보면 그녀에게 예수님은 대타자이다. 대타자는 내담자의 모든 것을 알고 있다고 상정되는 타자이다. 물론 라캉이 말하는 대타자는 빗금 쳐져 있고 결여되어 있다. 상징계의 대타자이기 때문이다. 여기에서 예수님이 상징계의 대타자인지 그것을 넘어선 대타자인지에 대한 의견 개진은 접어두자. 분명한 것은 그 여인이 증언하였듯이 예수님은 그녀의 모든 것을 알고 계셨고 따라서 대타자로서 혹은 치유자로서 역할을 수행하였다는 것이다.

치유 성공 가능성을 높게 본 이유 중 하나는 그녀의 증세(증환으로 인해 생긴 증세) 중 하나인 '대인기피증'이 사라졌다는 것이다. 날씨가 더운 이스라엘의 풍습에 따르면 아낙들은 정오가 아니라 아침이나 오후 늦게 물을 길었다. 이혼이 흔한 오늘날도 아닌 그 옛날에 다섯 번이나 이혼하고도 또 남자와 동거한 그녀는 사람들을 피했을 것이고 그래서 사람이 없는 정오에 우물가를 찾았을 것이다. 그런 그녀가 면담 후에 사람들이 모여 있는 동네로 들어가 사람들에게 소리치고 그들을 예수께 인도하였다는 것은 매우 획기적인 변화라 할 수 있다.

마지막으로, 추정할 수밖에 없는 그러나 가장 중요한 것은 바로 이 여인이 예수님을 만나고 난 후에도 계속 남자를 찾아다니면서 동거나 결혼을 반복했을까 하는 것이다. 만일 그렇지 않았다면 증환은 사라진 것이다.

근거가 부족하지만 이러한 유추와 판단을 시도한 이유는 오늘날 한국 교회와 교인이 갖고 있는 물신주의 증세 때문이다. 한국 기독교가 물신

---

36 요한복음 4장 25 — 26절.

주의의 늪에 깊이 빠져 있다는 것은 엄연한 기정사실이다. 그래서 이제 기독교가 유의해야 할 사항은 타 종교(우상) 숭배가 아니라 물신 숭배라고 할 수 있다. 어떻게 이 증세를 치유할 것인가?

해결책은 오늘날 물신주의가 어느 수준에 도달해 있는가에 달려 있다고 본다. 증상 정도라면 증상의 원인, 의미를 해석해주는 차원에서 해결을 도모해야 할 것이다. 만일 환상이 작동하고 있다면 환상의 본질과 효과를 분석하면서 '환상 가로지르기'나 '환상 거리두기'를 수행해야 할 것이다. 그러나 만일 그 수준이 증환에 이르렀다면 그 증세는 쉽게 포기되지 않을 것이다. 적어도 현 상징계에서는 혹은 상징계―내―존재being-in-the symbolic에게는 그 증세가 쉽게 사라지지 않을 것이다. 생각해볼 수 있는 가능한 대안이 한 가지 있다면 완전한 대타자(상징계에 속하지 않고 그것을 넘어선 대타자)가 출현하여 실재계까지 취급, 분석하면서 이 증세를 치유하는 것이다. 물론 이것은 라캉과 지젝의 이론에 없는 내용이다. 이는 기독교적 인식론인 삼위일체 하나님의 무소부재 편재성(곧, 실재계도 관할하고 역사하시는 하나님) 그리고 하나님의 능력(전지전능한 '대타자')에 의거한 것이다. 사회학, 철학, 심리학에서는 이러한 일을 결코 인정할 수 없지만 기독교학에서 이것은 한 번쯤 생각해볼 수 있는 가능성이다. 사마리아 여인에게 혹 발생했을지 모르는 가능성 말이다.

오늘날 한국 사회 그리고 그 안에 존재하는 한국 교회와 교인들은 물신주의에 심각히 오염되어 있다. 현대판 '빌립보 가이사랴'인 '서울 왕국'에서는 정치권력, 문화 권력, 경제 세력이 각기 웅대한 신전을 세우고 성장과 풍요를 약속하며 숭배를 요구하고 있다. 이 거대하고 위협적인 신전들 앞에서 신앙인들은 베드로처럼 하나님이 '살아계시다'라고 증거해야 하고, 예수님이 하나님의 '아들'이며 만물의 '주主'라고 고백해야 한다. 그러나 오늘날 기독교의 현실을 살펴볼 때 교회 안에서조차 물신이 강력하게 '살아 있고' 또한 '주'의 위치를 점유하여 숭배받고 있다고 사료된다. 그것도 증상 정도가 아니라 증환 수준에서 그러하다. 이런 상황에서 이상의 분석과 대안 모색은 매우 긴요한 절차이자 과제라고 판단된다.

나오는 말

《피로사회》를 저술한 한병철은 이 책의 서두에서 각 시대마다 고유한 질병이 있다고 말한다.[37] 오늘날 한국 사회는 물신주의라는 질병을 심하게 앓고 있다. 거의 중병 상태로 진행되었다 해도 과언이 아니다. 때로 그러하듯이 중병은 환자가 인식하지 못한 채 지속된다. 우리는 물신화가 어떻게 발생하는지, 어떤 과정을 거치면서 악화되는지, 어떤 파국적 결과를 몰고 올지 그리고 해결책이나 대안은 있는지를 생각하지도 인식하지도 않으면서 물신화된 삶을 좇는다. 더 늦기 전에 우리는 물신주의로 만연된 삶을 되돌아보고 그 심각성과 파괴적 결과(특히, 인간과 인간 그리고 하나님과 인간의 관계에 대하여)를 간파할 수 있어야 한다. 멈추고 생각하고 중지하고 되돌아서는 것은 문제가 있는 곳 어디서든 필요하지만 여기서 특히 필요하다. 물신주의는 인간을 결코 풍요롭게 할 수 없다. 물

37　한병철, 《피로사회》, 김태환 옮김(문학과지성사, 2012), 11쪽.

신주의는 인간을 속박하고 소외시키며 인간을 도구화, 물화시킨다. 기독교학은 물론 인문학에서도 물신주의는 용인되지 않으며 물신주의는 이론적으로나 실천적으로 논박되고 대처되어야 한다.

최근 신문에 게재된 한 기자의 글을 인용하며 이 글을 마치고자 한다.[38] 그 글에 따르면 사람들은 코스 요리 세 개 중 한 개를 선택해야 할 때 '3만·2만·1만 원'짜리 레스토랑 메뉴건, '3만·2만·1만 원'짜리 한식당 세트건 중간 것을 선택한다. 제일 비싼 건 부담스럽고 가장 싼 것은 빈약해 보이기 때문이다. 레스토랑 메뉴의 가격을 매겨주는 컨설턴트들도 둘째로 가격이 높은 메뉴에서 이윤이 남도록 메뉴 가격을 조절한다고 한다.

이 신문기자는 음식(수레의 내용)이 중요하지 않다는 것을 잘 인식하고 있다. 다시 말해 '상품'들 간의 관계(즉, 고가, 중가, 저가 음식 간의 내용 차이)가 중요하지 않다는 것을 파악했다는 점에서 그의 판단은 지젝의 지적과 정확히 부합한다. 그러나 이 기자는 그의 선택 뒤에 무의식적으로 실행되고 처리된 사람들 간의 관계(신분, 계급)는 인식하지 못했다. 그는 '그저 둘째가 무난하다'고 하였는데, 여기서 둘째의 내용은 음식 내용이나 가격일까? 분명 그것은 음식도 가격도 아닌 계급이다. 그는 음식이나 가격을 선택한 것이 아니라 신분, 계급을 선택한 것이다. 따라서 그는 음식이나 가격을 구매, 소비, '식사'한 것이 아니라 신분과 계급을 구매, 소비, '식사'한 것이다. 음식뿐이랴? 옷, 집, 자동차, 액세서리, 선물, 취미, 결혼 상대 등등 자본주의 사회에서 이러한 대상들은 끊임없이 출

38　윤창희, 〈비교하지 마〉, 《중앙일보》(인터넷판 2013.3.13), 34면.

현하고 선택이 이어진다. 이런 상태에서 옷을 입는 것은 신분과 계급을 입는 것이며, 사람을 만나는 것은 계급과 계급이 만나는 것이다. 물질주의는 이렇게 개인의 삶을 구조화한다. 분명한 것은 물질주의는 언제든지 물신주의로 발전할 수 있다는 것이다.

이제 이 신문 기자가 항상 두 번째로 비싼 요리를 선택하는 이유(증상)를 알아보자. 우리는 이 기자가 뉴욕의 레스토랑에 가서도 두 번째 것을 선택할 것이라고 예상할 수 있다. 기자에게 이 증상의 의미를 해석해주었을 때 증상이 이전처럼 반복되지 않는다면 그것은 '증상 수준'에 있다고 할 수 있다. 그러나 만일 그렇지 않다면 그것은 환상이 결합된 수준에 있는 것이다. 즉 그는 그 '음식'(혹은 레스토랑의 식사)이 자신의 결여 혹은 공백을 채워주거나 가려줄 것이라고 환상하는 것이다. 그리고 그에 상응하는 자신의 '높아진' 혹은 '안정적인' 위상을 상상하며 즐길 것이다. 그리하여 이 환상에 대해 그것의 본질과 실체를 분석해주면서 환상을 가로질러주었는데, 그럼에도 불구하고 그가 그 증상에서 벗어나지 못한다면?

4.
더 좋은 세상 만들기:
종교사회학의 사회변혁적 관심

들어가는 말

보스턴 출신의 시인이자 사상가이며 성직자이기도 한 랠프 월도 에머슨 Ralph Waldo Emerson은 성공이란 자신이 태어날 때보다 더 좋은 세상을 만들어놓고 가는 것이라 하였다. 더 좋은 세상 만들기, 이것은 역사상 많은 사람들의 염원이었으며 기독교인에게도 예외가 아니다. 그렇다면 어떻게 좋은 세상을 만들 수 있는가? 현 세상을 변화시켜야 한다. 어떻게 변화시킬 수 있는가? 변화를 위하여 기독교, 교인 혹은 기독교사회학은 어떤 일을 수행할 수 있는가?

이 글은 이러한 질문들에 대한 응답으로, '좋은 세상 만들기'라는 지향성을 갖고 세상과 교회와 기독교사회학을 연결시키며 그 답을 살펴보고자 한다. 한 가지 미리 밝힐 것은 이 연구가 사회변혁의 구체적인 방안을 제시하지는 않는다는 것이다. 그보다 이 연구는 사회는 왜 쉽게 변혁되지 않는지, 왜 사람들은 변혁을 꿈꾸면서도 변혁을 이루지 못하는지, 이런 상태에서 변혁의 가능성은 어디서부터 찾아야 하는지에 답한다. 특히 마지막 질문을 후기구조주의 입장에서 접근한다. 물론 후기구조주의자들을 사회변혁의 지향성을 가진 이론가들이라고 간주하기는 힘들다.[1] 이들은 일반적으로 사회변혁에 큰 관심을 가지고 있지 않은 연구가들로 분류된다. 그러나 이들의 이론은 원래의 관심과 달리 사회변혁을 용이하게 하기 위해 무엇이 필요한지를 밝혀내는 데 중요한 역할을 수행한다. 곧 사회나 개인들이 당연하게 여기는 것, 익숙한 것, 자연스러운 것에 대해 질문을 제기하면서 그것들을 해체시키기 때문이다. 현실의 정당성과 자연성이 해체될 때 변혁의 가능성은 높아진다.

이 글은 다음과 같이 진행될 것이다. 먼저 개인과 사회의 관계를 살펴본다. 여기서 주목할 것은 개인의 사회 예속성이다. 에밀 뒤르켐에 따르면 개인과 사회의 관계는 신도와 신의 관계와 같다. 이런 의미에 근거하여 '사회종교학'이라는 신조어를 제시해본다. 개인들이 사회를 신처럼 섬기며 의존하는 현상을 의미하는 단어이다. 두 번째로, 개인들은 왜 사회에 자신을 의탁하는지 분석한다. 이는 개인의 내적인 심리 구조에 대한 분석이므로 정신분석학의 도움을 받는다. 개인의 심리적 구조를 분석하면 사회에 종속되는 개인의 내적 동기가 객관적으로 밝혀지기 때문에 먼저 '해체'의 한쪽 편, 즉 개인 측의 해체가 이루어진다. 다음으로

---

1   물론 이견을 가진 자도 있다. 이와 관련하여 다음 책을 참조하라. 사토 요시유키, 《권력과 저항》, 김상운 옮김(난장, 2012).

자신을 정당화하면서 영속을 꾀하는 사회 측의 '해체'가 후기구조주의 자인 롤랑 바르트, 자크 데리다Jacgues Derrida, 자크 라캉의 이론에 의해 수행된다. 마지막 장에서는 기독교적인 입장에 근거해 '사회종교학'이 아닌 '하나님종교학'이 제시된다. 교회와 교인은 전자가 아니라 후자에 속한 이론가이자 실천가가 되어야 한다는 주장이다. 이 부분은 일반 종교사회학과 다른 기독교사회학의 독특한 기여이자 관심 분야이다. 여기에 본 글의 의의가 있다.

'사회종교학'

프랑스 사회학자 뒤르켐은 인간과 사회의 관계를 연구한 후 "사회와 그 구성원 사이의 관계는 신과 그 신도들 사이의 관계와 마찬가지"라고 기술하였다.[2] 그는 자신이 속한 프랑스 사회를 이해하기 위해 호주의 토템 부족들을 연구하면서 이런 결론에 도달했다. 뒤르켐은 사회의 통합 가능성에 관심을 가졌는데, 이를 알아보기 위해 부족들의 토템 의례를 조사하였고, 이를 통해 집합 행위의 중요성을 간파하였다. 부족원들이 모여 집합 흥분collective effervescence, 집합 표현collective representation, 집합 의식 collective consciousness을 표출하고 공유하는 의례를 수행하는 동안 토템은 성스러운 숭배의 대상으로 부각되고, 이 성스러운 대상을 중심으로 공동체가 통합된다. 그런데 여기서 뒤르켐은 사회학자로서 뛰어난 통찰력을

---

2 에밀 뒤르켐, 《종교 생활의 원초적 형태》, 노치준·민혜숙 옮김(민영사, 1992), 297쪽.

발휘하는데, 곧 토템은 단지 상징일 뿐이며 그것이 실은 다른 어떤 것의 표상이라는 것이다. 그 어떤 것은 바로 사회 혹은 공동체이다. 따라서 의례를 통해 실제로 성스럽게 숭배된 것은 사회 혹은 공동체이다.[3] 사람들은 토템을 통해 사회를 숭배하면서 사회를 중심으로 통합된다. 이때 사람들은 사회의 존재 이유, 중심 가치, 신념, 이상, 도덕, 권위, 질서, 목표 등을 성스러운 것으로 인식하고 받아들인다. 이 받아들여진 사회의 가치나 질서 등은 개인의 가치나 질서보다 우위의 것—성스러운 것—으로 인식되고 사람들은 이 공동체적 가치나 질서를 추구하고 따르게 된다. 뒤르켐은 이에 대해 "사회는 우리가 자신의 이익을 잊어버리고 사회의 신복이 되기를 요구"한다고 하였다.[4] 이러한 과정을 통해 개인은 사회를 따르고 섬기게 되는 것이다.

결국 뒤르켐은 개인적 가치나 이익으로 인해 분열될 수 있는 조직이 토템 의례를 통해 공동체의 성스러운 가치나 신념 등을 숭배함으로써 그것들을 중심으로 통합, 유지될 수 있다고 주장한다. 뒤르켐은 호주 토템 부족뿐만 아니라 개인들이 모여 있는 모든 공동체에서도 동일한 현상이 발생한다고 보았고, 이를 통해 사회 통합 및 유지의 원인을 설명하였다.

뒤르켐의 이러한 연구를 미국 사회에 적용하여 분석한 학자가 로버트

---

3 예를 들어 국기를 생각해보자. 우리는 국기에 예를 표하고 국기를 소중하게 다루지만 국기는 천과 페인트로 만들어진 상징일 뿐이다. 국기 의례를 통해 숭배되는 것은 대한민국, 국가, 민족 등이다. 2008년 발생한 숭례문 전소 사건 때 많은 사람들이 숭례문에 예를 갖추었지만 숭례문은 토템이었을 뿐 실제로 숭배된 것은 민족, 얼, 역사 등이었다. 이에 대해서는 이 책 6장을 참조하라.

4 뒤르켐, 296~297쪽.

벨라이다. 비록 벨라가 자신의 연구에서 사회와 개인의 관계는 신과 신도의 종교적 관계와 같다고 언급하지는 않았지만 호주 토템 종교의 의례에서 발생한 현상이 미국 사회에서도 시민종교라는 현상으로 재현되고 있다고 주장하였다. 그에 따르면, 미국 사회가 어려움에 봉착하였을 때(독립전쟁, 남북전쟁, 쿠바 핵미사일 사건) 지도자가 출현하여 국가적 의례(링컨의 게티즈버그 연설, 미사일 위기에 대한 케네디의 대국민 연설)를 통해 집합 행위를 함으로써 미국 사회를 통합시켜 위기를 넘어섰다는 것이다. 이들 의례에서 지도자들은 반복적으로 기독교적 기호들(하나님, 선민, 모세, 자유, 해방, 약속의 땅, 새 이스라엘 등)을 강조하며 사용하였다. 그러나 이것들은 단지 상징에 불과했으며(마치 아룬타의 토템처럼) 이것들을 통해 실질적으로 중요하게 여겨진 것은 미국의 가치, 신념, 목표, 존재 이유 등이었다. 이 의례들을 통해 미국과 미국의 가치들은 다시 한 번 구성원들에게 성스럽고 소중하게 여겨지게 되었으며, 사람들은 미국의 가치들을 추구하면서 이를 중심으로 통합되었다. 사회학자 에드워드 쉴즈Edward Shils는 이러한 중요 가치, 신념, 이상, 질서 등을 '성스러운 중심'이라고 불렀으며, 모든 사회에는 이러한 성스러운 중심이 있다고 하였다.[5] 이 같은 시민종교는 미국의 '성스러운' 중심 가치를 위협하였던 워터게이트 사건이나 9·11 테러 사건에서도 여실히 드러났다.[6]

---

5 필립 스미스, 《문화 이론》, 한국문화사회학회 옮김(이학사, 2008), 153쪽: 최종렬 엮고 옮김, 《뒤르케임주의 문화사회학》(이학사, 2007), 25쪽. 사회도 성스러울 수 있다. 이때 성스러움은 본질적, 내재적이기보다는 외부로부터 부여되는 것이다.

6 이에 대해서는 제프리 C. 알렉산더의 《사회적 삶의 의미》(박선웅 옮김, 한울, 2007) 6장을 참조하라.

이상의 내용들을 종합해볼 때 뒤르켐에게 사회는 개인들이 숭배하고 따르는 하나의 외재하는 대상society as object이다.[7] 이뿐만 아니라 사회는 개인들의 삶과 생각을 형성하는 힘을 소지하고 있다. 따라서 개인들이 사회를 구성하지만 사회는 구성원의 합 이상이 된다. 그래서 사회는 구성원으로 환원될 수 없다.

뒤르켐의 이러한 사회 인식은 베버나 짐멜Georg Simmel의 사회 인식과 대조될 때 그 개념과 특징이 더욱 뚜렷해진다. 이들에게 사회는 개인의 합일 뿐이다. 사회를 알려면 개인을 보면 된다. 사회는 단지 이름일 뿐이기 때문이다society as absent concept.[8] 철학 용어를 차용하자면, 뒤르켐의 '사회실재론', 베버나 짐멜의 '사회유명론'이다. 구조주의는 전자의 입장에 근거하여 사회구조를 언급하고, 상징적 상호작용론이나 현상학은 후자의 입장에 서서 개인들 간의 상호작용이나 의미를 연구한다. 물론 '둘 다임과 동시에 아무것도 아닌' 입장도 있다. 바로 피터 버거의 사회론이다. 그는 세 단계를 통해 사회를 설명하는데 바로 개인들의 외재화, 외재화된 것의 객체화, 객체화된 것의 내재화이다. 그는 이 단계를 통해 인간과 사회의 순환 관계를 설명한다.[9]

이 글은 사회를 뒤르켐주의, 사회실재론, 구조주의, 외재화된 것의 객

---

7   David Frisby and Derek Sayer, *Society*(New York: Tavistock & Ellis Horwood, 1986), p. 34.

8   Ibid., p. 54.

9   이에 대한 자세한 논의는 Peter L. Berger and Thomas Luckmann, *The Social Construction of Reality*(New York: Anchor, 1967)의 2부와 3부를 참조하라. 이 외에도 중도 이론이 있는데, 대표적으로 앤서니 기든스Anthony Giddens, 피에르 부르디외Pierre Bourdieu, 노베르트 엘리아스Norbert Elias 등의 이론이 있다. 이에 대해서는 스미스의 책 8장을 참조하라.

체화에 근거하여 인식한다. 사회는 외재적, 독자적, 구속적인 성스러운 대상이다. 사회는 신적 위치에 놓여 있고, 개인들은 사회와 그 사회의 중심 가치들을 받아들이고 따른다. 이러한 수용과 예속의 정도는 사회가 객체화 단계에 머물 때보다는 객체화된 사회가 개인들에게 내재화될 때 더욱 강화된다. 곧, 사회가 개인 밖에 있을 때보다 개인 안에 자리 잡을 때 더욱 강력하게 작용한다. 이는 버거뿐만 아니라 뒤르켐도 이미 직시하고 있던 사실이다.

'사회종교학'의 정신분석학

'성스러운' 대상인 사회에 순응할 때 개인들은 그 사회의 가치, 질서, 권위, 규범, 목표 등을 받아들인다. 그런데 이러한 것들과 사람들이 개인적으로 원하는 것들은 서로 상충할 수 있다. 이는 공동체적 가치나 목표와 종종 대립되는 개인적 가치와 목표들을 생각해보면 된다. 따라서 이러한 것들을 수용하고 따르려면 개인적 희생을 감내해야 한다. 뒤르켐이 이미 위에서 언급하였듯이, "사회는 우리가 자신의 이익을 잊어버리고 사회의 신복이 되기를 요구"한다. 그렇다면 개인들은 왜 자신의 희생을 요구하는 사회에 기꺼이 예속되는 것일까? 달리 표현하면, 왜 개인들은 자신의 관심이나 목적에 위배되는 것들을 지속적으로 요구하는 사회에 스스로를 종속시킬까? 사회가 성스럽고 강력한 대상이기 때문이라는 것은 단지 한 측면, 곧 사회학적 측면만 본 것일 수 있다.[10] 이것 외에, 자신을 사회에 예속시키는 개인의 내적 측면, 즉 심리적 측면도 살펴볼 필요가 있다. 이는 개인의 심리적 동기 혹은 욕구가 종속 뒤에서 작동하고 있음을 의미한다.

이 문제는 정신분석학을 이루고 있는 지크문트 프로이트, 멜라니 클라인Melanie Klein, 도널드 위니캇 그리고 라캉의 이론으로 접근 가능하다. 정신분석학에서 유아와 대상 간의 관계는 매우 중요한 주제이다. 출생한 유아는 전적으로 무력하다. 이런 상태에서 유아는 자신의 욕구를 해결하기 위해 주변 대상에게 의존할 수밖에 없다. 그 첫 번째 대상은 일반적으로 어머니—클라인에게는 어머니 젖가슴—이다.[11] 이 대상과의 관계에서 유아는 욕구가 충족되면 평안을, 욕구가 결핍되면 불안을 체득한다. 유아는 본능적으로 결핍보다는 충족을, 불안보다는 평안을 추구하기 때문에 자신이 욕구의 충족을 요구할 때 대상이 이를 충분히 충족시켜주길 원하며, 욕구가 충족되었을 때 유아는 그 대상을 신뢰하고 우호적인 관계를 맺게 된다. 그러나 만일 욕구가 적절하게 충족되지 않는다면, 유아는 고통을 받고 분노하면서 대상에게 공격을 가한다.[12]

클라인에 따르면 이러한 공격이 유아로 하여금 죄책감을 갖게 하고 또한 불안과 우울을 느끼게 만든다. 자신의 공격으로 대상이 파괴되었다고 생각하기 때문이다. 이 같은 불안과 우울 감정 속에서 유아는 다시 대상을 이전 상태로 회복시키려는 노력을 한다. 이때 어머니가 '유아의

---

10   이 대답 외에도 유물론적 답변이 있을 수 있다. 곧, 경제적 목적을 위해 종속된다는 것이다. 이것 또한 중요한 주제이나 본 연구에서는 논외로 하기로 한다.

11   물론 이 대상이 반드시 어머니일 필요는 없다. 어머니의 역할을 대신해주는 사람이 있으면 그 사람이 첫 대상이 된다.

12   한나 시걸, 《멜라니 클라인》, 이재훈 옮김(한국심리치료연구소, 1999), 143쪽.

공격에도 불구하고 살아남아' 유아를 계속 돌보고 유아의 욕구를 충족시켜준다면 유아는 자신의 회복 시도가 성공했다고 생각하면서 우울, 불안, 죄책감에서 벗어난다. 이러한 관계가 정상적으로 계속되면 유아는 대상과 안정된 신뢰 관계를 형성하게 되며 그 결과 안정감을 갖게 된다. 그러나 이 같은 회복 시도가 성공하지 못했다고 여겨지는 환경에 유아가 지속적으로 놓일 경우 유아는 자신이 대상을 파괴하였다고 믿게 되고 결국 클라인이 말한 '우울적 자리'에 고착되거나 혹은 퇴행하여 그 전 단계인 '편집−분열적 자리'에 접어들게 된다.[13] 물론 여기서 유아가 행하는 공격, 파괴, 회복은 모두 그의 환상illusion 안에서 이루어지는 일들이다. 그러나 이 환상은 그에게 실재, 곧 정신적 실재psychic reality이며, 이 실재의 지위는 우리의 현실이 현재 우리에게 갖는 위치와 동일하다.

유아는 동물의 새끼와는 달리 오랫동안 첫 대상에게 의존해야 하기 때문에 이러한 대상과의 관계는 유아에게 매우 큰 영향을 미친다. 사실 유아가 자신의 존재를 알게 되는 것도 대상의 존재를 통해서이다. 공격과 대상 파괴로 인해 유아가 불안해하는 이유도 대상이 염려되어서라기보다는 대상의 존재가 자신의 존재 근거이기 때문이다. 이처럼 유아는 장기간 대상에 의존해야 하며, 이 의존관계에서 신뢰와 평안, 혹은 고통과 불안을 체득하면서 대상과의 관계를 쌓아간다. 그리고 이 경험들은 그의 무의식 안에 남아 있다가 이후 그의 삶에 지속적으로 영향을 미친다. 특히 고통의 기억이나 고통을 불러일으킨 욕구는 무의식에 억

---

13   스테판 미첼·마가렛 블랙, 《프로이트 이후》, 이재훈·이해리 옮김(한국심리치료연구소, 2000), 172~175쪽.

압된 채로 남아 있는데 이것은 언제든지 의식을 뚫고 현실 세계로 표출될 가능성이 있다.

클라인에게서 시작되어 형성되기 시작한 대상관계 이론의 핵심 내용은 유아기 때 대상과 관계를 맺은 방식이 유아가 성인이 된 후 타인들과 관계를 맺는 방식에 영향을 미친다는 것이다. 유아가 대상과의 관계에서 원만한 신뢰와 사랑을 경험한 경우 그는 이후 타인들과 신뢰와 사랑의 관계를 형성하기 쉽고, 불신과 원망을 경험한 경우 불신과 원망의 관계를 형성하기 쉽다. 이러한 메커니즘은 하나님과의 관계에서도 동일하게 적용된다. 하나님도 우리가 만나는 하나의 대상object이기 때문이다.

일반적으로 주지되듯이, 유아의 모든 욕구를 채워줄 수 있는 어머니(위니캇의 용어를 차용하면, good enough mother)는 존재하지 않는다. 모든 유아는 대상과의 관계에서 어느 정도의 불안, 고통, 우울, 분노, 두려움, 죄책감을 겪게 되고, 이들은 또한 이러한 고통스러운 감정에서 벗어나고자 한다. 고통의 감정도 대상과의 관계에서 생기고, 이런 감정에서 벗어나는 것도 대상과의 관계에서 가능하다. 회복, 안정, 평안, 사랑, 신뢰, 믿음 모두 대상과의 관계에서 경험되고 얻어지는 것들이다. 그래서 유아와 대상은 애증의 관계이다. 대상은 유아에게 없어서는 안 될 존재이지만 또한 결코 마음대로 되지 않는 힘겨운 대상이다. 이런 상황에서 유아는 고통의 원인인 욕구를 억압하거나 고통의 기억과 함께 무의식 저편으로 밀어 넣는다.[14]

---

14 이런 이유로 성인 대부분은 신경증neurosis 증세를 갖고 있으며, 여기에서 야기되는 불안이나 고통을 피하기 위해 여러 방어기제들을 사용한다. 신경증의 종류로는 불안신경증, 히스테리, 강박

유아가 어느 정도 자라면 위니캇이 언급한 일차적 모성 몰두primary maternal pre-occupation 시기를 넘어서게 된다. 첫 대상이었던 어머니가 이제 이전처럼 유아에게 몰두하지 않게 되면서 유아는 점차 혼자 있는 시간이 늘어나게 된다. 위니캇에 따르면 이 기간에 유아는 중간 대상transitional object을 만난다.[15] 중간 대상은 유아가 어머니와의 분리로 인해 발생하는 불안을 줄이거나 달래기 위해 선택하는 대상이다. 일반적으로 유아가 주위에서 발견할 수 있는 대상들이 중간 대상이 된다. 인형, 장난감, 담요, 포대기, 베개, 수건 등이 일반적이며 때로는 자신이나 타인의 신체의 일부 혹은 노랫소리와 같은 추상적인 것도 그 대상이 된다. 이제 유아는 어머니의 부재를 중간 대상과 함께함으로써 극복하고자 한다. 어머니라는 대상과 주고받았던 평안 혹은 불안, 원망을 이제 중간 대상과의 관계에서 해결하면서 유아는 어머니와의 분리 상태에서 오는 불안과 고통을 극복한다. 어머니가 중간 대상으로 전치된 것이다. 물론 이 과정 역시 유아의 환상 속에서 일어난다. 유아는 상당 기간 동안 중간 대상을 떠나지 못한다. 그러나 유아는 시간이 지나면서 점차 중간 대상에서 분리되어 이웃, 유치원, 학교 등과 접촉하면서 사회화되어간다.[16]

위니캇의 정신분석학은 여기서 이론적으로 마무리되지만 이 글은 사회학적 상상력을 펼치면서 다음 연구 주제로 이동한다. 유아(혹은 이제

신경증, 공포증, 망상증 따위가 있다.

15 이에 대한 자세한 연구는 도널드 위니캇의 《놀이와 현실》(이재훈 옮김, 한국심리치료연구소, 1997) 1장을 참조하라.

16 더욱 자세한 설명은 다음 책을 참조하라. 이철, 《사회 안에 교회 교회 안에 사회》(백의, 2006), 5장.

는 성인)는 어머니 그리고 중간 대상에 이어 이제 사회라는 세 번째 대상을 만난다.[17] 이미 위에서 '사회는 개인들에게 외재하는 하나의 대상'이라는 뒤르켐의 주장을 소개했다. 그리고 어렸을 때 형성된 대상과 관계 맺는 방식이 성인이 되어서도 동일하게 작동된다는 대상관계 이론도 언급하였다. 이제 성인은 어렸을 적 어머니 혹은 중간 대상과 가졌던 관계 방식과 내용으로 사회라는 대상과 관계를 형성한다.[18] 사회라는 대상과의 관계 속에서 개인은 신뢰, 평안, 안정 혹은 불안, 두려움, 우울, 불신, 공격성, 회복 등의 감정을 주고받으면서 살아간다. 사회에 의존하여 안정을 느끼기도 하고, 사회로부터 분리되었거나 소외되었다고 생각하여 불안이나 두려움을 느낄 수도 있다. 당연히 개인들이 사회에게 얻고자 하는 것은 평안, 안정, 신뢰감이다.

한편, 개인이 부모, 가정을 넘어 사회로 진입하면 사회적 욕구(곧, 인정, 물질, 명예, 학벌, 지위, 소속, 친구 등)를 가지게 될 터인데, 문제는 사회가 모든 욕구를 채워주지 않는다는('good enough society'가 아니라는) 것이다. 사회가 개인의 욕구를 모두 만족시켜줄 수 없는 상황에서 개인들은 종종 거부, 무시, 박해, 방치될 것이고 이에 개인은 불안, 분노, 좌절, 우울을 경험하게 된다. 때로 사회는 욕구를 충족해주는 대신 개인에게 규범에 순복하며 희생하기를 요구할 수 있다. 개인들은 이런 사회를 향해 공격성을 표출할 수 있으나 결과적으로 오히려 더 큰 불안과 좌절을

---

17 기독교적으로 볼 때, 이 대상을 마지막 대상이라고 하지 않는 것이 바람직하다. 왜냐하면 시기적으로 그 전이든 후이든 하나님이라는 대상을 만날 수 있기 때문이다.

18 여기서 대상은 거대 사회 전체로서의 사회일 수도 있고, 미시사회학적 사회, 곧 의미 있는 타자들이 모여 있는 작은 규모의 집단일 수도 있다.

가져올 수 있다. 일반적으로 이러한 불안이나 좌절은 한 개인이 지속적으로 감당하기 부담스러운 것들이므로 사람들은 결국 자신의 '이익을 잊어버리고' 사회의 요구를 수용함으로써 이 심적 고통을 해결하고자 한다. 또한 이러한 순복을 통해 자신들이 갖고자 하는 평안이나 안정감을 얻는다. 이것이 프로이트가 《문명 속의 불만*Civilization and Its Discontents*》에서 제기한 주요 논지 중 하나이다. 프로이트는 개인이 사회에게 "안전감을 얻기 위해 자신의 행복 가능성을 내주었다"고 주장하였다.[19] 물론 이때 느끼는 안전감은 환상의 효과이다. 라캉은 이를 상상계에서 발생하는 효과로 취급한다.[20] 이상과 같은 과정을 통해 개인은 자신의 욕구와 상반된 것을 요구하기도 하는 사회에 예속되게 된다. 마치 유아가 대상에게 종속되듯이 개인은 사회에 의존하고 예속된다. 여기서 우리는 뒤르켐이 언급한 '사회와 개인과의 관계는 신과 신도의 관계와 같다'라는 말의 의미를 다시 발견할 수 있다. 신도는 '신'에게서 안전감을 얻기 위하여 자신의 행복, 자유, 권리를 '신'에게 내준다. 때로 자신의 욕구와 상반되는 것을 신이 요구하는데도 말이다. 이런 의미에서 사회는 종교 혹은 '신'이 된다.

---

19 Sigmund Freud, *Civilization and Its Discontents*, trans. James Strachey (New York : W. W. Norton & Company, 1961), p. 62.

20 라캉은 상징계, 상상계, 실재계를 언급하였는데 이에 대해서는 잠시 후 살펴보기로 하자.

후기구조주의자들의 사회 해체

사회가 '종교'가 된 결과 발생하는 문제 중 하나는 사회의 필연성과 우위성이 견고해지면서 사회의 통제나 사회로의 종속이 사람들에게 당연하고 자연스럽게 여겨지는 것이다. 마치 신과 신도의 관계에서 그러하듯이 말이다. 더구나 뒤르켐이나 쉴즈의 이론에서는 사회에 '성스러움'이라는 아우라aura까지 덧입혀진다. 이런 사회는 개인들에게 배척되거나 제어되기가 쉽지 않다. 그래서 사회변혁의 가능성보다는 현상 유지 혹은 통합에 관심과 연구의 초점이 맞춰진다. 뒤르켐의 구조기능주의가 보수적이라는 비판을 받는 이유가 여기에 있다. 그러나 사회구조는 필연적이지도, 통합되어 있지도, 불변하지도, 개인보다 우위에 있지도 않다. 단지 그렇게 보일 뿐이다. 더 정확히 말하면, 사회는 그렇게 보이도록 만드는 자체적 메커니즘을 갖고 있기 때문에 그렇게 보일 뿐이다. 이 메커니즘을 발견하여 해체하고자 하는 자들이 소위 후기구조주의자들이다. 대표적인 인물로 바르트, 라캉, 푸코Michel Foucault 등이 있고, 비록 후기구조주의자는 아니지만 데리다도 동일한 생각을 갖고 있는 것으로 간주된다. 이들의 공통적 특징이 있다면 그것은 바로 당연하게 여겨지는 것, 익숙한 것, 자연스럽다고 생각되는 것에 의문을 제기하면서 개입하여 그것들을 해체한다는 것이다.

바르트는 "평생 동안 나를 매혹시켜온 것은 사람들이 자신의 세계를 사람들에게 이해시키는 방식이었다"라고 기록하였다.[21] 이런 관심의 연장선상에서 그는 사회가 자신을 사람들에게 이해시키는 방식에 대해 연구하였고 그 결과를 신화론에서 구체화하였다. 신화론을 쓰면서 그는 "현대 생활을 설명하면서 자연과 역사가 혼돈되는 것을 목격하고 분노를 느낀다"라고 말했다.[22] 오늘날의 사회는 역사 과정의 한 결과일 뿐인데 마치 그것이 자연적인 것인 양 인식되거나 취급된다는 의미이다. 그는 사회가 그렇게 보이게 된 것은 바로 사회가 그렇게 보이도록 만드는 신화가 작동하고 있기 때문이라고 생각하였다. 그리하여 그는 신화를 해독하는 신화학자가 되어 신화 제작자의 의도나 목표를 신화 소비자에게 폭로하면서 사회 해체 혹은 탈신화화를 시도한다. 그는 한때 "신화를 분석하는 것은 지식인이 정치적 행위를 취할 수 있는 유일한 방안이다"라는 말을 하기도 하였다.[23]

기호학자이기도 한 바르트에 따르면 신화는 기호의 2차 작용이다. 기표(시니피앙)에 기의(시니피에)를 더하면 1차 기호가 되며, 이 1차 기호가 다시 기표가 되고 이 기표에 다시 새로운 기의가 부여되면 2차 기호가 되는데, 바로 이 2차 기호가 신화라는 것이다.[24] 바르트는 《파리마치 *Paris Match*》 잡지 표지에 실린 프랑스 국기에 경례하는 흑인 병사의 사진을 분석했는데, 이를 예로 들어 살펴보자.[25] 국기와 국기에 경례하는 흑

---

21   Roland Barthes, *Le Grain de la voix*(Paris: Seuil, 1981), p. 15. 조녀선 컬러, 《바르트》, 이종인 옮김(시공사, 1999), 22쪽에서 재인용.

22   Ibid., 42쪽.

23   Roland Barthes, "Maîtres et esclaves", *Les Lettre nouvelles*(March, 1953), p. 108. 컬러, 53쪽에서 재인용.

24   바르트는 이를 도표로 구성하여 보여주는데 이는 롤랑 바르트의 《신화론*Mythologies*》(정현 옮김, 현대미학사, 1995) 26쪽에 제시되어 있다.

25   Ibid., 28쪽. 《파리마치》는 친정부적 잡지로, 이 사진은 프랑스 식민지 정책을 비호하려는 의도로 실렸다.

인 병사라는 기표 및 기의가 모여 국기에 경례하는 흑인 병사라는 기호가 구성된다. 그러나 이 1차 기호는 다시 기표가 되고 여기에 새로운 기의, 곧 위대한 프랑스 제국, 프랑스 제국주의의 성공, 제국주의 유지의 필요성 등과 같은 새로운 의미가 기입될 수 있다. 이렇게 생성된 2차 기호는 다음과 같은 신화로 작동하게 된다. '프랑스 제국주의가 성공적으로 실행되거나 유지되고 있으며, 이 식민 제도가 더욱 잘 유지되기 위해 프랑스 국민들은 더 많은 지지를 보내야 한다.' 바르트는 정치적 사안뿐만 아니라 프랑스 사회 혹은 인류 사회를 정당화하고 자연화하는 여러 신화들—예를 들어, 프랑스 포도주, 시트로엥 자동차, 가족 등—을 해독한다. 그는 대부분의 신화들이 부르주아 계급의 관점과 이익을 반영한다고 보았다. 이 때문에 신화는 전도된 현실이 옳은 것이라고 말하는 이데올로기처럼 사람들이 왜곡된 것을 정당하고 자연스러운 것으로 받아들이게 한다는 것이다.[26] 그 결과는 말할 것도 없이 현실의 긍정, 수용 그리고 유지이다.

데리다 역시 페르디낭 드 소쉬르의 기호학에 근거를 둔 이론을 펼쳤는데, 그는 무엇보다도 그가 창안한 해체deconstruction 이론으로 주목을 받았다. 이를 통해 그는 바르트와 유사하게 자연스럽고 익숙한 것을 새롭고 낯설게 만들기를 원했다. 데리다는 개인 혹은 사회가 자신에게 행하는 설명이나 주장이 신뢰할 만하거나 정당한 것이 아니라는 것을 밝혀내기를 좋아했다. 해체는 개인 혹은 사회의 담론이나 텍스트에 숨겨진 내적 모순들을 드러나게 하면서 이에 대한 우리의 사고방식을 변화시킨

---

26 Ibid., 69쪽.

다. 때로 해체는 "부정적인 또는 심지어 허무주의적인 운동으로 여겨지기도 했다. 그러나 데리다는 해체가 긍정적이며, 변형의 잠재력을 갖춘 potentially transformative 독해 방식임을 강조했다".[27] 실제로 해체는 견고하고 필연적이고 자연적인 것으로 여겨지는 것들을 낯설게 함으로써 변형의 가능성을 열어줄 수 있다.

데리다가 우선적으로 해체하고자 하는 것은 순수성, 자연성, 정당성과 같은 이상ideal, idea에 대한 주장들이다. 그는 이러한 주장들을 해체적으로 독해하면서 평가절하한다. 그는 순수한 선물, 순수한 애도, 자연적인 몸, 순수한 환대, 자연적인 모성, 정당한 법적 판결 등을 분석하였는데, 그에 따르면 이러한 것들은 특정한 문화적, 역사적, 정치적, 문학적 상황에서 은밀하게 작동되는 환상적인 이상들로, 모두 면밀히 검토되어야 한다. 데리다는 그것들을 자세히 독해함으로써 그 안의 모순과 기만을 밝혀낸다.[28] 특별히 이러한 것들을 해체해야 하는 이유는 이들이 실제로는 순수하거나 자연적이지 않으면서도 다른 것들을 순수와 자연의 이름으로 제외시키거나 억압하고 이 제외와 억압을 정당화하기 때문이다. 데리다가 해체를 통해 추구하고자 하는 것은 대화, 타협, 대안 모색이라 할 수 있다. 순수가 순수의 이름으로 비순수를 억압하고 동일한 방식으로 자연이 비자연을 억압하는 곳에는 대화, 타협, 변혁의 가능성이 부재한다. 자기기만 속에서 끊임없이 환상적 이상만 고양시키는 곳에는 차별과 분리만 있을 뿐이다. 데리다적 독해를 통해 순수와 자연이 해체

---

27   페넬로페 도이처, 《How to read 데리다》, 변성찬 옮김(웅진지식하우스, 2007), 10~11쪽.
28   이에 대해서는 위의 책 1, 7, 8, 9장을 참조하라.

되고 억압과 소외가 제거된다면 대화와 타협을 모색할 수 있다. 물론 이 대화와 타협의 과정은 용이하지 않을 것이다. 그 과정에서 그가 말한 차연différance이 발생하기 때문이다. 언어나 텍스트의 의미들이 결코 완전하게 또는 최종적으로 현존하는 것이 아니기에 우리는 단지 불확정적이고 유예되는 의미들만 주고받을 수 있다. 그러나 이런 차연의 가능성을 인정한다면 오히려 우리는 좀 더 인내심을 가지고 조심성 있게 대화를 이어 나갈 수 있다. 데리다가 원하는 지속적인 실천이 바로 이것이다.[29]

"나는 어떤 도그마에도 집착하지 않는다"고 말한 푸코는 바르트나 데리다와 동일하게 "우리 사고의 이론적 틀 속에 내재하는 모든 친숙한 요소와 개념에 도전"하였다.[30] 그의 주요 관심은 권력, 지식, 담론이었다. 먼저 그는 권력이 작동되는 방식에 주목하였다. 그런데 푸코가 관심을 갖는 권력은 국가의 절대 권력이 아니라 일상적 관계 속에서 작동하는 미시적이고 지엽적인 권력이다. 그에 따르면 권력관계는 사회의 모든 관계 속에, 곧 인간과 인간이 접촉하는 곳이면 어디든지 스며들어 작동하고 있고, 이런 의미에서 권력관계는 모세혈관과 비슷하다고 할 수 있다. 예를 들어 교사와 학생, 의사와 환자, 상담가와 내담자, 부모와 아이, 저자와 독자, 남자와 여자 등이 그 예이다. 한편, 전자에 해당하는 인물이 후자에게 권력을 행사할 수 있는 이유는 전자가 가지고 있는 지식에 근거한다. 곧 교사, 의사, 상담가, 부모, 기술자, 저자, 남자 등이 후자에 대해 가지고 있는 지식이다. 그리고 이러한 지식들이 모아져 규범화된

---

29 Ibid., 147쪽.

30 사라 밀스, 《현재의 역사가 미셸 푸코》, 임경규 옮김(앨피, 2008), 25쪽, 29쪽.

언술의 집합체를 이루는데 이것이 곧 담론이다.[31]

담론은 단순히 현실을 반영하는 것이 아니다. 오히려 우리의 현실 지각이 담론에 의해 결정된다. 다시 말해 담론이 우리가 지각하는 현실을 결정하는 것이다. 우리가 현실을 경험하고 이해하고 사유하려면 담론과 담론의 사고 구조를 사용할 수밖에 없다. 푸코는 이러한 담론의 역할을 설명하기 위해 에피스테메epistēmē, 곧 "특정 역사적 시기에 유통되는 일단의 지식과 인식 체계"라는 개념을 발전시킨다.[32] 이런 의미에서 담론은 개인에게 외재하여 "일개 인간의 영향력이나 통제력이 미치지 못하는 곳에 존재하고 있으며 자기 자신만의 운동에너지와 운동 법칙을 가지고 작동한다"고 할 수 있다.[33] 이는 마치 앞에서 언급한 뒤르켐의 '대상으로서의 사회' 개념과 유사하다. 지식인이 담론을 만들었으나 담론은 결국 개인에 외재하며 개인들을 통제하고 모양 짓는다. 예를 들어, 외모, 성인병, 공부, 인종, 남녀에 대한 담론 등을 생각해보면 된다. 물론 담론은 다시 언술되거나 변경될 수 있다. 그러나 이것은 누구나 할 수 있는 것이 아니다. 전문가로 분류되는 권위를 가진 자, 푸코에 따르면 권력자에 의해서만 가능하다. 우리는 이러한 관계를 통해 담론은 권력에 의해 지속되며 권력은 담론을 통해 행사되고 유지된다는 것을 알 수 있다.

푸코의 이러한 분석은 그의 저서 《성의 역사—제1권 지식의 의지Histoire de la Sexualité. I–La Volonté de Savoir》에서 잘 설명된다. 여기서 그는 생체 권력bio-

---

31 Ibid., 110쪽.

32 Ibid., 65쪽.

33 Ibid., 65쪽.

power이라는 개념을 설명하는데, 이것은 근대국가들이 인구 및 출산율 조사, 유행병 연구, 성적 일탈 등에 관심을 가지고 이와 관련된 각종 전문가, 지식, 담론 들을 급격히 증가시키면서 산출된 권력이다. 이 전문가 집단들은 지식을 형성하고 그 지식을 사용해 소위 정상과 비정상(변태)의 경계선을 정하며, 이를 통해 개인에 대한 훈육과 감시와 통제를 가동시킨다. 그리하여 성은 사적 영역에 속한 것이 아니라 정치적, 통계적, 교육적 대상과 주제가 되었다.[34] 성을 이렇게 볼 때 "생체 권력은 섹슈얼리티와 욕망을 검열하는 것이 아니라 이들을 동원한다. … 오히려 성과 섹슈얼리티를 통해서 권력이 작동한다는 점에서 그것들은 권력의 매체이다".[35] 권력이 성과 관련된 지식과 담론을 통하여 성을 억압한다는 상식과는 달리 오히려 권력은 지식과 담론을 통해 개인들—정상이든 비정상이든—을 훈육, 감시함으로써 통제한다는 것이다. 푸코는 이와 같이 일상적이고 미시적인 영역에서 권력, 지식, 담론의 작동 방식을 분석해냄으로써 현 질서의 모순을 지적하고 억압과 폭력에 저항하였다.

라캉은 위에서 언급한 후기구조주의자들과는 달리 다소 특이하게 정신분석학에 근거한 이론가이다. 그는 프로이트로 돌아가자는 선언과 함께 매우 독특한 이론 세계를 가지고 활동하였다. 여기서는 본 연구 주제와 관련해 '우리의 욕망은 타자의 욕망 혹은 대타자의 욕망이다'라는 라캉의 주장을 살펴볼 것이다. 먼저 우리의 욕망은 타자의 욕망이라는 말의 의미부터 살펴보자. 이것은 유아와 어머니의 관계에서 기원한다. 유

---

34 필립 스미스, 215~216쪽.

35 Ibid., 216쪽.

아는 자신의 욕구를 어머니라는 대상을 통해 표출하고 충족받는다. 그런데 유아는 자신의 쾌락과 만족을 위해 자신의 욕구 이상으로 어머니에게 요구한다. 라캉은 이것을 욕망이라고 한다. 이 욕망은 어머니가 완전히 충족시켜줄 수 있는 것이 결코 아니다. 그럼에도 불구하고 유아는 이 욕망의 성취를 위해 어머니를 완전히 사로잡거나 소유하길 원한다. 어머니를 사로잡기 위해 유아는 어머니가 욕망하는 모든 것이 되고자 갈망하고, 이를 위해 어머니의 욕망을 욕망한다. 유아가 어머니의 욕망을 욕망함으로써 어머니의 욕망을 구현하게 되면, 유아는 어머니에게 욕망의 대상이 되고 그로 인해 어머니는 유아에게 관심을 갖게 된다. 유아는 결국 어머니를 소유하게 되는 것이다.[36] 어머니와의 이러한 대상관계는 이후 유아가 성인이 되어서도 동일하게 작동된다. 개인들은 자신의 욕망 성취를 위해 타인을 사로잡거나 소유하길 원한다. 타인을 향한 이러한 욕망으로 인해 개인은—유아 때 형성된 방식에 따라—타인의 욕망을 욕망한다. 이러한 태도가 지속되는 한 그는 타인의 욕망에 종속되고, 타인의 관점과 기대가 반영된 사회적 산물이 된다. 진정한 자신의 욕구가 아닌 타인 혹은 타인들의 집합체인 사회의 욕망을 욕망하는 삶을 살아가는 것이다.[37] 물론 그 결과로 개인은 사회가 원하는 것이 된다.

이와 관련된 쉬운 예가 인정 욕구이다. 유아는 성인이 되면서 타자에게 인정받기를 욕망한다. 타자의 인정을 받으려면 타자의 욕망을 욕망

---

36 스테판 미첼·마가렛 블랙, 335~336쪽. 이때 그 아이가 욕망하는 것 그리고 어머니가 찾는 것이 바로 상상적 남근(phallus, 팔루스)이다.

37 Ibid., 337쪽.

하여 그것을 실현하면 된다. 다시 말해, 타자의 관점이나 기대를 스스로 욕망하여 그것을 이루면 타자에게 인정을 받게 되는 것이다. 그러는 사이 자신의 진정한 욕구나 관심은 이차적인 것이 되거나 사라지게 된다. 남은 것은 단지 타자 혹은 타자의 집합체인 사회가 원하는 것을 원하는 종속된 자아뿐이다.

한편 라캉의 '욕망은 대타자의 욕망'이라는 명제는 일차적 대타자라 할 수 있는 어머니 외에 이차적 대타자인 상징계(넓은 의미로는 사회) 혹은 언어와 관련된 욕망과 관련이 있다.[38] 이 욕망은 유아가 오이디푸스기(3~5세경)를 지나면서 발생된다. 오이디푸스기 이전의 유아는 어머니에게만 몰두하면서 욕구와 충족을 해소하고 살아간다. 그러나 오이디푸스기에 이르면 아버지의 법을 만난다. 아버지의 법은 유아에게 금지를 명하고 처벌을 암시하면서 유아에게 어머니에 대한 집착을 끊을 것을 요구한다. 유아는 계속 어머니에게 집착하기를 원하나 그럴 경우 아버지에게 상징적 거세를 받을 위협에 처한다. 결국 유아는 어머니에 대한 욕망을 끊고 아버지의 법을 받아들이기로 결정한다. 이제 유아는 아버지의 법, 질서, 권위, 규범을 수용한다. 그리고 이 아버지의 법은 실상 사회의 법, 사회의 질서이다. 라캉에게 이러한 법과 질서의 세계는 상징계 또는 언어이다.[39] 이제 유아는 아들 혹은 딸 혹은 자녀라는 상징적 기표를 갖게 된다. 다시 말해 상징계 혹은 언어가 그를 아들, 딸, 혹은 자

---

38 라캉에게 대타자는 단지 상징계나 언어만 의미하지 않는다. 주체에게 의미, 욕망, 위치를 부여하는 모든 것이 대타자라 할 수 있다.

39 숀 호머, 《라캉 읽기》, 김서영 옮김(은행나무, 2006), 65쪽.

녀로 호명하는 것이고 유아는 그것을 부여받는 것이다. 그리고 이제 그는 자신을 아들, 딸, 혹은 자녀로 인식하면서 상징계 안에 자리 잡는다.

상징계 안에서도 유아 혹은 개인은 욕망을 충족시키고자 한다. 이 욕망은 무엇보다도 어머니와의 분리를 겪으면서 갖게 된 결여에서 비롯된 욕망이다. 어머니와 환상 속에서(상상계에서) 가져왔던 욕망을 타의 반 자의 반으로 금지당한 유아는 욕망의 빈자리를 가지고 상징계에 진입하여 그 결여를 채울 수 있는 대상을 찾는다. 상징계는 많은 욕망의 기표들을 갖고 있다. 즉 이 결여를 채워줄 수 있는 것처럼 보이는 많은 대상을 갖고 있는 것이다. 돈, 아파트, 옷, 명예, 지위, 학위, 성, 권력 등이 그것이다. 라캉은 이들을 '환상 대상 a'라고 칭한다. 그러나 이들은 결코 그 결여의 자리를 채울 수 없다. 그 결여는 상징계의 그 어떤 것으로도 채워질 수 없는 원초적이고 근본적인 결여이기 때문이다. 그럼에도 불구하고 개인들은 하나의 환상 대상에서 다른 환상 대상으로 옮겨가면서 결여를 채우려 노력한다. 그리고 이것을 지속하는 한 그는 상징계에 종속될 수밖에 없다. 한 사회의 상징계(혹은 대타자)가 부리고 있는 욕망의 기표들을 획득하기 위해 그는 끊임없이 그 기표를 얻는 방법, 곧 그 사회가 정한 방법을 수용하고 좇는 것이다.

이상의 이론들에서 살펴보았듯이, 사회는 여러 경로를 통해 사회를 자연화, 이상화하고, 당연하고 익숙한 것으로 만들어 자신의 존재를 유지한다. 이 이론은 사회가 스스로를 정당화하는 방법과 개인들이 사회에 종속되는 원인을 독해해낸다. 사회를 당연한 것으로 인식하지 않는 것, 혹은 개인이 사회에 종속되는 원인들을 분석하는 것은 개인으로 하여금 사회와 개인의 관계를 기존의 방식대로 보지 않게 만드는데, 이는 사회의 변화 가능성을 모색하는 통로가 될 수 있다. 물론 후기구조주의 이론가들이 구체적이고 역동적인 사회변혁 이론을 제시하지는 않는다. 그러나 이런 이론들은 기존의 사회를 해체시킬 수 있다는 점에서 변혁 지향적이라 할 수 있다. 사회 개혁 이론이나 모델을 제시하지는 않았어도 기존의 질서와 권위에 대한 독특한 독해와 분석을 통해 사회 변화의 가능성을 제시했기 때문이다. '다르게 보기'는 다르게 생각하고 다르게 행동할 수 있는 기반이 된다.

결론: '사회종교학'과 '하나님종교학'

개인은 왜 자신을 억압하고 자유를 제약하는 사회에 종속되는가? 이를 다시 정신분석학적으로 서술하면, 왜 개인은 스스로 자기 자신을 사회에 종속시키는가? 본 연구는 사회와 개인의 관계를 신과 신도의 관계로 설명한 뒤르켐의 이론을 시작으로 위의 물음들에 답하였다. 이러한 물음의 배경에는 기독교사회학적 연구 동기가 있다. 사회로의 종속이 아닌 하나님에게 예속되는 개인이 되는 것, 또한 사회가 주인이 아닌 하나님이 주인이 되는 삶을 사는 것이 기독교의 기본 진리인데 오늘날 오히려 반대의 현상이 발생하고 있기 때문이다. 많은 기독교인들이 세상의 가치를 숭배하고 욕망하며 좇는다. 라캉의 논리대로라면 결코 세상의 기표(환상 대상a)는 개인들의 욕망을 충족시켜줄 수 없다. 그런데도 불구하고 개인들은 욕망 속에서 끊임없이 한 기표에서 다른 기표로 이동한다. 이런 상황에서 사회를 숭배하고 사회에 종속되는 '사회 종교'

는 지속될 수밖에 없다. 결국 기독교 신앙의 보다 바른 정립을 위해서는 '사회 종교'보다는 '하나님 종교', '사회 숭배'보다는 '하나님 숭배', '사회 종속'보다는 '하나님 종속'이 필요하다. 물론 이 글의 목적이 '하나님종교학'—이러한 용어가 가능하다면—을 소개하거나 정립하는 것은 아니다. 그리고 이것은 기독교사회학 분야에서보다는 신학 영역에서 실행될 목표이다. 종교사회학 혹은 기독교사회학의 영역에서는 '사회 종교' 현상과 그 역할을 분석하는 것만으로도 충분하다. 이러한 작업은 사회가 현행대로 형성되고 유지되는 원인을 분석하여 그것을 해체시키기 때문에 사회변혁의 시발점이 될 수 있다. 그러나 지면의 한계로 인해 여기서는 단지 이를 개괄적으로 소개하는 데서 그친다. 앞으로 보다 깊고 많은 양의 연구 활동이 수행되어야 한다. 바로 이것이 '사회종교학'에 대한 기독교사회학의 과제이다.

5.
감정은 이성의 시녀가 아니다:
감정의 문화사회학

들어가는 말

미국의 경제 잡지 《포춘Fortune》지가 선정한 세계 100대 기업 중 50개가 넘는 기업을 대상으로 경영 컨설팅을 해온 클로테르 라파이유Clotaire Rapaille는 그의 책 《컬처 코드The Culture Code》에서 자동차 회사 크라이슬러 Chrysler에 대한 자문과 관련하여 다음과 같은 기록을 남겼다.

미국인은 자동차에서 무엇을 기대할까? 이런 질문을 하면 여러 가지 답변을 듣게 된다. 그중에는 최고의 안전성과 뛰어난 연비, 핸들링, 그리고 선회력 따위가 있다. 나는 이런 답은 하나도 믿지 않는다. 그 이유는 컬처 코드의 첫 번째 원칙 때문이다. 이 원칙에 따르면 사람들의 진심을 이해하기 위해서는 그들의 말을 무시하는 것이 유일한 방법이다. 그렇다고 해서 사람들이 일부러 거짓말을 한다거나 자신의 의사를 정확하게 표현하지 못한다는 뜻은 아니다. … 이러한 행동은 일부러 속이려고 그러는 것이 아니라, 질문에 답할 때 감정이나 본능보다 지성을 관장하는 대뇌피질이 먼저 작용하기 때문이다.[1]

이러한 인식하에 라파이유는 이성적 접근을 지양하고 감정적 접근을 시도한다. 그는 "중요한 것은 운전자와 자동차의 관계, 운전 경험과 그에 따른 감정의 관계였다"라고 말하면서 차에 대한 소비자들의 체험과 감정을 조사하였다. 이 조사를 토대로 하여 만들어진 차가 피티 크루저PT Cruiser이고 이 차는 "상업적으로 큰 성공을 거두게 되었다".[2] 라파이유의 주장의 요지는, 소비자들이 차를 선택할 때 결정적으로 작용하는 요소는 연비, 안전성, 핸들링과 같은 이성적 요소가 아니라 자동차에 대한 경험, 감정, 느낌 등과 같은 감정적 요소라는 것이다.

이러한 현상은 물품 소비에서뿐만 아니라 다양한 사회 활동 및 인간 관계에서도 나타난다. 학생이나 신입 직원 선발을 위한 면접을 예로 들어보자. 면접에서는 첫인상이 매우 중요하다. 첫인상에서 느껴지는 호감 혹은 비호감이 지원자 평가에 많은 영향을 미친다. 물론 면접관들은 감정보다는 이성에 근거하여 학업이나 실무 능력을 평가해 나가지만 면접 도중 접하게 되는 어투와 태도는 물론 출신 지역, 출신 학교, 가족 배경, 종교, 지인 관계 등이 판단에 영향을 주게 된다.[3] 이런 이유로 회사

---

1   클로테르 라파이유, 《컬처 코드》, 김상철·김정수 옮김(리더스북, 2007), 31쪽.
2   Ibid., 34쪽.

는 지원자의 인적 사항을 면접관들이 알지 못하도록 제한하기도 한다.

개인 혹은 사회 활동에서 감정이 이성 못지않은, 때로는 이성을 넘어서는 위치를 가지고 있음에도 불구하고 감정은 이성에 비해 학문적으로 적절하게 대우받지 못하였다. 여기에는 단순한 무관심이나 소홀을 넘어 의도적인 측면도 있었다. 감정은 이성이 잘 발달되지 않았을 때 돌출되는 것이고 따라서 이성이 충분히 발현된다면 감정은 문제가 되지 않을 것이라는 인식이 있는 것이다. 이처럼 감정을 부차적 범주에 놓고 이성을 우위에 놓으며 감정은 이성에 의해 통제되고 제어되어야 한다고 보는 시각은 계몽주의 이후 발전한 이성 중심의 근대적 사고의 결과이다. 그러나 인간은 이성과 감정을 동시에 가지고 있는 존재이며, 때때로 감정이 이성을 지배하기도 한다. 따라서 온전한 관점을 가지려면 이성과 감정을 균형 있게 다루어 이성에 경도된 사유 방식의 문제점을 개선하여야 한다.

더구나 포스트모더니즘의 시대를 맞아 이성 중심의 근대성이 그 정당성을 의심받게 되면서, 철학계나 사회학계 안에서 그간의 태도를 자아 비판적으로 성찰하고 있다. 예를 들어 서양 철학은 "나는 생각한다 고로 존재한다Cogito, ergo sum"라는 르네 데카르트René Descartes의 명제에 근거해 인간 존재의 토대를 이성적 사유에 고정시켜버렸다. 그리고 이러한 사조는 이마누엘 칸트에 와서 더욱 견고해진다.[4] 사회학도 초기부터

3　이를 방지하기 위해 기업이나 학교의 면접관들은 자신들의 평가 성향을 진단받기도 하는데, 이 과정을 통해 '기본적 귀인 오류', '정서적 오류', '후광 오류', '첫인상 효과', '관대화 오류' 등의 유무 및 강도를 진단받는다.

4　잭 바버렛,《감정의 거시사회학》, 박형신 옮김(일신사, 2007), 66~67쪽.

막스 베버의 합리성 이론에 근거하여 감정을 이성과 대립되는 비합리적 요소로 범주화하였다.[5] 주류 철학과 사회학의 이러한 입장은 근대 내내 변하지 않는 근본적 관점이었다. 의도적으로 감정을 중요하게 취급한 지크문트 프로이트도 감정을 이드Id의 일부로 보면서 초자아의 명령에 따라 자아가 통제하거나 조정해야 하는 대상으로 간주했다.[6] 그러나 포스트모더니즘의 관점에서 이러한 입장들이 재고되면서 사회학과 철학에서 감정이 가지는 위치가 적극적으로 재탐색되기 시작하였다. 이제 이성 우위의 사유는 재고되고 비판받아야 한다. 물론 감정에 대한 이론 역시—그간 학문적으로 소외된 상태로 남겨져 있었기에 충분히 개진되지 않은 관계로—문제점들이 존재해 비판의 대상이 되고 있다. 그러나 이성과 견줄 만한 연구가 실행되면 감정은 이성과 함께 인간의 사고와 행위를 분석하는 중요한 이론적 준거가 될 것이고, 이때 균형 있는 시각과 평가가 실현될 수 있을 것이다.

이 글은 감정, 감성, 정서와 같은 주제에 관심을 두는 새로운 문화 담론을 제시하기 위해 기반을 준비하는 이론적 시도이다. 이 연구를 통해 감정이 개인과 공동체적 삶에서 차지하는 위치와 힘을 보여주고자 한다. 이러한 시도는 특별히 문화사회학Cultural Sociology에서 주장되는데, 이 학파는 기존의 문화사회학Sociology of Culture의 입장과 상이하게 문화의 자율성과 독립성을 강조하며, 문화의 개념에 신념, 가치, 상징, 언어 등은 물론 정서, 감정까지도 포함시킨다.[7] 그리고 이 감정의 문제를 연구하

---

5   Ibid., 71~74쪽.

6   Ibid., 69쪽.

기 위하여 정신분석학을 비롯한 여러 분야를 연구 주제로 수용한다. 이 글은 이러한 문화사회학의 입장을 수용하여 감정을 문화의 중요한 요소로 간주하고, 이 입장을 정신분석학, 상징적 상호작용론, 뒤르켐주의 문화이론에 근거해서 살펴보고자 한다. 또한 감정에 대한 기독교적 입장도 고찰해볼 것이다.

자아와 주체

우리는 일반적으로 자아를 이성적이고 안정적이며 자기동일성이 있어 어느 정도 통일성을 갖춘 것으로 생각한다. 그리고 우리는 이런 자아를 '나'라고 인식하며 살고 있다. 이러한 사고는 크게 다음 두 가지 사상에서 근거했다고 볼 수 있다. 먼저 17세기 철학자 르네 데카르트의 제1명제, '나는 생각한다 고로 존재한다'이다. 이 명제는 인간의 이성적 차원과 의식적 차원을 부각시키며 그 위에 인간을 위치시킨다. 생각하고 의심한 결과, 분명히 확신할 수 있는 것은 결국 생각하는 내가 존재한다는 것이다. 데카르트는 자신이 세운 이 '확실성'에 근거하여 자신과 세상에 대한 모든 인식을 시작한다. 유럽의 철학적 전통은 데카르트의 이러한 코기토 명제에서 기인되었다고 할 수 있다. 계몽과 근대의 후예인

---

7 이 문화사회학은 미국의 사회학자 제프리 알렉산더와 필립 스미스가 주도하고 있는데 관련 내용은 다음의 책들에 잘 설명되어 있다. 필립 스미스, 《문화 이론》, 한국문화사회학회 옮김(이학사, 2008); 제프리 C. 알렉산더, 《사회적 삶의 의미》, 박선웅 옮김(한울, 2007)

우리들도 이 명제에 근거해 자아의 이성적, 의식적 차원의 중요성을 받아들이며 살고 있다.

자아에 대한 또 다른 사상은 지크문트 프로이트의 정신분석학에서 찾아볼 수 있다. 프로이트는 연구 후기에 정신의 위상학을 설정하는데, 곧 초자아, 자아, 이드이다. 이미 잘 알려져 있듯이 이드는 리비도Libido의 욕동들이 잠복해 있다가 분출을 탐색하는 영역이며, 초자아는 이러한 욕동들이 추구하는 바와는 다른 사회적 도덕과 질서들이 자리 잡은 곳이다. 프로이트에 따르면 자아는 이같이 상반되고 충돌하는 이드와 초자아의 활동을 조절하고 관장하는 주체이다. 흔히 묘사하는 것처럼 서로 다른 곳으로 달리려는 두 마리 말을 몰아야 하는 마부가 자아인 것이다. 여기서 자아 강화의 필요성이 대두된다. 무의식에 바탕을 둔 이드와 사회적 가치들의 대변인인 초자아 간의 대결을 조화롭게 조종하면서 안정적이고 통일된 상태를 유지하기 위해서는 자아의 강화가 필수적이라는 것이다. 프로이트의 추종자들은 자아가 성장 과정을 거치면서 교육, 문화, 상담 등을 통해 강화되면 개인은 이드의 충동 속에서도 초자아의 지시에 따라 안정되고 통일성 있는 삶을 유지할 수 있다고 믿었다.

그러나 이러한 자아의 이성적, 의식적 차원이 자크 라캉에 이르면 비판과 거부의 대상이 된다. 라캉 외에도 이미 구조주의와 후기구조주의자들은 더 이상 그러한 자아 개념을 받아들이지 않는다. 필립 스미스는 이러한 흐름을 다음과 같이 요약한다.

주권적 개인이라는 관념은 르네상스의 사고를 그 기원으로 하며 계몽의 시대를 거쳐 지속된 바 있는데, 이에 의하면 인간의 행위는 합리성과 자발성으로 특징지어진다. … (그러나 후기구조주의에서) 욕망, 동기 그리고 인간 주체에 대한 개념들은 자유의지와 합리적 사고가 아니라 특수한 담론으로 부터 비롯된 것임이 폭로된다. 게다가 자아의 여러 차원은 종종 모순적이고, 파편적이며 혹은 불완전한 것으로 간주된다. 그러한 인식을 통하여 다시 일원적이고 주권적인 행위자라는 관념은 공격당한다.[8]

라캉은 후기구조주의의 입장에서 자아의 기존 개념을 분석한다. 그의 분석은 먼저 데카르트에 대한 철학적 비판에서 시작한다.[9] 라캉에 따르면 데카르트의 제1명제의 가장 큰 모순은 의식의 선험성과 절대성에 대한 주장이다. 데카르트는 자신의 존재를 자신이 생각한다는 사실에 근거해 확정했는데, 그렇다면 이때 생각하는 나는 누구인가? 생각하는 나를 생각하기 위해서는 어떤 전제된 주체, 곧 생각하는 나를 생각하는 나가 필요하다. 라캉에 의하면 데카르트에게는 이 전제된 주체가 생략되어 있다. 데카르트는 이 주체 없이 단지 생각하고 있는 나를 근거해 존재에 대한 의식을 확정한 것이다. 이런 데카르트의 주장에 대해 라캉은 '나는 생각한다고 생각한다'는 말과 함께, 내가 생각하고 있다는 의식은 내가 생각하고 있기 때문에 발생한 의식이 아니라 내가 생각하고 있다고 생각하는 주체가 있기 때문이라고 지적한다.[10]

라캉은 이를 그의 거울단계 이론을 통해 설명하는데, 우리는 거울을

---

8   스미스, 204~205쪽.

9   숀 호머, 《라캉 읽기》, 김서영 옮김(은행나무, 2009), 125~127쪽.

10   이러한 비판은 일찍이 마르틴 하이데거Martin Heidegger에 의해 제기되었고, 프리드리히 니체Friedrich Nietzsche 역시 이런 비판에 합세하였다. 니체에 따르면, '나는 생각한다 고로 존재한다'

볼 때 거울에 비친 나를 쉽게 나라고 생각하지만, 실은 거울에 비친 나를 나라고 생각하는 내가 실제 나이다. 오히려 거울에 비친 나는 단지 거울에 비친 상이나 이미지일 뿐이고, 이 상이나 이미지는 실제 나와는 다른 나로, 단지 보이는 나이다. 그러나 우리는 흔히 거울에 비친 나를 나, 곧 자아라고 생각하며 살아간다.[11] 이때 나(자아)를 보고 있는 나(주체)는 '사라진다'. 마치 데카르트의 제1명제에서 주체가 사라졌듯이 말이다.[12]

라캉에게 이 거울은 단지 물리적 거울일 뿐만 아니라 우리 주위에 있는 사람들이기도 하다. 유아기 때 거울은 주로 어머니와 아버지이고 점차 그 대상이 주위 사람들까지 확장된다. 우리는 부모와 주위 사람들의 얼굴과 표현(곧, 거울)에 비친 나를 보고 그것을 나(자아)라고 생각한다. 마치 물리적 거울에 비친 모습을 보고 그것이 자신이라고 생각하듯이 부모의 얼굴이나 태도(예를 들어, 사랑스럽다는 반응)에 나타난 자신의 모습을 보고 그것을 자신(나는 사랑스러운 존재)이라고 인식한다. 이 자아는 물론 이상화된 '거짓' 자아이다.

라캉은 이어 또 다른 거울을 언급하는데 곧 언어이다. 구조주의와 라캉의 정신분석학에서 언어는 매우 중요한 의미를 갖는다. 우리는 언어

라는 생각은 '문법의 환상'이 가져온 결과이다. "'나는 생각한다'고 하려니 '생각한다'라는 말의 주어가 있어야" 하고, "따라서 '생각한다'의 주어인 '나'는 존재해야만 한다"는 생각이 나오게 된 것이다. 김석, 《프로이트 & 라캉》(김영사, 2010), 122~123쪽; 이진경, 《철학과 굴뚝청소부》(그린비, 2005), 245쪽.

11 호머, 53~57쪽.

12 주체가 실제의 나지만 불행하게도 우리는 실제의 나를 완전히 알 수 없다. 그것은 언어 혹은 거울이 나를 완전히 보여줄 수 있는 대상이 아니기 때문이다. 실제의 나는 언어나 거울이 말해줄 수 있는 정도까지만 보인다. 이런 의미에서 라캉은 주체를 '빗금 쳐진' 주체(S)로 표기한다.

안에서 태어나고 언어에 의해 구성된다. 언어 없이 혹은 언어를 넘어서서 세상과 자신을 인식하기는 힘들기 때문에 일반적으로 우리의 인식은 언어의 한계 안에 머무르고 우리는 언어를 통해 세상과 자신을 파악한다. 예를 들어, 부모나 주위 사람들이 우리에게 하는 말들, "귀엽다", "똑똑하다", "잘했다", "너는 우리 집안의 장남이다", "서울 사람이다", "남자다" 등을 통해 우리는 자신의 모습과 정체성을 형성한다. 그러나 이것은 언어 세계(라캉의 용어로는 상징계)가 만들어준 '나'이며, 라캉의 표현에 따르면 이는 빗금 쳐진 주체(\$), 곧 언어 세계에 의해 관통당하면서 구성된 주체에 불과하다.[13] 이 주체는 단지 언어의 산물인 것이다.

안정되고 통합된 자아에 대한 라캉의 철학적 비판은 자아심리학ego psychology 비판에 의해 더욱 고양된다. 프로이트의 위상학 구조(자아, 이드, 초자아)는 후에 그의 딸 안나 프로이트Anna Freud에 의해 자아를 강화하는 방향으로 발전하였다. 이러한 전향은 자아의 강화가 무의식의 이드를 조정할 수 있다는 사고를 반영하고 있다. 이 같은 자아 중심적 사고가 미국으로 건너가 미국인들의 적극적이고 실용적인 성향에 조응하여 발전하면서 하르트만Heinz Hartmann을 중심으로 자아심리학이 발달하였다.[14] 이러한 움직임 때문에 무의식을 중심으로 하는 프로이트의 심층심리학이 자아를 강화시키는 방향으로 전환되었다.

라캉은 이러한 시도가 개인들이 현실에 잘 적응하고 성공하도록 만

---

13   호머, 84~88쪽.

14   이러한 움직임은 이후 미국의 심리학 발전에 큰 영향을 끼쳤는데, 이러한 흐름을 타고 기독교계에서도 소위 적극적 사고방식, 긍정의 심리학 등과 같은 미국산 심리 운동들이 발생하게 되었다.

들기 위해 고안된 변질된 정신분석학이라고 생각하였고, 이러한 자아 중심적 사고나 자아의 기능 강화는 프로이트의 원래 목적이 아니라고 보았다. 라캉은 자아심리학자들의 입장보다는 무의식과 이드의 주도권에 관심을 두고 그것들을 심층적으로 연구한 멜라니 클라인의 입장에 더 동조하였다.[15]

결국 라캉은 자아에 대한 이러한 철학적, 정신분석학적 비판을 통하여 우리가 '나'라고 생각하고 있는 것이 실은 타자라는 거울(혹은 언어나 상징계)에 의해 비춰지고 관통된 거짓 자아 혹은 이상적 자아라고 주장한다. 또한 자아심리학의 주장을 비판적으로 분석하면서, 안정되고 일관성을 지닌 통합된 자아라는 개념은 이상화된 자아 이미지에 불과하다는 것을 지적한 후 그것을 해체시킨다. 대신 그는 무의식의 주체, 욕망의 주체를 제안한다.[16] 우리는 이성적 주체, 의식상에서 사유하고 행동하는 주체가 아니라 무의식과 욕망에 의해 수시로 통제되는 불완전하고 모순적이고 충동적인 주체, 곧 감정과 욕망의 주체라는 것이다. 우리는 무의식이나 욕망 없이는 온전히 설명되지 않는 대상이며 그것들에게서 자유롭지도 못한 주체이다.[17]

물론 라캉은 이성과 의식을 부정하지 않는다. 다만 이것들은 거울에

---

15 클라인은 유아 및 아동 시절의 정신분석을 놀이 치료를 통해 수행하면서, 이 시기의 무의식, 충동, 불안, 환상 등에 대해 연구하였다. 이러한 연구 방향은 안나 프로이트의 연구와 갈등을 겪게 되었고 두 입장 간의 첨예한 대결이 조성되었다. 이에 대한 내용은 한나 시걸의 《멜라니 클라인》(이재훈 옮김, 한국심리치료연구소, 1999)을 참조하라.

16 호머, 139~141쪽.

17 주체가 이같이 무의식이나 욕망에 묶여 있을 수밖에 없는 이유는 유아기의 자아가 성장하면서

비친 '내'가 '내'가 아니듯이 자신을 왜곡시켜 보여줄 수 있다. 우리가 거울 안에 나타난 상이 자신이라고 상상하며 동일시하듯이 이성과 의식은 자아를 특정한 것으로 상정하면서 상정된 자아를 자기와 동일시한다. 이런 상상적 동일시 작업을 보면서 라캉은 상상계의 존재와 작동을 추적하게 된다. 그리고 이 상상계와 연결되어 작동하는 상징계의 위상과 역할을 연구한다.[18]

이상에서 보았듯이 라캉은 데카르트의 인식의 오류, 자아심리학의 정신 위상학의 왜곡을 넘어서면서 자아, 곧 주체 문제에 도달한다. 이 주체는 이성과 인식의 주체이기도 하지만 무의식과 감정의 주체이기도 하다. 반드시 라캉을 언급하지 않더라도 우리는 일상에서 수시로 그리고 강력하게 무의식과 감정에 이끌리는 타인과 자신을 발견하게 된다. 자동차 구입이나 면접관 활동은 단지 그중 하나의 예에 불과하다. 무의식이나 감정이 이성이나 의식 못지않게 중요한 이유가 여기에 있으며, 감정이 사회학적으로 또한 철학적으로 재평가되면서 감정에 대한 보다 깊은 연구의 필요성이 커지는 이유도 여기에 있다.

겪게 되는 대상과의 관계 그리고 언어와의 관계 때문이다. 이에 대한 설명은 지면의 한계상 생략할 수밖에 없어 참고 자료를 소개하는 것으로 대신하고자 한다. 숀 호머, 4장; 김석,《프로이트 & 라캉》(김영사, 2010), 2장; 김형효,《구조주의 사유체계와 사상》(인간사랑, 2008), 4장.

18　김석,《에크리》(살림, 2007), 152쪽, 155쪽.

미시사회학에서의 감정

우리는 지금까지 우리의 자아가 이성적이고 안정적이며 일관성 있는 합리적 자아가 아니라 수시로 무의식과 감정에 의해 파편화되고 불완전하고 일관성이 없는 모순적인 존재라는 주장을 살펴보았다. 이제는 이런 자아가 구체적으로 실제 상황에서 어떻게 작동하는지, 무의식이나 욕망에 의해 어떻게 움직이는지 살펴보고자 한다. 이를 보여주는 여러 이론들이 있지만 대표적인 연구로 미시사회학자 어빙 고프먼Erving Goffman의 이론을 살펴보고자 한다.[19]

고프먼은 20세기 가장 뛰어난 상징적 상호작용 이론가이다. 그의 이론은 연극모형론이라고 명명된다. 그에 따르면 이 세상은 무대이다. 그리고 우리는 배우인 동시에 서로에게 관객이기도 하다. 사람들은 상징을 통하여 의미를 주고받으면서 상호작용한다. 상징은 옷, 책, 반지, 십자가와 같은 물질적인 것도 있고 표정, 제스처, 언어와 같이 비물질적인

---

[19]　미시사회학은 집단 내의 개인들 사이에 작동하는 상호 역학 관계를 연구하는 학문 분야다. 이를 위해 사람들을 대상으로 여러 실험을 하는 것이 특징이다. 예를 들어, 미국의 사회심리학자 필립 짐바르도Phillip Zimbardo는 '상황의 힘'이라는 실험을 수행했다. 면접관이 우리 나라에서 가정을 이끄는 가장이 누구냐고 묻는다. 함께 면접 보는 다른 4명이 모두 "여성"이라고 먼저 답한다. 나는 뭐라고 대답할까? 이어 두 번째 질문, 타조와 거위 중 누가 빨리 달리느냐고 묻는다. 나는 눈치를 살핀다. 이때 4명 모두 "거위"라고 한다. "그럼 나의 대답은? 거위라고 답할 확률이 70%이다." 유재하, 〈상황을 바꾸는 마력 혹은 매력〉,《중앙일보》(2010.10.9), 35면. 짐바르도는 스탠퍼드 대학에 모의 교도소를 설치하여 수행한 실험 연구를 토대로 2004년 이라크 아부그라이브 포로수용소에서 발생한 학대 사건의 원인을 분석한 학자이다. 그는 자신의 책《루시퍼 이펙트》(이충호·임지원 옮김, 웅진지식하우스, 2007)에서 어떻게 선량하고 이성적인 시민이던 어린 청년들이 포로수용소에서 가학적 행위를 일삼는 악인으로 돌변했는지를 분석하고 있다.

것도 있다. 고프먼은 사람들이 세상이라는 무대 위에서 연극을 하는 이유와 그 과정을 자세히 설명하는데, 특히 그의 책《스티그마*Stigma*》와《자아표현과 인상관리*The Presentation of Self in Everyday Life*》에 이를 상세히 서술하였다. 이제 이 책들을 중심으로 연극모형론에 대해 살펴보자.

고프먼은 우리가 사는 세상 대부분이 연극 무대라고 말한다.[20] 세상이라는 무대에 들어서면 우리는 타인들, 곧 관객들을 만난다. 이 타인들은 우리에게 역할 기대라는 것을 하게 되는데, 이때 우리는 일반적으로 이러한 기대에 부응하고자 한다.[21] 고프먼은 이 역할 기대와 관련해 두 가지 용어를 사용한다. 바로 가상적 사회정체성virtual social identity과 실제적 사회정체성actual social identity이다. 가상적 사회정체성은 타인들이 우리에게 기대하거나 요구하는 개인적 범주나 속성이다. 예를 들어, 교인들이 목회자에게 기대하거나 요구하는 정체성이나 역할이 가상적 사회정체성이다. 이 정체성은 목회자 개인이 <u>스스로</u> 형성한 정체성이 아니라 사회적으로 이미 구성되어 목회자에게 부여되는 정체성이다. 교인들은 이 정체성에 근거해 목회자의 행동, 사고, 관계성 등을 예상, 기대하기도 하고 판단하기도 한다. 이에 비해 실제적 사회정체성은 그 개인이 실질적으로 지니고 있다고 확인되는 범주와 속성이다.[22]

문제는 이 두 정체성 사이에서 발생하는 차이이다. 이 두 정체성 간의 차이가 없거나 있어도 미미하다면 문제가 발생하지 않으나, 만일 그렇

---

20   어빙 고프먼,《자아표현과 인상관리》, 김병서 옮김(경문사, 1987), 49쪽.

21   Ibid., 16쪽.

22   어빙 고프먼,《스티그마》, 윤선길·정기현 옮김(한신대학교출판부, 2009), 15쪽.

지 않다면 그 차이의 정도만큼 해당 개인은 오점, 즉 스티그마를 갖게 된다. 그리고 이 스티그마가 심화되면 낙인rebelling 작업이 진행된다. 예를 들어, 교인들이 목회자에게 기대하거나 예상하는 가상적 사회정체성이 A인데, 그 목회자의 실제적 사회정체성이 B라면, 그 성직자는 B−A만큼 스티그마를 가질 가능성이 있는 것이다.

고프먼은 여기서 불명예자와 잠재적 불명예자를 구분한다. 불명예자는 이 차이가 타인들에게 드러나 이미 오명을 받고 있거나 받은 사람이고, 잠재적 불명예자는 그 차이가 주위 사람들에게 드러나지 않아 아직 스티그마를 갖지는 않았지만 그렇게 될 가능성을 잠재적으로 가지고 있는 사람이다.[23]

일반적으로 스티그마를 갖는다는 것은 수치이자 고통이며 두려움이다. 특히 의미 있는 타자significant others에게 받는 스티그마는 더욱 그렇다. 따라서 잠재적 불명예자는 불안 속에서 스티그마를 피하고자 한다. 이를 위해 그는 정보 관리 혹은 인상 관리 작업에 들어간다. 자신의 실제적 사회정체성이 대인 접촉을 통해 드러나지 않게 하기 위해 자신을 은폐 혹은 위장(연극)하려 한다.[24] 이때 종종 필요한 소품을 사용하는데, 그 소품은 의복과 같은 물질적인 것들도 있고, 표정, 어투, 학위, 출신, 특별한 지식이나 기술과 같은 비물질적인 것들도 있다. 이 모두 상징에 속하는 것들이다.

이러한 상징의 활용은 익명의 타자들과 만나는 공간(예를 들어 길거리

---

23 Ibid., 17쪽.

24 Ibid., 71~72쪽, 113~160쪽.

나 객지)보다는 그 개인의 준거집단(직장이나 고향 마을)에서 더욱 활성화된다. 다시 말해, 개인은 익명의 집단에서는 두 정체성 간의 차이나 그로 인해 받을 수 있는 스티그마에 대해 별로 불안해하지 않으며, 설령 차이가 드러나도 크게 수치스러워하지 않는다. 그러나 의미 있는 타자들과의 관계에서는 다르다. 예를 들어, 목회자에게 의미 있는 타자는 교인들인데, 이런 타자들과 함께 하는 시공간에서 목회자는 정보 관리 및 인상 관리에 보다 많은 신경을 쓴다.

이런 이유로 개인은 의미 있는 타자들과 함께 있던 시공간을 떠나면 해방감과 평안을 느끼게 된다. 카를 융Carl Jung의 용어를 빌리면, 사람들은 이때 페르소나persona를 벗기 때문이다. 이때는 정보 및 인상 관리의 필요성이나 부담감에서 벗어나기 때문에 실제적 사회정체성이 드러날까 봐 염려하지 않아도 된다. 물론 예기치 않게 그곳에서 의미 있는 타자와 조우할 수도 있다. 이때 그는 다시 페르소나를 쓰고 '연극'을 시작하려고 할 것이다.

고프먼은 세상의 모든 시공간이 무대라고 보지는 않았다. 그는 이면 구역을 언급하였는데,[25] 이면 구역이란 바로 의미 있는 타자가 부재하는 구역을 칭한다. 그러나 이면 구역이 사람이 없거나, 있어도 전혀 낯선 사람들만 있는 곳을 의미하는 것은 아니다. 아는 사람들이 있더라도 동일한 직급, 직위, 신분 등의 사람들만 있다면 그곳도 이면 구역이다. 예를 들어 회사의 여러 직급이 함께 있는 자리라면 이면 구역일 수 없다. 그러나 선임이나 후임이 떠난 후 동기들만 남았을 때 그곳은 이면 구역이

---

25 Ibid., 125~126쪽.

된다. 이들은 조금 전과 달리 필요 없는 페르소나를 벗어버리고 자유와 평안함을 느낀다. 이면 구역에서도 모든 페르소나를 완전히 벗어버리는 것은 불가능하지만, 이전보다는 한결 자유로울 수 있다. 물론 상급자가 다시 들어온다면 이곳은 다시 이면 구역에서 무대로 변하고 사람들은 벗어놓은 페르소나를 다시 써야 한다.[26]

스티그마를 두려워하며 정보 및 인상 관리에 들어가는 개인들의 모습 속에서 우리는 불안, 수치감, 두려움, 공포 등과 같은 감정들이 개인의 삶에서 얼마나 큰 영향을 미치는지 알 수 있다. 사람들은 이러한 고통스러운 감정들을 피하기 위하여, 벗으면 해방감을 느낄 페르소나를 계속 쓰고 무대 위에서 연극을 하고 있는 것이다. 우리는 지금이라도 페르소나를 모두 벗어버릴 수 있다. 그러나 대부분의 사람들은 그렇게 하지 않는다. 페르소나를 벗었을 때 갖게 될 것으로 예상되는 수치, 낙인, 손가락질, 소외에 대한 두려움, 불안, 낙심, 자괴감 등이 뒤에서 기다리고 있기 때문이다. 그리하여 우리는 가상적 사회정체성에 부응하고 다른 사람들의 시선과 기대에 조응하며 살아가고 있는 것이다.

물론 이러한 반응은 사람들에 따라 격차가 있을 수 있다. 타자의 시선과 기대에 의존하는 사람이 있는가 하면 그와 달리 독립적이고 자율적인 사람들이 있다. 그러나 타자의 시선에서 완전히 독립적일 수는 없다. 또한 한 영역에서는 독립적으로 보이나 다른 영역에서는 그렇지 않을 수 있다. 예를 들어 예의나 규범을 무시하는 조직폭력배가 우리에게는 타인의 시선에서 자유로운 독립적 존재로 보일지 모르지만 조직폭력배

---

26 고프먼, 《자아표현과 인상관리》, 35쪽.

의 세계 안에서 그는 다른 조직원의 시선과 기대에 매우 의존적일 수 있다. 우리 주변에서도 어떤 부분에서는 독립적이지만 다른 부분에서는 타인의 시선이나 기대에 좌우되는 개인들을 볼 수 있다.

한편 고프먼의 이론이 개인적 차이를 떠나 모든 사람들에게 잘 적용되는 문화권이 있는데, 바로 수치 문화권이다. 제2차 세계대전이 끝나기 전의 일본을 연구한 문화인류학자 루스 베니딕트Ruth Benedict는 동양의 문화적 특성을 수치, 서양의 문화적 특성을 죄책감이라고 보았다.[27] 유교적 배경을 가진 동양 문화권에서 자란 우리는 어렸을 때부터 끊임없이 수치나 창피를 피해야 한다고 배워왔다. 이러한 문화권에서 성장한 개인들은 수치에 민감하게 반응할 수밖에 없다. 따라서 동양 문화권에 속한 사람들은 수치, 그로 인한 고통, 불안, 두려움을 피하기 위하여 페르소나를 사용할 가능성이 더욱 높다. 이것은 우리 사회에서 정보 및 인상 관리가 더욱 강력하게 일어날 수 있고, 이런 관리를 위해 '연극'이 시공간에 걸쳐 광범위하게 실행되고 있음을 의미한다. 물론 동양 문화에도 죄책감이 있고 서양에도 수치가 있다. 그러나 동양에서 더욱 강력한 문화적 코드는 수치라는 감정이다. 수치를 피하기 위하여 우리는 때로 비합리적이고 비이성적인 사고와 행위를 수행하기도 한다. 다시 말해, 합리적이고 이성적인 일임에도 불구하고 수치를 피하기 위해 행하지 않는가 하면, 비합리적이고 비이성적임에도 불구하고 수치를 피하기 위해 수행한다. 수치나 창피라는 감정이 이성과 합리성을 묵과하거나 방치하는 것이다. 흥미롭게도 이 같은 행위는—어렸을 때부터 그러

27　루스 베니딕트, 《국화와 칼》, 김윤식·오인석 옮김(을유문화사, 2008), 295~298쪽.

한 방식으로 반복적으로 양육되었기에—우리 안에서 거의 무의식적으로 수행된다.

한 가지 지적할 점은, 서양 문화에서 죄책감은 주로 자기 양심과의 관계 혹은 신神과의 관계에서 발생한다는 것이다. 이런 이유로 서양에서 죄책감은 사회적 관계에서보다는 개인적, 심리적 관계에서 보다 잘 설명된다. 그래서 타인들이 괜찮다고 해도 본인 스스로 죄스럽다고 느낄 수 있고, 이로 인해 스스로 수치를 느낄 수 있다. 또 그와 반대로 타인들이 죄라고 하여도 본인(의 양심)이 문제가 없다고 생각하면 죄책감이나 수치를 느끼지 않는다. 이와 달리 동양 문화의 수치심은 일반적으로 타인들의 시선이나 관계를 전제로 한다. 그래서 타인들이 있을 때 수치심을 느끼는 것이다. 이런 문화권에서 중요한 것은 타인들이 알게 되는가 아닌가의 여부이다. 설령 잘못된 일을 하였더라도 타인들이 알지 못한다면 큰 문제가 되지 않는다. 반면 조그만 문제라도 사람들이 알게 될 것이라고 생각하면 잘못을 저지르지 않으려 한다. 심지어 옳은 일이라고 생각해도 수치를 감수해야 할 상황이라면 그 일을 하지 않기도 한다. 이만큼 수치는 타인과의 관계, 곧 사회적 관계 안에서 발생한다. 이 때문에 감정의 사회적 중요성은 동양 문화권에서 보다 분명하며, 그래서 더욱 관심과 연구가 필요한 주제이다.

거시사회학과 감정

지금까지 미시사회학에서 감정을 다루었다면 이제는 거시사회학에서 감정의 위치와 영향력을 연구해보자. 이와 관련된 이론은 여러 가지다.[28] 그중, 이 논문은 뒤르켐주의 문화이론, 특히 이 글 서두에서 언급한 알렉산더와 스미스의 이론에 근거해 감정의 문제를 고찰하고자 한다. 에밀 뒤르켐은 공동체의 도덕이나 질서처럼 이성적이고 논리적인 것이 실은 감정적 차원의 과정을 거치면서 구성되었다는 것을 명확히 보여주었는데, 이러한 뒤르켐의 이론을 현대사회에 적용하여 감정의 영향력을 파악한 학파가 뒤르켐주의 문화이론가들이다. 물론 뒤르켐주의 문화이론가들이 감정의 문제만 중요하게 다룬 것은 아니었다. 그러나 이들은 다른 사회학파들이 감정의 문제에 소홀하였던 것과는 달리 감정의 중요성을 파악하고 그 역할에 주목하였던 사람들이다.

뒤르켐은 사회 통합에 관심을 가졌고, 이를 가능하게 해주는 것으로 도덕과 질서의 중요성을 피력했다. 그는 이것을 보여주기 위해 호주 아룬타 부족의 토템 종교를 분석하였는데, 이 연구에서 그는 도덕과 질서가 집합 행위, 특히 집합 흥분에서 유래된다고 보았다. 예를 들어, 토템 예배 의식을 수행하는 동안 공동체의 구성원들은 집합 흥분을 하며 이를 통해 집합 표현을 하고, 그 결과 집합 의식을 공유하게 된다. 이 집합 의식은 중요한 결과를 낳는데, 바로 집단의 목표와 이상은 귀중하고 성스럽게 여겨지는 반면 상대적으로 개인의 관심과 목적은 부차적이거나

---

[28] 예를 들어, 바로 위에서 언급한 무의식을 다시 집단 차원에서 언급한 카를 융의 집단 무의식이 있다. 집단 무의식은 무의식의 한 부분으로, 개인 무의식이 유아 시절부터 형성된 것을 근거로 한다면, 집단 무의식은 개인의 경험을 초월한 한 집단의 역사. 조상의 경험과 의식이 쌓여 공통의 정신적 바탕이 된 것을 의미한다. 이러한 집단 무의식은 그 집단의 신화, 전설, 민담 등의 분석을 통해 발견된다.

속적인 것으로 인식된다는 것이다. 이러한 토템 제의를 통해 공동체의 가치, 존재 이유, 도덕, 목표, 이상들은 다시 한 번 구성원들에게 중요한 것으로 인식되며, 이런 제의를 주기적으로 반복함으로써 이 집단은 통합과 유지를 이룬다.

이러한 뒤르켐의 이론을 현대사회에 적용한 학자가 로버트 벨라이다. 그는 매우 개인적이며 다양한 미국 사회가 어떻게 통합을 이루어 거대한 하나의 집단으로 존재할 수 있는지를 분석하였다. 그의 연구에 따르면 미국 사회에도 아룬타 부족에서처럼 여러 종류의 의례가 존재하였고 이 의례를 통해 사람들이 집합 행위를 수행하였다. 예를 들어, 미국 역사상 사회 통합이 가장 긴요하게 요청되었던 시기에 구성원들이 함께 모여 집합 행위를 함으로써, 미국 사회는 당면한 위기에서 벗어나 새로운 통합의 길로 나아갈 수 있었다는 것이다. 벨라는 대표적인 사례로 조지 워싱턴George Washington과 토머스 제퍼슨Thomas Jefferson이 이끈 독립운동, 에이브러햄 링컨Abraham Lincoln과 남북전쟁, 존 F. 케네디Jhon F. Kennedy와 쿠바 사태 등을 들었다. 집합 행위는 오늘날 미국에서도 현충일, 독립기념일, 추수감사절 등에 수행된다. 이러한 의례를 통해 개인주의적인 미국인이 국가의 공동체적 이상, 목표, 가치, 존재 이유를 성스럽게 인식하면서 이 성스러운 것들을 중심으로 통합되는 것이다. 벨라는 이러한 현상을 시민종교라고 명명하였다.[29]

뒤르켐주의 문화이론은 뒤르켐의 의례 연구와 벨라의 시민종교론을

---

29   시민종교에 대한 보다 자세한 내용은 Robert N. Bellah, *Beyond Belief*(New York : Haper & Row, 1976) 9장을 보라.

따르고 있지만 연구 방법은 더욱 다채롭고 연구 대상은 보다 폭넓다. 뒤르켐과 벨라의 이론뿐만 아니라 레비스트로스의 성과 속의 이항대립, 페르디낭 드 소쉬르의 기호학, 빅터 터너Victor Turner의 역치 및 코뮤니타스, 모리스 알박스의 집합 기억, 에드워드 쉴즈의 성스러운 중심 등을 주요 이론 틀로 활용한다. 또한 이들은 벨라와 달리 현대사회에서 일어나는 다양한 사회 사건들을 연구 분석의 대상으로 삼는다. 예를 들어, 2001년 9월 11일 뉴욕에서 발생한 9·11 테러 사건과 이에 대항하는 미국 사회의 집합 행위를 분석하기도 하고, 1972년 6월에 발생한 워터게이트 사건에 대한 미국 시민들의 대항 행위를 연구하기도 한다. 이러한 정치적 사건뿐만 아니라 사회적 사건 사고도 다루는데, 예를 들어 1991년 3월 미국 로스앤젤레스에서 백인 경찰들이 흑인 운전자를 폭행한 로드니 킹 사건 분석도 그중 하나이다. 이 사건은 로스앤젤레스에서 인종차별 문제를 부각시켰고 결국 흑인들의 격앙된 감정으로 인해 로스앤젤레스 폭동이 발생하였다.

이제 이러한 사건들을 분석하면서 감정의 역할과 영향력에 대해 살펴보자. 이 사건들은 일반적으로 초기에 다음 두 가지 형태를 보인다. 첫째, 사건의 의미와 성격이 정확하게 규명되지 않는다. 따라서 사람들은 해당 사건에 대한 분명한 인식, 판단, 대응을 하지도 않고 할 수도 없다. 이런 이유로 초기에 이 사건들의 기호는 간단하다. 워터게이트 사건 역시 종국에는 리처드 닉슨Richard Nixon 대통령이 퇴임하는 결과까지 발생했으나 초기에는 그 의미나 성격이 분명하지 않아 사건 발생 후 1년이 지난 시점까지 사건의 중요성이 부각되지 않았다. 기호의 내용도 간단하여, 워터게이트는 공화당 사건 관련자들이 워싱턴 워터게이트 호텔에 있는 민주당 본부를 불법 침입한 사건이라는 기호를 가지고 있었다. 그러나 이후 이 기호는 미국의 '성스러운 중심'인 민주주의, 헌법, 정직 등을 위협하거나 오염시킨 사건이라는 기호로 발전하였고, 사건은 파국으로 치닫게 되었다.[30]

두 번째 형태는 9·11 테러나 로드니 킹 사건처럼 초기부터 사건의 의미나 성격이 분명하게 윤곽을 드러내는 경우이다. 따라서 기호가 나타내는 의미도 뚜렷하고 사람들의 판단과 대응도 보다 분명하고 신속하다. 물론 이 경우도 초기에 사건의 의미나 성격이 완전히 형성되는 것은 아니다. 사건 이후 전개되는 여러 사태들이 사건의 의미와 성격을 변화시키거나 강화시킨다.[31]

이 사건들이 사회적 영향력을 극대화할 수 있는 단계는—첫 번째 형태든 두 번째 형태든—사건 발생 이후 사건 관련자들의 발언이나 행동, 대중매체의 활동, 관련 단체(정부 혹은 비정부 단체)의 반응 등으로 인해 사건이 전개되어 나가면서 이항대립이 구축되었을 때이다. 알렉산더와 스미스는 이러한 사건에서 이항대립은 필연적이라고 본다.[32] 여기서 이항대립은 성과 속의 이항대립이다. 이항대립이 발생했다는 것은 이미이 사회에서 해당 사건과 관련하여 성과 속(혹은 선과 악)의 분리가 일어나고, 이 분리를 근거로 갈등이 유발되기 시작했다는 것을 의미한다. 워터게이트 경우 미국 전역에서 이 사건과 관련하여 집합 흥분, 집합 표

---

30 알렉산더, 351~352쪽.

31 최종렬 엮고 옮김, 《뒤르케임주의 문화사회학》(이학사, 2007), 156~161쪽.

32 알렉산더, 78쪽.

현, 집합 의식이 나타났다.[33] 결국 이 상태에서 미국의 핵심적인 가치, 신념, 목적들(민주주의, 헌법, 정직, 책임성, 정의 등)이 성스러운 위치에 올라서고, 이것들을 위협하고 오염시키는 것들은 속적인 것으로 전락한다. 그리고 성스러운 것들을 지키고 보호하기 위해 속적인 것들은 제거되거나 정화되어야 한다고 여겨진다. 이때 미국 사회는 다른 어떤 때보다도 '도덕 공동체'(혹은 '종교 공동체')의 모습을 띤다. 성을 위협하는 속으로부터 성을 지키기 위하여 속을 제거 혹은 정화시키려 하는, 마치 헌신적인 신앙인의 태도와 유사하다. 아래의 분류 체계는 워터게이트 사건 때 형성된 이항대립 분류 체계이다.[34] 여기서 성의 항에 속한 것들은 쉴즈가 언급한 성스러운 중심에 해당된다.

〈워터게이트 사건의 분류 체계〉

속/악	성/선
무단 침입자	FBI
전 미국 검사 존 미첼	특별검사 아치볼드 콕스
대통령 최측근	어빈, 와이커, 베이커 의원
경찰	평화시위자들
공산주의/파시즘	민주주의
범죄	법
부패	정직
개인주의	책임감

---

33 이러한 상황은 2008년 미국산 소고기 수입 반대 촛불집회를 상기하면 쉽게 이해할 수 있다. 이에 대해서는 잠시 후 다시 언급하고자 한다.

34 이 표는 알렉산더의 논문에 나타난 두 개의 표를 필자가 이 글의 목적에 맞게 하나로 통합한 것이다. 원래 표들에 대해서는 알렉산더, 349쪽을 보라.

여기서 중요한 것은 사람들이 성과 속의 이항대립에 단순히 이성적으로만 접근하지는 않는다는 것이다. 인식과 함께 감정의 문제도 개입된다. 성스러운 것에 대해서는 외경, 존중 혹은 적어도 호감을 갖는 반면 속에 대해서는 분노, 반대, 거부감을 갖는다. 이런 이유로 인해 사람들은 성스러운 중심을 위협하거나 오염시키는 속에 대해 강한 분노와 혐오를 품게 되고 이를 집단적으로 표출하게 된다. 이런 집합 흥분과 집합 표현이 수행되면서 사람들은 집합 의식 안으로 묶이고, 이 집합 의식의 통합된 힘을 근거로 하여 사람들은 문제 사항이나 인물을 제거하거나 정화하려 한다. 설령 제거나 격리까지 수행하지 못하더라도 이러한 집합 행위는 사회 구성원들에게 공동체의 핵심 가치, 신념, 이상을 재확인시켜 이를 중심으로 구성원들을 재통합시키고 재각성시킨다.

이제 이 이론을 한국 사회에서 일어난 두 가지 사건에 비추어 분석해 보자. 하나는 숭례문 전소 사건이고 다른 하나는 미국산 소고기 수입 반대 촛불집회이다.[35] 두 사건 모두 집합 행위와 관련된 사건인데 굳이 두 사건을 구분하고자 하면 전자는 사회 통합적이고 후자는 사회 변혁적이다. 그리고 전자는 사건 초기부터 사건의 성격이나 의미가 어느 정도 분명한 사건이었고 후자는 그렇지 않았다. 그러나 사건 이후 여러 상황들이 전개되면서 사건들의 의미와 성격은 강화되거나 변화되기 시작하였다. 그리하여 정신이상 증세를 가진 한 사람이 국보 1호에 불을 지른 숭례문 전소 사건이 민족, 얼, 자존심, 국치, 애국심 등과 같은 한국 사회의 중요 가치 및 신념과 관련된 사건으로 발전하였고, 정치적, 경제적 사건

---

35 이 두 사건에 대한 보다 자세한 분석은 이 책 6장과 7장을 참조하라.

이었던 미국산 소고기 수입 체결이 생명, 행복, 가족, 건강, 주권, 미래와 같은 문화적인 핵심 가치와 신념과 관련된 사건으로 확대, 발전하였다. 그리고 그 발전과 전환의 중심에 이항대립의 형성이 있었다.

숭례문의 경우, 초기 이항대립에서는 숭례문이 성의 영역에, 방화범이 속의 영역에 속했다. 그러나 시간이 지나면서 성의 영역에는 민족, 역사, 유산, 얼, 전통 등이 자리를 잡아갔고, 속의 영역에는 방화범이나 숭례문 관리 책임 부서 외에도 민족과 역사에 소홀하게 된 원인으로 지목된 경제 발전, 물질주의, 향락주의, 개인주의 등이 도마에 올랐다. 속적인 것으로 인해 성이 위협받았다고 생각한 사람들은 성에 대해서는 추모의 마음을 가졌고, 속에 대해서는 비판의 날을 세웠다. 수많은 사람들이 숭례문 앞이나 인터넷상에서 집단 표현을 수행하였고, 그 결과 민족, 역사, 얼 등과 같은 한국 사회의 중요한 가치들이 숭례문이라는 '토템'을 통하여 구성원들에게 생생하게 재확인되었다. 또한 이는 사회 통합에 기여하였다.

촛불집회의 경우 이항대립은 보다 분명히 드러났다. 이는 숭례문 사태와 달리 불만과 갈등이 심화되었다는 의미이고 감정 대립과 해소 욕구가 강력하였다는 뜻이다. 촛불집회의 이항대립은 다음과 같이 분류될 수 있다.

〈2008년 미국산 소고기 수입 반대 촛불집회 분류 체계〉

속	성
미국산 소고기 수입 결정	수입 철회
경제/무역	생명/건강/가족
독단	주권 재민
이명박 정부	촛불 집회
소고기 협상 대표자들	온·오프라인 집회 리더들(예: '안단테')
'조중동'/'네이버'	'아고라'/'다음'
경찰	평화시위자들

사람들은 성스러운 중심을 위협하는 속에 대해 집단적으로 분노를 표출하였으며 이러한 반감은 6월 10일 전국적으로 100만여 명이 모인 촛불시위로 이어졌다. 이 집합 행위에 대해 이명박 정부는 폭넓게 운신할 수 없었으며 집합 감정이 수그러들기를 기다릴 뿐이었다. 이 집합 행위를 통해 미국산 소고기 수입이 원천적으로 금지되지는 않았지만 검역, 통관, 원산지 표시 등이 강화되었다. 또한 이 집회 이후 정부는 유사한 일에 대해 이전과 다른 태도를 취하게 되었다. 그해 10월에 발생한 중국산 멜라민 사건에 대한 정부의 신속한 대응은 촛불집회의 집합 경험의 결과였다.

이상에서 살펴보았듯이, 뒤르켐주의 문화이론은 거시 사회 영역에서 감정이 이성이나 지식 못지않게 그 역할과 영향력이 매우 중대함을 잘 지적해준다. 집단 열광, 집단 감정 등의 집합 행위는 오늘날 세계 도처에서 나타나는 현상들이며, 반드시 갈등 상황에서만 표출되는 것이 아니라 숭례문 사건이나 월드컵 응원에서처럼 사회 통합적 차원에서도 나타난다. 감정의 위상이나 역할을 간과하고는 사회현상을 충실하게 이해하거나 분석할 수 없다. 이러한 사실을 감안할 때 감정의 위치를 고려하지 않는 이론이나 연구는 미시적 차원에서든 거시적 차원에서든 불충분한 것일 수밖에 없다. 이제 우리는 이전과 달리 감정에 새롭게 접근하여 그것에 합당한 위치와 힘을 부여하고 인정해야 한다. 이렇게 될 때 우리의 학문적 태도는 보다 온전하고 충실해질 것이다. 한 대학의 인문학 연구소의 글은 이를 다음과 같이 표현한다.

> 감정은 지금까지 철학이 의도적으로 무관심하거나 소홀히 다루어온 영역입니다. 감정은 합리적 이성에 의해서 제어되고 조종되어야 할 저급한 범주로 홀대받아온 것도 사실입니다. 하지만 감정은 이성의 적도 시녀도 아닙니다. 오히려 감정은 합리적 오성의 판단 준거를 무너뜨려 재구성하기도 합니다. 때론 감정이 이성을 지배합니다. 인간의 감정을 외면한 철학과 사회학은 '반쪽 인문학'일 수밖에 없습니다.[36]

기독교적 함의 및 결론

기독교학에서 감정의 위치와 영향력은 어떻게 숙고되고 있는가? 최근 인문, 사회과학에서 일고 있는 감정의 재평가에 대해 기독교는 어떤 반응을 보이는가? 불행히도 이에 대한 기독교학계의 반응은 미미하다. 감정의 위치와 힘에 대한 고려 역시 낮다. 기독교 철학, 조직신학, 성서학, 기독교 역사, 기독교 윤리, 기독교 교육, 종교사회학 등의 영역에서 감

---

[36] http://www.ikdk.net/germania-text.html (2010.10.20 검색).

정의 문제는 크게 부각되지 않으며, 다만 실천신학인 목회 상담학과 목회학 정도만 예외라 하겠다. 상담학은 본디 감정과 무의식의 문제를 다루는 분야라 그러하고 목회학은 찬양, 교회 건물, 공동체 훈련, 전도, 예배 등에서 감정의 문제를 다루기 때문에 그렇다.[37] 그러나 이런 감성 지향적 목회학은 다분히 교회의 성장과 관련된 공리주의적 접근에 치우치는 경향이 있다. 단순히 효용이나 성과의 가치를 넘어 감성의 가치와 영향력을 객관적으로 사고하는 것이 필요하다.

감정의 문제가 개인 간의 미시적 차원뿐만 아니라 사회의 거시적 차원에까지 파급 효과를 미친다면, 그리고 심지어는 한 개인의 자기 이해 혹은 자기 정체성 형성에까지 영향을 미친다면 기독교학계는 여기에 관심을 가지고 학문적 분석을 시도하여야 한다. 그러나 기독교학이 이러한 감정의 활동, 무의식의 활동에 어떤 방법으로 접근해야 할지 모를 수 있다. 이것은 그동안 기독교학계에서 감정이나 무의식을 적극적으로 연구하지 않았기에 축적된 연구나 방법론이 부족하기 때문일 것이다. 다행히 철학계, 사회학계 그리고 인지과학과 의학계(특히 뇌의학)의 감정과 관련된 여러 이론들이 문헌을 통해 기독교에 소개되고 있으며, 몇몇 신학자들이 이러한 연구 결과들을 활용해 자신들의 연구 주제를 확장시키고 있다. 보다 적극적으로 실행되고 권장되어야 할 사항이다.

오늘날 현대사회는 감정의 시대로 접어들었다. 사회 여러 부분에서 감정의 차원이 고려되고 있다. 정치, 경제, 교육, 대중문화, 기술 등의 영

---

37 이에 대해서는 레너드 스위트의 《영성과 감성을 하나로 묶는 미래교회》(김영래 옮김, 좋은씨앗, 2002)를 참조하라.

역이 감정의 차원을 받아들이고 있으며, 이로 인해 사람들은 감정으로 자극받고 감정적으로 반응한다. 여기에는 긍정적인 면도 있고 부정적인 면도 있다. 이러한 측면들에 대해 바르게 알기 위하여 그리고 적절하게 대응하기 위하여 교회와 기독교는 감정의 위상과 힘을 인지하고 이에 대해 연구해야 한다. 교회와 기독교는 사회 내에 존재한다. 따라서 우리는 교회 존재의 장場인 사회와 그 장의 구성원인 개인들을 바르게 이해하고 적절하게 접근해야 한다. 우리는 또한 세상을 변화시켜야 하는 문화적 사명이 있고, 개인 구원의 사명도 있다. 이 모든 일을 효과적으로 수행하기 위해서는 감정, 무의식 등과 같은 주제도 고찰해야 하고 필요한 방법론과 연구 결과들도 가지고 있어야 한다. 이것은 단지 외부 사회만을 위해 필요한 것은 아니다. 교회 내의 활동을 위해서도, 또한 기독교학 자체를 위해서도 필요하다. 감정의 위상이나 역할을 경시하는 교회나 기독교학(신학)은 오늘날 사회, 교회, 개인들을 이해하는 데 있어하나의 중요한 차원을 결여하고 있는 것이다.

감정은 이성의 적도 시녀도 아니다. 그럼에도 불구하고 일반적으로 그렇게 인정되고 취급되어왔다. 그러다 보니 감정의 가치는 제대로 인정받지 못했다. 그러나 이제 감정은 그 위치와 영향력에 상응하는 관심을 받아야 한다. 물론 감정이 이성보다 우월하거나 강력하다고 단순화시키면 안 된다. 균형 있는 시각과 대처가 필요하다. 이 글이 이러한 시각과 대처를 촉구할 수 있다면 이 연구의 의의는 달성된 것이라고 본다.

사건의 문화사회학

6.
개인은 왜 사회에 종속되는가:
숭례문 전소 사건과 토템 숭배

들어가는 말

미국의 종교사회학자 리처드 펜이 자신의 연구를 통해 제기하고 있는 중요한 질문 중 하나는 바로 '사람들은 왜 사회에 종속되는가' 그리고 '사회는 어떤 과정을 통해 사람들을 구속하는가'이다.[1] 펜은 사회학과 심리학을 자신만의 방식으로 독특하게 활용하면서 이 질문에 대한 대답을 찾는다. 만일 이 질문을 다른 학자들에게 묻는다면 어떤 대답이 돌아올까? 칼 마르크스는 자본, 물신성物神性, 경제적 욕구라는 개념들로 대답할 것이다. 막스 베버는 관료제, 합리주의, 의미를 찾으려는 인간의

---

1   필자가 수학 시 그는 "Why do individuals freely subordinate themselves to society?"라는 물음을 그의 종교사회학 강의의 핵심 질문으로 제시하였다.

욕구라는 개념들을 사용할 것이다. 지크문트 프로이트는 자신의 욕구를 제어하면서 사회에 의탁하여 사회의 보호와 안정감을 획득하려는 인류의 보편적인 신경증의 결과로 해석할 것이다.[2]

에밀 뒤르켐이라면 어떻게 대답할까? 그는 틀림없이 그 사회 안에서 행해지는 의례들을 먼저 살펴볼 것이며, 이 의례를 통해 표출되는 신념들을 분석할 것이다. 그 후 이 신념과 의례에서 초래되는 사회 통합이라는 결과에 주목할 것이며, 이 통합의 과정을 통해 개인들이 사회에 종속되어가는 모습을 논증해 나갈 것이다. 이 글은 뒤르켐의 관점에 근거하여 숭례문 전소 사건에 접근한다. 특히 뒤르켐의 이론을 취합해서 발전시킨 문화사회학이라는 방법론을 통해 해당 사건을 분석한다.

이 글의 주제는 숭례문 전소 사건이 사회 통합 및 사회 구성원들에게 미친 영향과 그 과정에 대한 탐구이다. 이 연구를 통하여 주장하고자 하는 바는 다음과 같다. 2008년 2월 10일에 발생한 숭례문 전소 사건으로 인해 숭례문은 ─적어도 일시적으로─ 당시 한국 사회의 '토템'이 되었으며, 이 토템에 대한 구성원들의 숭배는 이들을 '토템 공동체'로 변모시키는 결과를 초래하였다. 그런데 뒤르켐의 논리에 따르면 이 사건에서 실제로 숭배된 것은 숭례문이라는 토템이 아니고 그 토템이 상징하는 한국 사회 혹은 민족이다. 사회 구성원들은 숭례문 숭배를 통해 한국 사회 혹은 민족을 숭배하면서 그 중요성과 우위성을 다시 한 번 생생하게 인식하게 된 것이다. 이를 통해 사회 공동체는 다시 국가나 민

---

2 이에 대해서는 Sigmund Freud, *Civilization and Its Discontents*, trans. James Strachey (New York : W. W. Norton & Company, 1961) 5장을 참조하라.

족을 중심으로 통합되고, 구성원들은 이 공동체 안에서 자신의 위치를 재확인하게 된다. 개인들은 이러한 과정을 통해 자신이 소속된 공동체에 종속되는 것이다.

숭례문 전소 사건

에밀 뒤르켐은 사회 통합 및 유지에 관심을 가졌다. 그는 사회가 어떻게 가능한지를 문의하였고, 이에 대한 답을 토템을 숭배하는 호주의 아룬타 부족 공동체에서 찾아내었다.[3] 아룬타 부족에게 토템은 성스러운 대상이다. 그런데 뒤르켐이 발견한 흥미로운 사실은 토템 자체가 본질적으로 또는 내재적으로 성스러운 것이 아니라는 것이다.[4] 다시 말해 성스러움의 객관적 요소는 존재하지 않는다. 바로 이것 때문에 객관적으로 볼 때 전혀 성스럽지 않은 쥐, 개구리, 오리 등이 성스러운 토템으로 숭배되는 것이다. 성스러움은 주관적인 것이다. 그것은 한 개인이나 집단에게 귀속되는 주관적 인식과 경험의 결과이다. 그래서 어떤 개인이나 집단에게 성스러운 것이 다른 개인이나 집단에게는 전혀 성스럽지 않을 수 있다. 이것은 모든 사물과 추상적 개념이 성스러운 대상이 될 수 있다는 것을 의미한다. 숭례문도 예외가 아니다.

---

3 이에 대한 연구는 에밀 뒤르켐의 《종교 생활의 원초적 형태》(노치준·민혜숙 옮김, 민영사, 1992)를 보라.

4 "어떤 대상에 입혀지는 성스러운 특징은 그 대상의 고유한 특성들 속에 포함되어 있는 것이 아니다. 성스러운 특성은 그것들에 덧붙여진 것이다." Ibid., 326쪽.

한편, 뒤르켐은 성스러운 토템을 중심으로 행해지는 의례에 주목하였다. 그는 이 토템 예식 안에서 부족원들이 함께 집합 표현, 집합 흥분, 집합 의식을 공유한다는 사실을 발견하였다. 그리고 이런 집합 행위를 통하여 개개 구성원들은 개인의식을 넘어 공동체 의식을 함양하게 되고, 자신보다 공동체를 더 귀중하게 여기게 되며, 결국 공동체의 명령이나 요구에 순응하게 된다.[5] 이러한 과정을 거치면서 공동체는 다시 한 번 연대감을 가지면서 통합, 유지되는 계기를 갖는다. 뒤르켐은 이러한 결론에 도달한 후 결국 토템 숭배에서 실질적으로 숭배되는 것은 토템이 아니라 공동체 곧 사회이고, 따라서 사회는 일종의 '신'이라고 지적하였다.[6]

이러한 관점에 근거해 다음 세 가지 사항에 주목하면서 숭례문 전소 사건을 분석할 필요가 있다. 첫째, 숭례문은 분명 하나의 기호이며, 전소 사건 발생 후 이 기호는 여러 의미를 내포하는 성스러운 상징으로 발전된다. 둘째, 숭례문 전소에 대한 온·오프라인의 참배나 추모는 하나의 의례 행위이며, 이 의례는 집합 표현, 집합 흥분, 집합 의식을 불러일으킨다. 이 과정을 통해 숭례문은 하나의 토템이 된다. 셋째, 이 의례에 참여한 온·오프라인의 참배객들은 모두 이 상징과 연관된 주관적 인식, 의미, 감정, 경험 등을 가지고 있는데, 이 내용은 해석의 대상이 된다.

---

5 뒤르켐은 집합 의례를 통해 "사회는 우리가 자신의 이익을 잊어버리고 사회의 신복이 되기를 요구"한다고 하였으며, 이런 요구에 사람들이 복종하는 이유는 이 의례 안에서 "무엇보다도 사회가 진정한 존경의 대상이기 때문"이라고 하였다. Ibid., 296~297쪽.

6 Ibid., 295~296쪽, 575쪽. 그는 "사회와 그 구성원 사이의 관계는 신과 그 신도들 사이의 관계와 마찬가지"라고 지적하기도 하였다. Ibid., 295~296쪽.

성스러움

2008년 2월 10일 방화에 의해 전소되기 전까지 숭례문은 '성스러운' 대상이 아니었다. 국보 1호였지만 그것은 단지 명목상이었고 숭례문의 존재나 가치는 사람들에게 있어 그에 상응하는 위치를 갖지 못하였다. 심지어 숭례문은 국보 1호로서의 가치가 부족하기 때문에 국보 1호를 다시 지정해야 한다는 주장도 당국이나 학계로부터 심심치 않게 제기되었다.[7] 한편, 화재 사건 이전까지 숭례문은 사람들에게 남대문이라 불렸는데, 남대문은 일제가 숭례문의 위상을 격하시키려고 사용한 이름이었다. 그럼에도 불구하고 해방 후 전소 사건이 발생할 때까지 숭례문이 계속 남대문으로 불렸다는 사실은 사람들의 의식 속에서 숭례문이 차지하고 있는 위치를 잘 보여준다.

그러나 화재 후 숭례문의 위상은 급격한 변화를 맞게 된다. 이전과 비교할 수 없는 존재 가치와 상징성을 사람들에게 부여받는다. 이러한 점은 숭례문 화재 후 사람들이 남긴 수많은 글들에서 끊임없이 발견된다. 한 시인은 〈아! 숭례문〉이라는 글에서 아래와 같이 기록하였다.

> 아! 숭례문/당신이 그렇게 위대한 줄을 당신이 떠난 오늘에야/당신이 그토록 소중한 줄도 그 때는 미처 몰랐지요/당신을 제가 사랑하는 있는 줄도 오늘에사 감지하였습니다/이제 당신의 그 웅장하고 장엄한 모습/한양 600년 역사의 숨결어린 의연한 자태/다시는 보지 못하겠지요.[8]

---

7 "숭례문(崇禮門·남대문·조선 14세기)은 국보 1호로 약하다. 우리 전통문화를 좀 더 확실하게 보여줄 수 있는 문화재로 바꿔야 한다. 국보 1호는 상징적이기 때문이다."〈[국보1호 재지정 논란] "숭례문 상징성 약해" "왜 감사원이?"〉,《동아일보》(2005.11.8).

위의 시처럼 세련된 글은 아니지만 누리꾼들 역시 유사한 생각들을 피력하였다. 다음 글이 그중 하나이다.

다들아시죠?/화재일어나기전엔../그냥 아 저게 숭례문이구나 그냥 도시 한가운데에있구나 그냥 그저그렇게 생각하고있었죠/거의 무관심이랄까나.... 워낙 사람사는게 바쁘니깐말이죠/근데 막상 화재가나니깐 너무 안타깝고 화나고 그런거있죠ㅜㅜ/......./아참 뉴스에서그러던데.... 완벽한 복원은 불가능 하다고하네요.../흑흑 무튼너무슬퍼여/숭례문 지못미ㅜㅜ/조상님 그리고 후손들 볼낯이없네요ㅜㅜㅜ/故숭례문의 명복을빕니다.[9]

이러한 칭송과 숭배는 사건 직후부터 수많은 사람들이 숭례문을 찾아와 마치 돌아가신 조상이나 선조에게 하듯이 묵념, 절, 합장을 하는 참배 모습에서도 드러났다. 숭례문 앞에 흰색 국화가 쌓이기 시작하였고, 사람들은 서울에서뿐만 아니라 전국 각지에서 모여들었으며, 언론은 이를

---

8 황귀선, 〈아! 숭례문〉,《문예운동》(2008년 여름 호), 199쪽. 다른 시인은 다음과 같이 썼다. "저 조선왕조 6백년의 장엄한 솟을대문 아니 이 나라 5천년 역사의 수문장으로 우러러도 우러러도 다 우러를 수 없는 하늘이었다. 하늘보다 더 높은 다락이었다." 이근배, 〈아, 숭례문〉,《문화일보》(2008.2.12). 한 대학교수도 다음과 같은 글을 남겼다. "역사의 굽이치는 물결에 휩쓸려, 사회가 격변하고 인사가 요망해져 시대의 행방이 위급에 처한 때에도 어제나 그제나, 1년 전이나, 10년 전이나 아니 수백 년 전 어느 오늘 같은 날이나 한결같이 한 뜻으로 제자리를 지켜 민족의 중심을 잡아준 숭례문이여…. 그대는 민족의 예지, 남으로 낸 그 커다란 눈과 먼 대양을 향한 가슴을 화알짝 열고 정확한 이해와 예리한 판단과 냉철한 이성으로 세계를 받아 안아 근대의 험난한 파고를 넘어왔나니, 그 악랄한 제국주의의 침탈과 잔혹한 이데올로기의 족쇄에서 우리를 구해내지 않았던가." 오세영, 〈애통하고 애통하도다〉,《국민일보》(2008.2.12).

9 http://cafe.daum.net/manful24/2f8U/674330(2008.11.25 검색).

"시민들 헌화 추모 물결" 혹은 "시민들 애도 행렬"이라는 제목으로 보도하였다.[10] 연령층을 보면 초반에는 성인들이 주로 방문하였으나 시간이 지나면서 어린 학생들도 추모에 참여하기 시작하였다. 이러한 추모 행위는 현장에서뿐만 아니라 온라인에서도 "사이버 애도 물결"로 퍼져나갔다.[11] 숭례문이 불탄 후 첫 주말에는 전국에서 1만여 명이 숭례문을 방문하였다. 이를 보도한 한 신문은 "국보 1호 숭례문 화재 현장은 거대한 장례식장으로 변했다"라고 전하면서 "17일 오전 숭례문 사고 현장 일대는 숭례문을 잃은 씻김굿이 펼쳐지고, 추모 행렬이 이어져 마치 '국장國葬'이 치러지는 현장을 방불케 했다"고 기록하였다.[12]

숭례문이 성스럽게 여겨지게 되었다는 사실은 정부 당국이 굴착기로 화재 현장을 청소하고 일부 잔해를 폐기물 처리장에 폐기하면서 더욱 드러났다. 현장에 있던 시민들의 항의로 이 행위는 중단되었지만, 이 사실이 알려지자 "시민들은 분노했다". "'국상을 맞은 우리가 국보의 흙 한 줌이라도 쓰레기 버리듯 하면 안 된다'고 목소리를 높"이는 시민도 있었고, "'부모님이 돌아가시면 유해를 그냥 버리나'라며 한숨을 내쉬"는 사람도 있었다.[13] 이런 반응들은 숭례문이 성스럽기 때문에 불탄 잔

10　〈참담⋯허탈⋯분개⋯시민들 헌화발길〉, 《한겨레》(2008.2.12); 〈시민들 헌화 추모행렬⋯"아이들 보기가 부끄러워"〉, 《문화일보》(2008.2.12); 〈'지키지 못해 죄송' 시민들 애도 행렬〉, 《한국일보》(2008.2.13).

11　"화재로 소실된 숭례문을 애도하는 시민들의 추모 행렬이 숭례문 앞뿐 아니라 인터넷에서도 연일 계속되고 있다. 사이버 공간에는 화재 나흘만에 수십 개의 숭례문 추모 카페가 생겼고 누리꾼들은 댓글에 '검은 리본(▶◀)'을 달거나 말머리에 '근조'를 붙이는 등 사라진 숭례문에 대한 애도의 마음을 표했다." 〈숭례문 '사이버 애도' 물결〉, 《문화일보》(2008.2.14).

12　〈숭례문 화재 1주, 대구참사 5년〉, 《문화일보》(2008.2.18).

해 역시 성스럽다는 인식의 단편이다. 한 시민은 "'옷깃이 스치기도 황망한 몸, 그 가슴에 굴착기가 웬일입니까'라며 불에 탄 잔해의 신중한 수습을 당부"하기도 했으며, 한 신문은 "숭례문, 잔해도 문화재다. 소중히 보존하라"라는 기사 제목을 달았다.[14]

이같이 화재 사건 이전과는 판이하게 숭례문에 대한 시민들의 마음과 태도가 들끓다보니 오히려 비판을 불러오기도 하였다. 예를 들어 한 시민은 숭례문에 대한 '지나친' 숭배를 언론을 통해 비판하였다.

> 숭례문(남대문)이 소실된 지 10여 일이 지났지만 아직도 국민들의 뇌리엔 600년 국보가 불에 타 무너지는 모습이 생생하게 남아 있다. 그런데 일부 시민들의 숭례문을 문화재 이상으로 숭배하는 듯한 모습은 지나치다. 그리고 우리나라가 마치 문화재를 국민 생활의 최고의 가치로 생각하는 듯한 인상을 줄 정도로 언론 등에서 호들갑을 떨고 있다는 느낌이 든다. 이건 뭔가 숭례문에 대한 국민의 자세가 잘못되었다고 생각한다. 국보 1호가 소실되어서 국민의 마음을 아프게 한 것은 사실이다. 그리고 다시는 원래의 모습과 600년의 숨결을 느낄 수 없게 된 것 또한 슬픈 일이다. 그러나 소실된 자리에 가서 제사를 지내고 굿을 하는 것은 문화재에 대한 국민들의 올

---

13 〈숯덩이 하나도 소중… 굴삭기로 퍼 버리다니…〉,《서울신문》(2008.2.15). "숭례문을 보러 나왔다는 구경서(62·서울 은평구) 씨는 '숭례문에서 나온 자재들을 쓰레기 처리한다는 보도를 보고 깜짝 놀라 달려 나왔다'며 '공무원들이 숭례문 기왓장 하나도 내 몸의 일부분인 것처럼 생각하는 국민들 심정을 왜 모르는지 이해가 안 간다'고 비난했다."〈'숭례문 방화범' 채씨, 시너 붓고 불 붙이는 장면 재연…〉,《문화일보》(2008.2.15).

14 〈"숭례문아, 우리가 꼭 고쳐줄게"〉,《동아일보》(2008.2.16);〈숭례문, 잔해도 문화재다. 소중히 보존하라〉,《문화일보》(2008.2.15).

바른 자세가 아니다. 문화재를 보호하고 보존해야 할 의무는 있지만 지금과 같이 숭배하는 것은 잘못된 것이다. 문화재는 인간도 아니고 그렇다고 신도 아니다. 그런데 그 자리에 제사상을 차리고 사물놀이 등 마치 장례식을 치르는 듯한 모습에서 오히려 숭례문을 문화재가 아닌 어떤 신으로 생각하고 있는 듯한 착각을 일으키게 된다.[15]

한편, 시민들이 숭례문을 귀하고 성스럽게 여기다 보니 한 인터넷 경매 사이트에서 시민들을 대상으로 숭례문 기와를 판매한 사건도 발생하였다. 폐기물 처리장에서 기왓장을 수집했다는 이 경매인은 "'숭례문 기와, 화재로 사라진 우리나라 문화유산을 소유할 마지막 기회'라는 제목의 글"을 통해 숭례문 기와를 "'경매 시작가 50만 원에서 즉시구매가 100만 원에 판매한다'"라고 게시하였다.[16]

이전에는 결코 있지 않았고 또한 있을 수 없었던 숭례문에 대한 이 모든 새로운 인식과 태도는 화재 사건으로 말미암아 숭례문이 '성스러운' 대상으로 한국인들의 의식 속에 떠오른 데서 비롯되었다. 참배와 추모는 이러한 '성화聖化'의 결과이며, 굴착기 항의 사건과 기와 경매 사건도 동일 선상에서 이루어진 현상이다. 숭례문은 이제—에드워드 쉴즈의 용어를 빌리면—성스러운 중심이 되었다.[17] 숭례문 및 숭례문과 연관된

---

15 〈소실된 숭례문에서 제사·굿판 벌이는 것은 자제를〉, 《문화일보》(2008.2.26).

16 〈숭례문 두번 죽이는 '악덕 상술'〉, 《스포츠경향》(2008.2.18); 〈숭례문 기왓장까지 팔아먹겠다니〉, 《국민일보》(2008.2.18).

17 쉴즈에 따르면 모든 사회에는 성스러운 중심이 있다. 이 중심은 지리적 위치가 아니라 그 사회의 중심 가치, 신념, 이상, 질서 등을 의미한다. 공동체는 이 거룩한 근거를 중심으로 기반을 유지하

가치나 의미(예를 들어, 민족, 역사, 문화 등)는 성스럽게 여겨졌고, 당시 그와 대립적인 위치에 있었던 가치나 의미(경제, 물질, 발전 등)는 '속'적인 것으로 부각되고 비판받았다.[18] 이에 대해서는 아래 '가치의 일반화' 분석에서 자세히 다루겠지만, 여기서 우선적으로 지적할 것은 숭례문 전소 사건과 관련해 성과 속의 분류 체계가 형성되기 시작했다는 것, 그리고 그 속적인 것으로부터 성스러운 중심을 지키려는 관심과 시도가 증폭되기 시작하였다는 것이다.

상징의 확장

하나의 사건이 많은 사람들이 관심을 갖고 참여하는 사회운동 혹은— 뒤르켐적 용어를 사용하면—집합 행위로 발전하기 위해서는 문화적 차원의 두 가지 선행 사항이 요청된다. 바로 상징의 확대와 심리적 동일시이다. 먼저 상징의 확대에 대해 알아보자. 사람들은 상징을 통해 상징이 지시하는 대상을 인식하고 이해한다. 따라서 상징은 인식과 의미의 통로이기도 하다. 페르디낭 드 소쉬르와 롤랑 바르트에 따르면 이 상징은 하나의 기호라 할 수 있다. 기호는 기표와 기의로 구성되며, 사람들은 기표를 통해 기호의 대상을 인식하고 기의를 통해 의미를 파악한다.

중요한 것은 한 기표에 여러 기의가 채워질 수 있다는 것이다.[19] 이를

며 구성원들을 통합한다. 필립 스미스, 《문화 이론》, 한국문화사회학회 옮김(이학사, 2008), 153쪽.

18 민족, 역사, 얼 등과 같은 추상적 개념들도 성스러운 대상이 되어 사람들에게 성스럽게 간주되고 취급된다. 뒤르켐은 프랑스 대혁명 기간 동안 "열광의 영향하에서 성격상 순수하게 속된 사물들이 공공 여론에 의해서 성스러운 사물들로 변화되었다. 조국, 자유, 이성이 바로 그것이다"라고 분석하였다. 뒤르켐, 306쪽.

우리는 '기호가 확장되었다' 혹은 '기호가 복잡해졌다'고 칭할 수 있다. 기호가 확장되면 기호의 의미가 더 폭넓어지고 다양해지기 때문에 기호가 지시하는 대상에 대한 사람들의 이해나 관심이 더욱 확대된다. 숭례문에 적용하여 설명하면, 숭례문의 기호가 국보 1호라는 단순한 의미에서 민족, 역사, 자존심과 같은 의미로 확장될 때 숭례문에 대한 사람들의 이해, 관심, 참여가 보다 폭넓게 확대될 수 있다는 것이다. 이제 숭례문의 기호 변화에 대해 살펴보자.

전소 사건 전 숭례문의 기호는 빈약했다. 국보 1호라는 기호도 희미했으며, 사람들에게 숭례문이 아닌 남대문이라고 인식되었고, 심지어는 그저 조선 시대 건축물 또는 교통 및 지리 지표로 인식되었다.[20] 그러나 화재 사건 후 남대문은 숭례문이라는 기호로 완전히 자리 잡았으며, 국보 1호라는 의미는 물론, 계속해서 여러 의미의 확장이 발생하였다. 숭례문에 부여된 가장 두드러진 기의는 민족, 역사, 얼, 혼, 자존심, 대한민국, 정체성 등이었다. 구체적인 자료를 살펴보자.

> 임진왜란·병자호란의 양대 외침外侵과 동족상잔인 6·25의 비극을 겪으면서도 꿋꿋하게 위용을 유지한 민족의 자존심이었다.[21]

19　이것은 바르트의 신화론에서 자세히 언급된다. 그는 이를 기표가 텅 비어 있다고 표현한다. 롤랑 바르트의 《신화론》(정현 옮김, 현대미학사, 1995) 1부를 참조하라.

20　"하지만 다시 한 번 되물어보자. … 서울 시민 가운데 교통 표지로서의 가치 외에 숭례문의 가치와 역사에 대해 조금이라도 관심을 가지고 알고 있는 사람이 몇이나 될까." 〈숭례문 붕괴의 공포〉, 《한국일보》(2008.2.15).

21　〈아, 숭례문!〉, 《서울신문》(2008.2.12).

많은 시민들은 '600년 역사'를 제대로 지키지 못한 안타까움과 죄스러움 때문인지 현장을 쉽게 떠나지 못했다. 숭례문 주위를 맴돌거나 뚫어지게 바라볼 뿐이었다.[22]

다음과 네이버 등 주요 포털 사이트에는 … '단순한 문화재가 아니라 대한민국의 상징물이 사라졌다'는 등 애도의 글이 쏟아지고 있다.[23]

"너무 가슴이 아프다. 국보 1호로서 나라의 얼과 혼을 지닌 보물이 불타 무너졌다. 국민 혼도 함께 무너지는 느낌이었을 것이다."[24]

이 밖에도 기사들은 "숭례문과 함께 우리의 정체성도 타버렸다", "숭례문은 조상의 얼이자 우리 민족의 기백이고 후손의 자존심으로서 단순한 건축물 이상의 상징적 의미를 지니고 있었다"라고 하였다.[25] 기호와 관련하여 특이한 현상들도 발견되었는데, 숭례문은 위에서 언급한 추상적 개념들을 의미할 뿐만 아니라 사람을 지시하기도 하였다. 이에 대해서는 잠시 후 살펴보자. 결론적으로, 숭례문 사건은 단지 국보 1호에 대한 방화 사건이 아니라 이 건물이 상징하는 모든 것들에 대한 '방화' 사건이 되었다. 한 대학교수는 이를 다음과 같이 총평했다.

---

22 〈"지키지 못해 죄송" 시민들 애도 행렬〉, 《한국일보》(2008.2.13).

23 〈화재현장도 온라인도 애도 물결〉, 《세계일보》(2008.2.14).

24 〈국민 혼도 함께 무너지는 느낌이었을 것〉, 《문화일보》(2008.2.16).

25 〈화재현장도 온라인도 애도 물결〉, 《세계일보》(2008.2.14); 〈국보 1호서 禮의 상징으로〉, 《국민일보》(2008.2.29).

숭례문 방화는 한국 사회와 구성원이라는 상징적 정체성에 심각한 위기를 초래한 셈이고 대중의 애도는 이 위기를 극복하기 위한 방책이다. 이처럼 숭례문 방화는 상징계에 대한 '테러'였다. 방화범 채씨가 "문화재가 국가를 대신"하기 때문에 불을 질렀다고 진술한 사실은 그래서 의미심장하다.[26]

위에서 이미 언급하였듯이 기호는 단순할 때보다 확장되었을 때 사람들에게 갖는 접촉점과 흡인력이 더욱 증폭되며, 이때 사람들은 더 쉽게 반응하여 더 많은 관심과 참여를 보이게 되고, 결국 이러한 관심과 참여는 집합 행위가 발생할 가능성을 높인다.

심리적 동일시

상징의 확장처럼 심리적 동일시 역시 사람들의 관심과 참여를 증가시키는 동기가 된다. 심리적 동일시란 사건과 관련이 없는 제삼자가 사건 피해자와 감정적 연대를 형성하는 것을 말한다. 예를 들어 사고로 자녀를 잃은 부모에 대한 대중매체의 보도를 통해 제삼자가 피해자의 부모나 피해 당사자와 심리적 동일시를 이룰 수 있다. 숭례문의 경우, 피해자가 사람이 아니라 물체이기에 심리적 동일시가 불가능하다고 생각할 수 있으나 사실은 그렇지 않다. 사람들은 유아기 때부터 성인이 될 때까지 여러 물건들—예를 들어, 인형, 집, 화초, 수집품, 고향 동네 등—과 감정적 연대감을 나누면서 심리적 동일시를 누린다. 숭례문도 예외가 아니다.

26　이택광, 〈숭례문 현상〉, 《경향신문》(2008.2.21).

숭례문과의 심리적 동일시는 숭례문의 의인화에서 시작되었다. 화재로 전소된 직후 숭례문은 여러 글에서 의인화의 과정을 밟는다. 그리고 이 의인화는 무엇보다도 추모, 애도 현상에서 두드러진다. "故 숭례문의 명복을 빕니다"를 비롯하여, "故 숭례문(남대문).. 우리는 그대를 잊지 못할껍니다..ㅜㅜㅜ."와 같은 숭례문 의인화 글들이 인터넷에 즐비하게 올려져 있었다. 한 문화 예술인은 다음과 같은 글을 신문에 기고하였다.

> 숭례문이 불타던 날 많이 사람이 울었다. 화염 속에서 신음하며 죽어가는 숭례문을 바라볼 때 울지 않을 수 없었다. 마치 임종을 앞둔 한 생명이 마지막 호흡을 힘들게 내뱉는 모습을 보는 것처럼 마음이 아팠다. … 지난 추억 속에서 또는 삶의 현장에서 숭례문과 각별한 인연을 맺어온 사람들이야 저마다의 사연이 있다고 하지만, 어쩌다 한 번 스치듯 보거나 혹은 한 번도 숭례문을 가본 적도 없는 사람조차 가슴이 메어오고 눈물이 핑 돌았다. 아마도 그건 숭례문은 단순한 물질이 아니라 우리가 인식할 수 없는 어떤 종류의 생명체이기 때문일 것이다.[27]

이러한 의인화의 결과로 숭례문 앞에서는 추모 행렬이 줄을 이었고, 빈소도 차려졌으며, 더 나아가 죽은 사람에게 행하는 삼우제, 진혼 굿, 사십구재도 열렸다. 이에 대해 신문들은 "인명 피해가 없는 화재 현장의 이러한 추모 열기는 지금까지 찾아볼 수 없는 이례적인 일", "사람이나 생물이 아닌 숭례문처럼 무생물을 의식의 대상으로 삼은 것은 극히

---

27   최종태, 〈숭례문 살인사건〉, 《세계일보》(2008.2.22).

이례적인 일이다"라고 보도하였다.[28]

한편, 숭례문 전소 사건에서 심리적 동일시를 가장 효과적으로 일으킨 것은 다음의 기호, 곧 "▶◀ 숭례문 지못미"였다. 젊은 층의 누리꾼들로부터 시작된 이 기호는 순식간에 숭례문 사건에서 가장 특징적인 기호로 자리 잡았으며, 온라인상에서뿐만 아니라 오프라인에서도 광범위하게 사용되었다.[29] 지못미(지켜주지 못해 미안해)가 심리적 동일시를 강하게 일으킬 수 있었던 것은 그것이 사람들에게 그간 자신들의 삶에서 지켜주지 못했던 것(혹은 사람)에 대한 미안함, 슬픔, 안타까움의 감정들을 효과적으로 불러일으킬 수 있었기 때문이다. 사건 당시 인터넷 게시판에 게재된 수 컷짜리 만화 〈Day by day〉는 그림과 함께 다음과 같은 글로 구성되어 있었다.

> 저에겐 아기때부터 안고자던 아끼던 인형이 있었어요/늘 가지고 다녀서 내 냄새가 베어버린 인형이었죠/찢어져서 꿰메기도 하고 손때묻어 꼬질꼬질 해졌지만/언제나 포근함을 느끼게 해주는 내 곰 인형/나이가 들고, 친구들이 생기고 더 이상 인형놀이를 안할 무렵에도/신경쓰지 않았어도

---

28 〈국보 1호서 禮의 상징으로〉, 《국민일보》(2008.2.29); 〈'숭례문 49재'… 우리 마음속에 영원하리라〉, 《세계일보》(2008.3.31); "49재는 원래 죽은 이의 천도薦度와 극락왕생을 기원하기 위한 것인데 무생물인 건물이나 돌, 나무에 대해 하는 것은 이례적이다." 〈불 타버린 문화재도 모두 생물 우리 얼 담긴 원 모습으로 다시 서길〉, 《한국일보》(2008.3.31).

29 "각종 포털 사이트에는 '지못미 ▶◀ 숭례문'이라는 제목의 글이 쇄도하고 있다.", "헌화대 옆에 설치된 추모 보드에는 스러져간 숭례문을 추모하는 글이 빼곡히 적혀 있었다. 글 중에는 유독 '지못미 ▶◀ 숭례문'이라는 문구가 가득했다." 〈'지못미 ▶◀ 숭례문' 물결 … "지켜주지 못해 미안해" 리본 달기〉, 《중앙일보》(2008.2.15).

늘 내곁에 있던게 당연했던 곰 인형/어느 날/대청소를 하던 마덜님이 컸
으니 필요없겠지 라고 생각해서 곰 인형을 내다버렸고/저는 그날 곰 인형
을 잃고 대성통곡을 했더랬죠/어머니는 곧 새 인형을 사주셨지만 새 인형
에게선 더 이상 포근한 "내 냄새"를 맡을 수 없었어요/이런 마음이예요/
〔전소된 숭례문 사진 그림〕/항상 그 자리에 있어서 소중했다는 것을 까먹
었었어.../왜 우리는 늘 잃어버린 후에 후회를 하는 걸까요...?/지켜주지
못해서 미안해[30]

　　인형이라는 매개를 사용한 윗글과 달리 직접 자신이나 자신의 가
족, 친구들을 숭례문과 동일시하면서 감정적 연대감을 가진 사례들도
여러 군데에서 발견된다. 숭례문 옆에서 오랫동안 사업을 해온 한 시
민은 "'그냥 건물 하나가 불탄 게 아니야. 내 인생 기록이 없어진 느낌
이야…'"라고 하였으며, 한 누리꾼은 "아침 출근길에 숭례문 지나서 왔
는데..ㅜㅜㅜㅜㅜㅜㅜㅜㅜㅜ/버스에서 사람들 다 울었어요..../어쩜 그
래..../진짜 이나라가 망할려나바요 ....."라는 글을 올렸고, 이 글에 대
해 어떤 이는 "어떤 리플을 봤는데 숭례문을 보니간 친구가 죽은 느낌
이래요..출근길에 매일 보던 친구가 없으니 안울수 없겠죠"라고 댓글
을 달았다.[31] 숭례문 근처 직장에 근무하던 한 회사원은 "'완전히 불타
버린 모습이 너무 삭막해 보여 마치 내 가족을 잃은 듯한 슬픔까지 밀려
온다'"고 말하였다.[32]

30　http://cafe.daum.net/Aaing/3Ncj/36(2008.11.20 검색).

31　〈남대문 터줏대감 상인들 "상실감 말로 다 못해"〉,《한국일보》(2008.2.14); http://cafe.daum.
　　net/Bestdresser/2v4I/2759164(2008.11.22 검색).

이처럼 사람들이 숭례문을 의인화하거나 인형, 가족, 친구로 인식하게 되면서 "지못미"는 사람들로 하여금 숭례문과 심리적 동일시를 가지게 하는 감정 통로로 빈번하게 작용하였다. 아랫글은 숭례문 현장에 나가 그곳에 붙어 있는 대자보들을 접한 후 한 가장이 인터넷에 올린 글이다.

> 대자보의 글들은 모두 다 저 한마디로 귀결이 되더군요/"숭례문 지못미"/지켜주지 못해서 미안하다./철부지 아이의 울음 섞인 목소리같지만/그것이 오히려 가슴을 찌르는 비수같았습니다.[33]

숭례문 사건에 대한 사람들의 관심과 참여는 상징의 확대와 심리적 동일시를 통해 고조되어 여타의 관심이나 가치를 상대화시킬 수 있는 힘을 가지게 되었다. 다음에서는 이에 대해서 살펴보자.

32　〈"아!… 멋진 전망이 삭막한 고통으로"〉, 《한국일보》(2008.2.15). 이 회사원은 "슬픔을 달래려 11일부터 사흘 내내 술을 마신 동료 직원도 있다"고 말했다. 또 다른 회사원은 "'화재사고 이후 첫 출근을 한 뒤 위에서 내려다보다 울컥했다'며 '항상 그곳에 있는 친구처럼 친근한 느낌이 들어 오히려 신경을 안 썼는데 문화재라는 게 이만큼 소중했구나 싶다'고 슬퍼했다. 그는 '볼 때마다 기분이 안 좋아져 일부러 잘 보지 않으려 애쓴다'고 했다". Ibid. 이러한 인식은 비록 그 정도는 약화되었겠지만 사건 1년이 지난 후에도 계속 증언되었다. 예를 들어, 화재 1주년을 맞아 실시된 숭례문 복구 현장 공개 행사에서 "'완전히 복원될 때까지 국민이 힘을 합해 기도하자'고 쓴 유정숙(58·여) 씨는 '불에 탈 때 내 자식을 잃은 것 같았다'"고 말하였다. 〈아, 숭례문 이렇게 상했구나〉, 《중앙일보》(2009.2.11).

33　http://blog.empas.com/joayjy20/26904185(2008.11.22 검색).

가치의 일반화

사회적으로 중요한 사건이 발생하면 그 사건과 연관된 가치가 사회 구성원들에게 새롭게 인식되면서 사회 전역으로 확산된다. 이때 기존의 가치들은 상대적으로 그 중요성이 약화된다. 이것이 탤컷 파슨스Talcott Parsons와 닐 스멜서Neil Smelser가 언급한 가치의 일반화이다.[34] 물론 이러한 현상은 일시적일 수 있다. 그러나 적어도 그 기간 동안 일반화된 가치는 사람들의 인식에서 극히 중요한 위치를 차지하게 되며, 이로 인해 사람들은 그 가치를 숭상하고 강조한다.

숭례문이 불탄 후 숭례문과 관련된 가치들(민족, 역사, 혼, 자긍심, 문화 유산 등)은 급격하게 부각되고 광범위하게 확산된 반면, 화재 이전까지 한국 사회가 주장하던 가치들은 비판과 성찰의 대상이 되었다. 경제, 물질, 속도 등과 같은 세속적인 가치들이 강한 비판을 받게 된 것이다. 아래에 있는 한 대학교수의 칼럼은 그간 한국 사회를 지배하였던 핵심 가치를 숭례문 사건과 연결하면서 비판하고 있다.

숭례문은 정말 우리에게 600년 역사의 상징이었던가. 경제 성장과 효율성, 실용성만이 유일한 가치로 여겨지는 사회에서 과거 유물에 대한 관리와 보존에 관심이 덜 가고 자원이 적게 배분된 것은 어쩌면 당연했던 일 아닌가……. 속도와 발전에 대한 물신적 숭배는 과거에 대한 부정, 역사에 대한 망각으로 귀결될 수밖에 없다. 청계천이 '개발'되는 와중에 그 속에 담겨 있던 문화와 역사는 송두리째 사라졌지만 사람들은 그것을 기억하지

---

34 스미스, 61쪽, 90쪽.

않았다. 오히려 개발의 속도에 칭송을 아끼지 않았고 그 개발의 주역에게, 좀 더 빨리 좀 더 많은 돈을 벌 수 있게 해주기를 기대하며 표를 던졌다. 속도와 발전의 물신주의는 사라지지 않았다. 아니 오히려 점점 더 커지고 있다. 숭례문이 힘없이 쓰러지는 장면을 지켜보며 분노에 앞서 공포를 느꼈던 까닭이 거기에 있다.[35]

한 누리꾼은 직설적으로 숭례문 전소와 경제를 연결시키면서 다음과 같이 말했다. "'제 나라의 문화유산도 지키지 못하는 시대에 혹여 우리가 돈에 미쳐 살고 있는 것은 아닌지 반성해야 한다.'"[36] 한 종교인 역시 "'부도덕하고 금권이나 지역감정에 편승한 정치인이 지도자가 되고 수단 방법을 가리지 않고 이익을 탐하는 기업이 성공하는 게 지금 우리나라의 현실입니다. 하늘은 그런 나라에 숭례문이 가당치 않다고 생각하신 것이 아닐까요?'"라고 말했다.[37] 사람들이 숭례문 사건으로 말미암아 겪게 된 가치의 전환을 한 신문은 아래와 같이 전하였다.

먹고사는 문제가 그 어느 때보다 절박한 상황에서도 시민들은 '문화와 그것의 진정한 가치'를 한숨과 탄식으로 내비친 것이다. 비록 경쟁 일변도의 양상 때문에 더러 각박한 세태가 없지 않지만, 그럼에도 아직 이 대한민국이 '경제 동물'로 전락한 것은 아니다. 불타버린 숭례문 앞에서 시민들은 '사람이 빵만으로 사는 것은 아니다'라고 절규하고 있는 것이다.[38]

---

35 〈숭례문 붕괴의 공포〉, 《한국일보》(2008.2.15).

36 〈화재현장도 온라인도 애도 물결〉, 《세계일보》(2008.2.14).

37 〈순리의 세상 만들어야 진정한 '복원'〉, 《한겨레》(2008.3.29).

한편, 숭례문의 가치들과 대립되는 기존의 세속적 가치들이 비판을 통해 상대화되고 있을 때, 상황을 파악하지 못한 행정 당국이 기존의 방식대로 빠른 복구 계획을 발표하는 사건이 발생하였다. 이 발표에 사람들은 집단적으로 강력한 반대와 분노를 표했는데, 이는 가치의 일반화에 역행하는 행위에 대한 사람들의 거부 반응이라고 할 수 있다. 한 인터넷 신문에서 시행한 설문 조사에 따르면 응답자의 58퍼센트는 "오래 걸려도 전통 방식으로 차근차근 해야" 한다고 답하였으며, "최대한 빨리 복원하자"는 4퍼센트에 불과했고, 심지어 "폐허로 남겨 교훈(이) 되게" 해야 한다는 응답도 21퍼센트에 달하였다.[39] 한 누리꾼은 "불타버린 숭례문을 '전시 행정의 표본, 밀어붙이기식 건설 경제의 표본, 빨리빨리 뻔지르르 형식 중독증의 표본'으로 삼아서 반성의 계기로 삼자고 했다".[40]

경제, 물질, 속도, 발전과 같은 세속적 가치들만 상대화된 것이 아니다. 향락, 재미, 오락과 같은 비도덕적 가치에 대해서도 비판이 제기되었다. 이것은 숭례문이 불타고 있었을 때 KBS와 MBC 등의 공중파 방송사가 화재 현장의 소식을 전하지 않고 영화나 쇼 프로그램을 방영하

---

38   정윤수, 〈인문성의 가치 웅변하는 숭례문〉, 《동아일보》(2008.2.16). 다른 신문들도 동일한 반응을 보였다. 〈무엇이 우리 자존심을 불태웠나〉라는 제목의 신문 기사는 "문제의 근본은 가시적 성과에만 매달리는 외형주의와 실적주의, 그저 돌격하기만 좋아하는 개발주의, 그리고 인기영합주의에 있는 것이다"라고 하였고, 또 다른 신문은 〈'숭례문 불태운 것은 경제제일주의' 질타〉라는 제목을 단후 한 소설가의 글을 소개하면서 "숭례문 화재에 비친 우리 사회의 경제제일주의를 비판하고 숭례문으로 상징되는 문화의 가치와 힘을 역설했다"고 하였다. 〈무엇이 우리 자존심을 불태웠나〉, 《내일신문》(2008.2.12); 〈'숭례문 불태운 것은 경제제일주의' 질타〉, 《한겨레》(2008.2.27).

39   〈"숭례문 차근차근 복원" 58% "폐허로 남겨 교훈되게" 21%〉, 《한겨레》(2008.2.14).

40   Ibid..

고 있었다는 지적에서 볼 수 있다. 특히 현장 중계가 가장 늦었던 KBS가 항의와 질책을 많이 받았는데, KBS는 현장 중계 전까지 "1TV는 특집 다큐멘터리를, 2TV는 특선 영화 〈음란서생〉을 내보냈다".[41] 이에 대해 시민들은 "'국보 1호가 불타고 있는데 영화나 방송하고 있나. 공영방송 맞나'(김주호), 'TV 수신료는 챙기고 어떻게 전 국민이 알아야 하는 곳에 KBS 카메라는 없습니까?'(진영범), MBC 게시판에도 '국보가 불타고 있는데 아나운서 토크쇼나 내보내고 있고 할 말 없다'(MRXON)는 항의"를 하였다.[42] 한 누리꾼도 "우리나라국보 타고있을때 3개 방송사에서는 연예프로그램나가고 아주 잘들하는짓이죠＿＿＿ 아 진짜 우리 조상님들 어떻게뵈요ㅜㅜㅜ불지른사람 잡히기만해봐. 그리고 제발 이젠 좀 문화재 관리의 중요성을 좀 깨달았으면...."이라는 글을 올렸다.[43]

이런 상황에서 한 자영업자는 "경제 살리기도 좋지만 잃어버린 민족 정신과 윤리 의식을 회복하는 운동이라도 벌여야 할 것 같다"고 제안의 말을 하였다.[44] 아래와 같은 제언도 제시되었다.

숭례문을 다 태우고 주검마저 훼손한 지금 무엇을 해야 하느냐고? 우선 입을 다물자. 입안에 고이는 언어로 각자의 마음에 집을 지으며 우리 삶의 속도를 줄이자. 고속 성장의 뒤안길에서 좌절과 분노에 몸을 맡기는 이웃의 수를 줄여 나가자. 사랑하는 법을 몰라 떠나보낸 숭례문 앞에서 사랑

41 〈숭례문 무너지는데 영화 − 쇼프로만…〉, 《동아일보》(2008.2.12).

42 Ibid..

43 http://cafe.daum.net/ddojin2/6F61/100(2008.11.20 검색).

44 〈"600년 역사가 시너 1개와 라이터 1개로 사라지다니"〉, 《국민일보》(2008.2.12).

을 시작하자.[45]

이제 지금까지의 연구를 요약해보자. 숭례문 전소 사건은 이후 숭례문의 '성화聖化', 상징의 확장, 심리적 동일시의 단계를 거치면서 가치의 일반화 현상을 발생시켰다. 그리고 가치의 일반화는 기존의 가치를 급격히 상대화시켰다. 이 과정에서 숭례문과 관련된 가치나 의미(민족, 역사, 문화, 얼, 혼, 정신, 정체성, 대한민국, 애국심, 공동체 등)는 귀하고 성스러운 것으로 여겨졌고, 상대적으로 그와 대립되는 가치나 의미(경제, 물질, 발전, 향락, 속도, 개인주의 등)는 속적인 영역으로 밀려났다. 성과 속의 이항대립적 분류 체계가 형성되었으며, 사람들은 성을 귀하게 여기며 숭배하였고 속에 대해서는 비판과 분노의 감정을 가졌다. 뒤르켐의 종교 이론에 따르면 하나의 '도덕 공동체'가 형성된 것이다.[46] 이 공동체는 속적인 것으로 인해 피해를 입은 숭례문을 애도하고 추모하는 한편, 더 이상 '성스러운' 중심이 위협을 받거나 오염되지 않게 하기 위해 그것을 지키고 보존하려 노력한다. 이런 과정을 거치면서 사회는 다시 한번 정화되고 '성스러운 중심'을 중심으로 통합된다. 이러한 작용은 다음에 언급할 집합 기억을 통해 사건 당시뿐만 아니라 그 후에도 일정 기간 지속된다.

---

45 김홍숙, 〈사랑할 때와 죽을 때〉, 《한겨레》(2008. 2. 23).

46 뒤르켐에 따르면 이것은 하나의 종교 공동체이다. 그에게 있어 종교란 성과 속의 구분에서 성과 관련된 믿음과 의례이다. "종교란 성스러운 사물들, 즉 구분되고 금지된 사물들과 관련된 믿음들과 의례들이 결합된 체계이다. 이러한 믿음들과 의례들은 교회라고 불리는 단일한 도덕적 공동체 안으로, 그것을 신봉하는 모든 사람들을 통합시킨다." 뒤르켐, 81쪽.

집합 기억

숭례문 전소 사건은 치명적인 사회적 외상_{social trauma} 사건이었다. 이런 사건은 모리스 알박스의 용어에 따르면 그 구성원들에게 집합 기억으로 자리 잡게 된다.[47] 집합 기억은 동일한 일이 재발하여 또 다른 외상이 발생하지 않도록 경계 및 제재를 가하는 역할을 한다. 전쟁이 가장 두드러진 예이다. 숭례문 방화 사건 역시 동일한 역할을 수행하였다. 이것은 일차적으로 문화재를 더욱 귀하게 여기고 잘 보호해야겠다고 마음먹은 시민들의 자세에서 잘 읽힌다.

이것은 또한 시민뿐만 아니라 행정 당국의 수습 방안 및 사후 대책에서도 잘 드러나는데, 예를 들어 서울시는 중요 문화재를 24시간 감시하기로 하였다. 이를 위해 자동 경보 시스템과 CCTV를 설치하고 순회 순찰 등을 확충하기로 하였으며, 예산도 2008년 224억, 2009년 148억 등 총 372억을 책정하여 안전 관리를 강화하기로 하였다.[48] 사건이 있었던 서울뿐만 아니라 전국 각지에서도 유사한 재발 방지 대책을 시행하였다. 대구시의 경우, 이 지역 목조 문화재에 후견인을 지정해 관리하는 "1문화재 1멘터" 사업을 실시했다. 대구시에 따르면 "동구 북지장사 대웅전 등 화재에 취약한 목조 문화재 51곳에 대해 문화관광해설사를 후견인(멘터)으로 지정해 관리키로" 하였다. "대구시 관계자는 '숭례문 화재를 교훈 삼아 지역 목조 문화재 보존에 대한 경각심을 높이기 위해 이

---

47   스미스, 136쪽.

48   〈24시간 문화재 감시한다… 서울시, 상주인력 대폭 증원〉, 《경향신문》(2008.4.14). 정부 차원에서도 동일한 움직임이 있었다.

제도를 도입했다'고 말했다."[49]

기업 역시 동일한 움직임을 보였다. 본점이 숭례문 바로 옆에 있다는 이유로 2005년 7월부터 "1문화재 1지킴이 보존 운동"을 통해 숭례문을 지켰던 신한은행은 전소 사건으로 인해 낭패를 겪은 후 문화재 보존 운동을 더욱 확대하여 펼치기로 하였다. "신한은행 관계자는 '숭례문 지킴이 활동으로 각별한 인연을 맺어온 우리나라의 국보 1호 숭례문의 화재 사고와 같은 불행한 일이 다시 발생해서는 안 되겠다는 생각에 문화재 사랑 캠페인을 시작하게 됐다'고 말했다."[50]

그러나 집합 기억의 역할이 단순히 숭례문과 같은 문화재를 보호하는 것으로 끝나는 것은 아니다. 숭례문 전소 사건을 통해 깨닫게 된 가치, 의미, 감정도 사람들의 기억 속에 집단적으로 남아 사람들이 문화재를 넘어 문화재가 상징하는 가치나 의미까지 귀하게 여기고 지키게 하는 역할을 수행한다. 사람들은 민족, 역사, 애국심, 공동체성 등도 집단적으로 기억하고 회상한다. 그리고 구성원들은 이 공유된 집단 기억을 토대로 상호 연결되어 유대 관계를 형성하게 되고 이를 통해 통합도 도모하게 된다.[51]

---

49 〈목조문화재 51곳 집중 관리〉, 《동아일보》(2008.4.11).

50 신한은행은 '문화재 사랑 캠페인'을 열고, 임직원 대상으로 문화재 기금을 모았으며, '문화재 알기 캠페인'과 '문화재 사랑 정기예금'도 신설하였다. 〈'숭례문 지킴이' 신한銀, 문화재 사랑 캠페인〉, 《머니투데이》(2008.2.27); 〈신한은행 '1문화재 1지킴이' 지점마다 보존운동〉, 《세계일보》(2008.4.23).

51 알박스는 "집합 기억이 존재하기 때문에 사회가 결속될 수 있다고 주장했다". 스미스, 136쪽.

평가: 숭례문 토템과 사회의 구속성

전소 사건 이후 '성스러워진' 숭례문은 애도와 추모를 통해 숭배되었다. 2008년 2월, 숭례문은 한국 사회의 '토템'이었다. 그러나 뒤르켐이 아룬타 부족의 토템을 연구한 후 밝혔듯이, 토템은 단지 상징일 뿐이다. 실제로 숭배되는 것은 그 토템이 상징하는 다른 어떤 것이다.[52] 숭례문의 경우 그것은 숭례문이 상징하는 민족, 역사, 혼, 얼, 애국심 등이었다. 이 모든 것들은 공동체적인 가치인데,[53] 이러한 가치들이 귀하게 여겨지고 숭배됨으로써 궁극적으로 공동체, 곧 사회가 귀하게 여겨지고 숭배되는 것이다.

이런 의미에서 뒤르켐은 사회가 '신'이라고 지적하였으며, "사회와 그 구성원 사이의 관계는 신과 그 신도들 사이의 관계와 마찬가지"라고 말하였다.[54] 여기서 우리는 숭례문 사건을 통해 실제로 숭배된 것이 한국 사회 혹은 민족이라는 것을 추론할 수 있다. 숭례문 화재 사건을 계기로 사람들은 다시 한 번 한국 사회, 민족이라는 '신'을 집단적으로 숭배하였고, 그 '신'을 받들면서 사람들은 '신도'로서 연대감을 형성하였다. 그리고 개인들 혹은 사회는 그 '신'을 중심으로 통합되었다. 이것이 토템과 토템의 사회적 역할에 대해 뒤르켐의 종교사회학이 제시하는 중

---

52 이에 대한 가장 간단한 예는 국기이다. 사람들은 국기에 경례하며 국기를 소중히 여기지만 국기 그 자체는 헝겊과 물감으로 칠해진 모양들로 구성되어 있다. 실제로 숭배되고 귀하게 여겨지는 것은 그 국기가 상징하는 국가, 민족, 사회 등이다. 국기는 단지 이것들을 상징할 뿐이다. 국기는 본질적으로 성스러운 존재가 아니다. 국기는 단지 성스러움이 부여된 대상에 지나지 않는다.

53 숭례문은 이러한 것들 외에 정체성, 자긍심 등도 상징하였지만, 이 둘 모두 공동체, 곧 민족이나 역사를 배경으로 할 때 가능한 것들이므로 역시 공동체성과 연결시킬 수 있다.

54 뒤르켐, 195~196쪽.

요한 결론이다.

한편, 신神 개념이 있는 대부분의 종교에서 신과 신도 간의 관계가 그러하듯이, 토템(혹은 사회) 숭배에서도 신과 숭배자는 주종 관계를 형성하고, 양자 간에는 통치와 종속의 역동성이 존재한다.[55] 우리는 여기서 사회가 어떻게 개인을 구속하며, 개인이 어떤 과정을 통해 사회에 종속되는가에 대한 대답에 도달할 수 있다. 토템 숭배를 통해 사람들은 토템을 중심으로 통합될 뿐만 아니라 그 토템, 혹은 그 토템이 상징하는 사회 공동체에 종속된다.

뒤르켐이 밝혔듯이, 토템 신도들은 숭배 의례 중에 느끼는 어떤 힘mana을 "개인보다 우월한 힘"으로 인식하며, 그 힘은 윤리, 도덕적 힘뿐만 아니라 물질적physical, 물리적material 힘의 형태로도 인식된다.[56] 이러한 힘으로 인해 구성원들은 토템 종교 공동체가 "그(들)에게 부과된 어떤 행동 양식들을 지켜야 한다고 믿는다".[57] 이러한 공동체적 힘 혹은 사회적 힘은 "명령조로 우리의 협력을 요구한다. 이 사회는 우리가 자신의 이익을 잊어버리고 사회의 신복이 되기를 요구"한다.[58] 이 의례 과정을

---

55 물론 신 개념이 있음에도 불구하고 주종 관계를 형성하지 않는 경우도 있다. 힌두교가 그 예이다. 따라서 그 종교가 신과 신도의 관계를 어떻게 정의하느냐에 주목할 필요가 있다. 힌두교처럼 신과의 합일을 추구하는 종교에서 주종 관계가 형성되기는 어렵다. 그러나 유대교, 기독교, 이슬람교, 그리고 일본 신도의 경우처럼 신을 합일의 대상이 아니라 숭배의 대상으로 인식하는 종교에서는 주종 관계가 쉽게 형성된다. 토템 종교 역시 토템을 숭배의 대상으로 간주하는 종교이다.

56 뒤르켐, 318쪽, 321쪽. 그는 또한 "이러한 힘들은 그에게 명령조로 말하고 심지어는 때로 인간의 가장 자연스러운 성향까지 버리라고 명령"한다고 적었다. Ibid., 299쪽.

57 Ibid., 296쪽.

58 Ibid., 296쪽.

통해 개인들은 자연스럽게 자신을 공동체 아래에 있는 하위 존재로 인식하게 되며, 사적이고 개인적인 가치나 관심보다는 공동체적인 가치나 이상을 중요시하고 추구하도록 유도된다. 물론 사람을 지배하는 이러한 힘들은 사람들을 보호하거나 도와주기도 하고, 자신감과 안전감을 제공하기도 한다.[59] 하지만 분명한 점은 보호와 도움을 받기 위해서는 그 힘을 따르거나 그 힘에 종속되어야 한다는 것이다. 자신감이나 안전감 역시 힘에 의존함으로써 획득할 수 있기 때문이다.

한편, 토템 종교의 사회 구속력은 동일하게 유지되지 않고 숭례문 전소 사건처럼 시간이 지나면서 약화된다. 토템의 사회 통제력은 약화되고 개인은 다시 사적인 관심과 가치로 복귀한다. 사회는 구속력을 잃어가고 통합의 정도는 감소된다. 그럼에도 불구하고 사회는 필요한 정도의 힘과 통합을 이어간다. 뒤르켐은 그 이유를 집합 행위의 주기성과 상징의 기능에서 찾는다. 주기적으로 집합 행위(곧, 토템 의례)를 함으로써 희미해지거나 약화될 수 있는 공동체성을 되살릴 수 있다. 또한 의례에서 사용된 토템 관련 상징들을 일상에서 활용함으로써 의례 시 가졌던 의미와 감정을 다시 불러일으킬 수 있다. 상징은 "집회보다 오래 살아남기 때문이다".[60]

---

59 뒤르켐 역시 "사회는 우리를 지배하지만 또한 우리를 도와준다"고 하면서 "만일 우리가 사회적 사실을 이러한 특성들 중 도와주는 측면보다 지배하는 측면에서 정의하였다면, 그것은 지배적 측면의 사회적 사실이 외적이고 또 눈에 띄는 표지들에 의해서 잘 설명되어서 좀 더 쉽게 관찰되기 때문이다"고 하였다. Ibid., 303쪽.

60 "토템의 이미지는 집회가 해산된 후에도 계속해서 그러한 감정들을 자아내고 불러일으킨다. … 이러한 이미지들에 의해서, 앞서 경험했던 감정들이 영속적으로 유지되고 되살아난다." Ibid., 315쪽.

그 밖에도 모리스 알박스의 주장처럼, 집합 기억이 그러한 역할을 수행할 수 있다. 숭례문 사건에 적용해보면, 숭례문이 다시 전소될 수는 없지만, 숭례문 전소와 기능적으로 동일한 사건들이 한국 사회에서 지속적으로 발생할 수 있고, 숭례문과 관련된 상징들—대표적으로 숭례문 그 자체—이 보는 사람들로 하여금 그것이 상징하는 가치와 관련된 감정을 다시 느끼게 함으로써 사회 구속성은 다시 작동될 수 있다. 숭례문 전소 사건 때의 집합 기억도 이 역할을 수행할 것이다. 이런 이유로 뒤르켐주의 문화사회학자들은 지금도 계속해서 사회 안에서 발생하는 여러 다양한 집합 현상들에 주목하여 연구하고 있다.[61]

종교사회학을 위한 함의

본 연구가 종교사회학 혹은 기타 기독교 학문과 관련해 가질 수 있는 함의들을 살펴보자. 간단히 세 가지로 분류할 수 있다. 첫째, 전통적으로 종교가 사회 통합에 기여해왔으며, 현대 포스트모던 사회에서도 종교(혹은 다음에서 지적하듯이 시민종교)가 동일한 역할을 수행하고 있다는 주장을 제시할 수 있다. 물론 이 역할은 대부분 종교의 보수적 기능과 연결된다. 둘째, 시민종교론과 연결시키며 논제를 발전시킬 수 있다. 시민종교론은 로버트 벨라가 주창한 사회 이론이다.[62] 벨라는 미국 사회

---

61 이에 대해서는 제프리 알렉산더의 《사회적 삶의 의미》(박선웅 옮김, 한울, 2007), 그리고 최종렬이 엮고 옮긴 《뒤르케임주의 문화사회학》(이학사, 2007)을 참조하라.

를 통합해온 시민종교를 발굴, 분석하였는데, 이는 뒤르켐이 연구한 아룬타 부족의 토템 종교의 역할을 미국 사회에 적용한 사례라 볼 수 있다. 최근에 소개되고 있는 뒤르켐주의 문화사회학자들은 미국의 시민운동에서 시민종교의 모습을 찾아내고 있다. 기독교나 제도 종교의 형태를 취하지 않은 것이라도 시민종교로 볼 수 있다는 것이다. 이러한 관점에서 본다면 숭례문 사건이나 미국산 소고기 수입 반대 촛불집회에서도 시민종교의 흐름을 발견할 수 있다. 마지막으로, 개인의 사회 종속성 혹은 사회의 개인 구속성은 기독교 신앙과 실천의 주요한 주제가 될 수 있다. 기독교보다는 사회에 더 영향을 받고 종속되는 신도들의 행위를 분석하는 데 일조할 수 있다.

결론 및 제언

숭례문 전소가 가져온 충격은 자연히 숭례문 복원에 대한 관심으로 이어졌다. 복원에 대한 의지는 전소가 가져온 충격만큼 강하지는 않았지만 정부와 국민들에게서 분명하게 나타났다. 그러나 복원 사업이 거의 종결될 즈음 복원과 관련된 다양한 비리들이 드러나기 시작하였다. 횡령, 사기, 폭로, 자살 등 비리 사건이 있을 때마다 나타나는 거의 모든 현상들이 숭례문 복원 사업에서도 나타났다. 급기야 박근혜 대통령은 "환

---

62 이에 대해서는 Robert N. Bellah, *Beyond Belief*(New York : Haper & Row, 1976)의 9장을 보라.

골탈태의 각오"로 복원 공사에 임해달라는 지시를 내리기도 하였다.[63]

사람들은 이러한 사태에 대해 숭례문 전소 때처럼 집단적으로 흥분하며 감정을 표출하였는가? 그렇지 않았다. 속으로 안타까워하고 분노하였을지는 몰라도 이전 같은 집합 행위는 수행하지 않았다. 비리가 '성스러운 중심'을 위협하긴 했지만 그 정도가 '성스러운 중심'을 완전히 소각시켜버린 전소 사건만큼은 아니었기 때문이다. 만일 복원 공사 중 과실로 불이 나 숭례문이 또 한 번 완전히 소실되었다면 시민들은 어떤 반응을 보였을까? 첫 번째 전소 사건 못지않게, 아니면 더 강하게 집단행동(집합 표현, 집합 감정, 집합 의식)을 보였을 것이다. 물론 한 시민에 의해 발생했던 처음의 방화와 다르게 복원 과정 중에 화재가 난다면 집단행동은 정부를 향한 정치적 시위의 형태를 띠게 될 것이다. 그러나 숭례문은 결국 집합행동을 통해 다시 '성스러운 중심'으로 재부상할 것이고, 민족, 얼, 역사, 조국 등의 개념들은 다시 한 번 '성스러운 것'으로, 그래서 소중하게 지켜야 할 어떤 것으로 재확인될 것이다.

이러한 과정을 통해 사회는 다시 통합되며 유지된다. 이 모든 과정을 연구하기 위해 뒤르켐주의 문화사회학은 사회생활에서 발생하는 다양한 의례를 분석하여 사회를 통합하고 개인을 사회에 구속시키는 의례의 힘을 드러내 보여준다. 때로 뒤르켐주의 문화사회학은 의례가 가지는 사회변혁적 힘을 간과한다는 비판도 받지만 사회가 구성되고 유지되는 과정을 밝히는 것 역시 매우 필요한 과제이므로 뒤르켐주의 문화사회학은 앞으로도 계속 연구되고 발전되어야 한다.

---

63 〈제2 숭례문 비리 근절 대책' 들여다보니〉, 《헤럴드경제》(2014.4.9)

7.
성스러운 중심 지키기:
미국산 소고기 수입 반대 촛불집회와 시민종교

들어가는 말

미국은 물론 전 세계의 종교, 신학, 교회의 동향을 탐색한 후 글을 써
'신학의 안테나'라는 별칭이 붙은 하비 콕스Harvey Cox가 그 별칭답게
1980년대 초 새롭게 부각된 종교현상을 연구하여《현대사회로 돌아
온 종교Religion in the Secular City》라는 책을 내었다.[1] 이 책에서 그는 세계 여
러 곳의 정치, 사회 영역에서 종교가 왕성하게 활동한다는 것을 언급
하면서 현대 세속 사회에서의 종교의 공적 역할을 새롭게 평가하였고,
이를 이 책의 역자는 적절하게도 '현대사회로 돌아온 종교'라는 제목으
로 표현하였다.

---

[1]   하비 콕스,《현대사회로 돌아온 종교》, 이종윤 옮김(한국신학연구소, 1985).

콕스가 이 책을 집필하게 된 계기는 무엇보다도 당시 라틴아메리카에서 촉발되고 있었던 가톨릭교회와 정부 간의 정치적 갈등이었다. 그는 이 대립의 양상 속에서 종교가 세속 도시의 정치 영역에서도 여전히 영향력을 행사한다는 것을 간파했다. 1980년대 우리나라에 소개된 해방신학도 결국은 이러한 갈등 국면에서 출현한 것이고, 종교사회학계에서 널리 알려진 남미 종교사회학자 오토 마두로Otto Maduro의 책《사회적 갈등과 종교Religion and Social Conflicts》[2] 역시 동일 배경 위에서 저술되었다.

이러한 지적은 학문적으로 중요한 의의를 지니고 있다. 왜냐하면 종교가 현대 세속 사회에서는 이전처럼 정치나 사회에 영향력을 발휘할 수 없다는 것이 1960년대 이후 종교의 세속화 이론의 핵심 주장이었기 때문이다.[3] 그러나 이 같은 의의에도 불구하고 이 새로운 소식은 한 가지 중요한 문제를 갖고 있었다. 바로 콕스가 주목한 상황, 마두로가 이론적 작업을 수행한 상황이 '다종교 상황'이 아니었다는 것이다. 그보다는 사회에서 한 종교가 독점적 위치를 차지하고 있는 상황이었다. 콕스가 언급한 멕시코, 마두로가 이론의 배경으로 삼고 있는 남미는 가톨릭 국가이다. 비록 개신교가 활동하고 있었지만 조직이나 영향력 면에서 500년 이상 존속해온 가톨릭에 견줄 수가 없었다. 이런 배경을 가진 가톨릭교회가 국가를 상대로 시위나 투쟁을 한다면 그 영향력과 결과는 심대할 것이다. 그러나 한 국가 안에 여러 종교들, 예를 들어 불교, 기독교, 가톨

2　Otto Maduro, *Religion and Social Conflicts*(Maryknoll, N.Y.: Orbis Book, 1982).

3　현재 이러한 입장은 여러 반대 의견들에 직면해 있다. 자세한 논의는 오경환의《종교사회학》(서광사, 1990) 12장과 피터 버거의《세속화냐? 탈세속화냐?》(김덕영·송재룡 옮김, 대한기독교서회, 2002)를 참조하라.

릭, 유교가 나누어져 서로 공존하고 또 경쟁하는 '다종교 상황'에서 종교의 공적 영향력은 어떠할까? 다종교 상황에서 종교의 정치적, 사회적 역할에 대한 논쟁은 어떻게 이해되고 논의되어야 하는가?

미국의 경우 '새 교파주의new denominationalism'라는 이론으로 이 물음에 접근할 수 있다. 이는 미국 사회의 여러 기독교 교파 중에서 정부와 유사한 성향과 태도를 취하는 교파 혹은 교파 내 일부를 하나로 묶어 '새로운 교파'로 칭하면서 교회와 국가의 관계에 접근하는 것이다.[4] 예를 들어 정치적 성향이 유사한 미국의 성공회, 감리교, 회중 교회를 '새로운 교파'로 묶어볼 수 있다. 그리고 이 '새로운 교파'가 미국 정부와 사회의 특정 문제에 어떠한 방식으로 연합하여 투쟁하는지 분석하면서 현대사회에서 종교의 공적 역할을 논할 수 있다.

그러나 미국 사회와 달리 기독교 문화권도 아니고 다교파 상황이 아닌 다종교 상황인 경우 종교의 공적 역할은 어떻게 논의되어야 하는가? 혹 '새 종교주의new religionalism'라는 개념이라도 구성해 그 문제를 다루어야 할까? 본 글은 이와는 매우 다른 새로운 시도를 기획함으로써 다종교 상황에서 종교와 국가의 문제에 접근하려 한다. 바로 종교사회학의 시민종교론을 매개로 하는 접근이다.

시민종교론은 로버트 벨라가 현대사회의 공적 영역에서 종교의 위치와 역할을 소개하기 위해 제시한 이론이다. 벨라의 시민종교론은 뒤르켐의 종교 이론에 기대어 있는데, 뒤르켐의 종교 이론이 종교의 보수적

---

4 이원규, 〈종교사회학의 발전과정과 연구주제〉,《기독교사상》331호 (대한기독교서회, 1986년 7월 호), 107쪽.

기능, 곧 사회 통합 유지와 관련이 있기 때문에 시민종교론도 유사한 관점에 서 있게 된다. 그러다 보니 이 이론은 종교의 사회변혁적 역할을 이해하는 데 한계가 있다. 이 글은 시민종교론의 이러한 한계를 감안하면서 2008년 촛불집회를 문화사회학적으로 분석하고자 한다.

시민종교론의 고찰 및 평가

시민종교론이 뒤르켐의 종교 연구의 영향을 받긴 했지만 뒤르켐은 시민종교라는 용어도, 오늘날 우리가 사용하는 시민종교 이론도 만들지 않았다.[5] 다만 그의 이론은 시민종교론의 이론적 배경이 될 요소들을 함의하고 있었는데 이것을 벨라가 필요에 따라 적절히 이론화시킨 것이다.[6] 벨라는 미국 역사 초기부터 흘러내려온 시민종교의 물줄기를 자신의 연구를 통해 찾아내면서 미국 사회에서 시민종교가 갖는 위치와 역할을 분석하였다. 그가 주로 관심을 가진 연구 대상은 미국 역사의 주요 시점에서 중요한 역할을 담당한 인물과 사건들이다. 대표적으로 독립운동과 조지 워싱턴 그리고 토머스 제퍼슨, 흑인 해방운동과 에이브러햄 링컨, 냉전의 갈등 속에 있던 존 F. 케네디 등이다.

　미국은 기독교 국가이며 이들 모두가 기독교인이었지만 벨라는 이

5　시민종교는 장자크 루소Jean Jacques Rousseau가 만든 용어이다.

6　이에 대해서는 Robert N. Bellah, *Beyond Belief*(New York: Haper & Row, 1976)의 9장을 보라.

들의 활동을 기독교 운동이라 부르지 않았다. 공적 영역에서 보인 그들의 언행 때문이다. 벨라는 역사의 중요한 시점마다 있었던 이들의 연설문을 분석해 공통점을 발견해내었는데, 바로 하나님, 섭리, 선민, 출애굽, 자유, 이집트, 모세, 약속의 땅, 새 이스라엘 등의 용어를 사용한다는 것 그리고 이와 관련된 성서나 이스라엘의 역사적 사건을 빈번하게 인용한다는 것이다. 이들은 이러한 연설을 통해 하나님의 뜻과 섭리, 하나님이 함께하심, 하나님의 승리 등을 부각시키며 미국의 위기를 함께 극복하자고 미국 시민들을 격려했다. 그런데 이들은 위에서 언급한 기독교 용어는 자주 사용했지만 기독교의 핵심 단어들이라 할 수 있는 예수, 죄, 회심, 중생重生, 천국, 지옥 등의 용어는 사용하지 않았다. 벨라가 이를 기독교가 아니라 시민종교로 명명한 이유가 여기에 있다. 기독교를 신앙적 동기에서 찾는 것이 아니라 정치적, 사회적 동기에서 접근하기 때문이다.

에밀 뒤르켐과 벨라는 이러한 시민종교가 모든 시대와 사회에서 필요한 요소라고 암시한다. 뒤르켐이 연구한 호주의 아룬타 부족에서도 토템 종교가 그 사회의 '시민종교'로서 역할을 하면서 부족 구성원들을 응집시키고 부족의 통합과 영속을 가능하게 하였다. 현대사회 역시 그 내용과 형식은 다를지라도 각 사회 안에 시민종교가 있어 사회를 유지하고 또 통합시킨다. 이러한 종교의 역할이 없는 사회는 가능하지 않다는 것이 뒤르켐의 전제이다. 물론 제도 종교 또한 이러한 기능을 수행한다.

이러한 시민종교론에는 한 가지 문제가 있다. 시민종교의 기능이 언제나 보수적이라는 것이다. 즉, 시민종교가 사회에 균형과 조화를 가져오고 사회를 통합 및 유지하는 역할을 수행한다는 것이다. 그렇다면 사회 및 정부에 저항하거나 사회를 분열시키는 운동은 시민종교론에서 다루어질 수 없다. 그래서 다른 운동 못지않게 기독교적 용어와 성서적 역사 이해를 바탕에 깔고 있음에도 불구하고 벨라의 시민종교론 논의에는 흑인 민권 운동과 마틴 루서 킹Martin Luther King에 대한 분석이 없다. 이것은 벨라가 구조기능주의자 텔컷 파슨스의 후학이라는 위치에서 벗어났음에도 불구하고 기능주의의 핵심이자 약점, 바로 사회 내 모든 구조는 사회 통합과 유지를 위해 기능한다는 기본 입장을 아직도 견지하고 있었기 때문인지도 모른다.

1990년대부터 미국에서 새로이 학문적 위치를 다져가고 있는 신新기능주의는 구조기능주의의 여러 결점들을 보완한다. 그중 하나가 바로 보수 기능에 대한 반성과 대안이다.[7] 신기능주의 입장에서는 시민종교가 반드시 체제 수호적, 친親정부적일 필요가 없다. 시민종교는 궁극적으로 체제의 통합과 유지에 기여할 수 있으나 그 모습이나 과정은 전혀 다를 수 있다. 이런 점에서 신기능주의자들이 워터게이트 사건이나 이란—콘트라 사건을 논의하게 된 것은 매우 자연스러운 결과라 할 수 있다.[8] 신기능주의자들은 정부의 존속을 위협하는 이러한 사건들을 분석하면서 시민운동의 물줄기를 찾아냈으며 이를 시민종교로 연결시켰다.[9]

---

7 제프리 C. 알렉산더 《현대 사회이론의 흐름》, 이윤희 옮김(민영사, 1993), 42쪽.

8 이에 대해서는 제프리 C. 알렉산더의 《사회적 삶의 의미》(박선웅 옮김, 한울, 2007) 5장과 6장을 참조하라.

9 이러한 시민운동이 시민종교로 연결될 수 있었던 것은 그 운동에 대한 분석에서 종교의 기본 요소인 이항대립적 성과 속의 구분이 드러났고, 거룩한 중심, 오염과 정화, 도덕 공동체와 같은 종교적 요소가 발견되었기 때문이다.

다음에서는 이들이 워터게이트 사건을 어떻게 분석했는지 살펴보면서 새롭게 확장된 시민종교론에 대해서 알아보자. 이들은 자신들의 이론을 문화사회학Cultural Sociology이라 칭하고, 여러 관련된 학자들의 이론적 주제들, 특히 성과 속의 구분, 상징체계, 의례, 분류, 기호 등을 분석하면서 논지를 펼친다.[10]

워터게이트 사건과 시민종교

미국 대통령 역사상 유일하게 재임 중 탄핵된 리처드 닉슨의 퇴임은 워터게이트 사건에서 촉발되었다. 1972년 6월, 미 공화당 관련자들이 워싱턴의 워터게이트 호텔 내에 있는 민주당 본부를 무단으로 불법 침입한 것이 사건의 발단이었다. 흥미롭게도, 대통령 탄핵으로까지 이어진 이 사건은 발생 초기에 언론이나 대중의 큰 주목을 받지 못했다. 민주당은 행정부의 부도덕을 질타하면서 사건의 중요성을 강조했으나 기대했던 호응을 얻을 수 없었다. 민주당의 지속적인 문제 제기에도 불구하고 이 밋밋한 반응은 그다음 해인 1973년 4월까지 지속되었다. 이 기간 동안 "워터게이트는 단지 하나의 기호, 하나의 지시 의미로 존재했다".[11] 그것은 1972년 6월 공화당의 무단 침입자들이 일으킨 정치적 사건을 가

---

10 이에 대해서는 알렉산더의 《사회적 삶의 의미》(박선웅 옮김, 한울, 2007)와 최종렬이 엮고 옮긴 《뒤르케임주의 문화사회학》(이학사, 2007) 그리고 필립 스미스의 《문화 이론》(한국문화사회학회 옮김, 이학사, 2008) 등을 참조하라.

11 알렉산더, 《사회적 삶의 의미》, 334쪽.

리키는 기호였을 뿐이다.[12]

그러나 1973년 5월이 되면서 워터게이트라는 기호는 점차 확장되기 시작했다. 이때부터 이 사건은 대중들에게 하나의 정치적 사건을 뛰어넘어 도덕적 사건으로 인식되기 시작한다. 민주당이 이 사건을 지속적으로 비판하고, 언론과 의회의 공청회가 진실을 밝혀냈기 때문이다. 이로 인해 정치 지도자들과 시민들은 이 사건이 단순히 정치적 문제가 아니라 미국의 근본정신과 도덕, 민주주의를 위험에 빠뜨릴 수 있는 일이라고 인식하고 우려하기 시작했다. 워터게이트라는 기호는 하나의 사건을 가리키는 기호에서 부패, 탈법, 거짓 증언, 독단, 반反민주주의, 무책임 등을 의미하는 복잡한 기호로 발전하였다. 그리하여─롤랑 바르트의 용어로 서술하면─"외연적인 실제 사건보다는 여러 가지 도덕적 의미를 내포하는 단어로 변했다".[13]

여기서 잠시 이 사건을 분석하는 데 필요한 이론적 배경을 살펴보자. 사회학자 뒤르켐과 구조주의 인류학자 레비스트로스는 모든 사회에는 성과 속이라는 이항대립의 분류 체계가 존재하고 이것이 사회를 통합, 유지하는 데 중요한 기능을 한다고 주장한다. 구약시대의 신명기 사회에도, 호주 아룬타 부족에도, 중세 유럽 사회에도 그리고 현대사회에도

---

12   여기서 '정치적 사건'이라는 말이 중요하다. 오늘날 사람들은 일반적으로 정치와 도덕을 연결시키지 않는다. 정치는 도덕보다는 이익이나 효율성과 연결된다. 국가와 시민들에게 얼마나 이익이 있고 효율적인가가 정치를 인식하고 평가하는 잣대이다. 공리주의적 관점이 지배적인 것이다. 물론 정치에도 도덕이 관여된다. 그러나 사람들은 정치적으로 이익이 있고 효율적이라면 도덕은 차선의 문제라고 본다. 또한 정치인들의 도덕성은 사람들에게 냉소의 대상이므로 그들의 부도덕은 좀처럼 깊고 지속적인 관심을 받지 않는다.

13   알렉산더, 《사회적 삶의 의미》, 335쪽.

이러한 이항대립은 존속해왔다. 그리고 이 모든 사회에서 성은 좋은 것, 선한 것, 순수한 것, 그래서 지켜야 할 것으로 인식되는 한편 악은 나쁜 것, 위험한 것, 불결한 것으로 간주되어 제거되거나 정화되어야 할 대상으로 여겨진다. 한편, 선과 악은 사람들에게 인식론적으로 분류되는 것에 그치지 않고, 그에 상응하는 감정도 불러일으킨다. 선은 좋은 감정을 불러일으키는 반면 악에는 반대, 거부, 분노의 감정이 이입된다. 따라서 어떤 사람의 행동이 악으로 구분될 경우 그에 따르는 감정도 함께 결부되어 그는 비난, 반대, 분노의 대상이 된다. 그 악이 선을 오염시키거나 위협할 때는 더욱 그러하다.

이 이항대립의 분류 체계 이론은 에드워드 쉴즈의 '거룩한 중심' 개념에서 더욱 정교해진다. 그에 따르면 모든 사회에는 거룩한 중심이 있는데, 이 중심은 지리적 위치가 아니라 그 사회의 중심 가치, 신념, 이상, 질서 등을 의미한다.[14] 이 거룩한 근거를 중심으로 사회의 기반이 유지되며 사회의 구성원들이 통합된다. 예를 들어 구약시대 신명기 사회에서 거룩한 중심의 상징은 십계, 혹은 십계명이다. 이 거룩한 중심을 기반으로 하여 이스라엘 공동체는 통합되고 유지된다. 그런데 만일 어떤 사건이나 사람이 그에 반하는 행동을 했을 경우 그와 그의 행위는 성과 속의 체계에서 속으로 분류되며 성스러운 중심을 오염시키거나 위협하는 행위로 인식되어 제거되거나 정화된다. 민수기 15장 32절에서 36절에 등장하는 안식일에 나무를 한 사람의 이야기가 이에 해당된다. 이 행위는 그 사회의 거룩한 중심을 위협하거나 오염시키는 사건으로 간주

---

14 스미스, 153쪽; 최종렬, 25쪽.

되었고, 따라서 위반자는 그에 상응하는 분노와 반대를 받고 사회에서 제거되었다. 이러한 일련의 의례 활동을 통해 사회와 그 구성원들은 다시 한 번 성스러운 중심을 확인 및 각인하고, 이를 계기로 사회는 성스러운 중심을 통해 재통합된다. 그리고 이때, 그 사회는 다른 어느 때보다도 도덕적인 공동체가 된다. 뒤르켐이 종교를 정의하면서 주목한 도덕 공동체가 되는 것이다.[15]

워터게이트 사건 초기에는 이 사건이 도덕적 사건이라기보다는 정치적 사건이었다. 워터게이트 사건은 도덕적으로 문제가 있었지만 미국의 '거룩한 중심'을 오염시켜 위협할 정도라고는 인식되지 않았던 것이다. 그러나 이듬해 5월이 되면서, 특히 5월부터 8월까지 전국에 방영된 청문회가 시작되면서 이 사건은 단순히 정치적인 사건, 혹은 일부 부도덕한 사건이 아니라 미국의 '거룩한 중심', 곧 헌법, 민주주의, 정직, 책임감, 공동체주의 등과 같은 미국의 이상, 신념, 정신, 정서 등을 위협하고 오염시킬 수 있는 사건으로 인식되기 시작했다.[16] 청문회를 통해 닉슨 최측근들의 음모, 백악관에서의 모의, 닉슨의 연루 가능성 등이 계속 제기되었고 결국 사실로 드러났기 때문이다.

사태가 이렇게 발전하자 성과 속의 분류 체계에 변화가 발생했다. 이전까지는 워터게이트 호텔의 무단 침입자들과 그들의 탈법적 행동만이

---

15   Émile Durkheim, *The Elementary Forms of the Religious Life*(New York : Free Press, 1915), pp. 51~56.

16   오해의 소지를 피하기 위해 말한다면, 미국의 거룩한 중심이란 미국인들이 보는 거룩한 중심을 말한다. 절대적인 기준에서 말하는 것이 아니라 관련된 사람들과 사회의 주관적 기준과 인식을 언급하는 것이다. 주관적 기준과 인식은 인간의 행동을 설명하는 데 매우 중요한 요소이다. 왜냐하면 해당자들은 이것에 근거하여 판단하고 행동하기 때문이다.

악의 분류에 속했다. 그러나 청문회를 통해서 닉슨과 백악관 보좌관들이 저지른 행위가 드러나자 이들이 보다 근본적인 악의 근원으로 인식되기 시작하였다. 닉슨이 워터게이트 사건의 특별검사로 임명된 아치볼드 콕스Archibald Cox를 직권으로 해임한 것은 닉슨 탄핵의 결정적인 계기가 되었다. 이 일로 인해 미국인들의 분노가 폭발하였고 언론은 이 해임을 "토요일 밤의 대학살"이라고 불렀다. 일주일 만에 수백만 통의 반대 서한이 백악관으로 전달되었는데, 이러한 편지 유입을 워터게이트watergate라는 이름에 비유해 "대홍수flash flood"라고 불렀다.[17]

이로 인해 발생한 두 가지 사항을 지적할 필요가 있다. 먼저, 닉슨의 보좌관들뿐만 아니라 닉슨 자체도 악으로 분류되는 인지적 결과, 그리고 악과 연관된 감정(분노, 반대, 불신 등)이 그들에게 이입되는 결과가 발생하였다. 둘째로, 이 사건이 미국의 거룩한 중심을 오염시키고 위협한다는 인식이 생겼다. 시민들은 분노했고, 언론들은 끊임없이 닉슨과 그의 보좌관들을 질타했으며, 항의와 시위가 전국적으로 일어났다. 빅터 터너의 이론에 따르면 미국 사회는 이때 역치liminal[18]의 단계로 들어갔다. 일상적인 일들, 국가의 일반적인 대소사는 뒤로 밀려났고, 이전의 가치와 질서는 보류되었으며, 워터게이트 사건과 관련된 가치와 도덕만이 전 사회 구성원들의 관심과 기준이 되었다. 탤컷 파슨스와 닐 스멜

---

17 알렉산더, 《사회적 삶의 의미》, 351쪽.

18 역치 단계란 사회구조가 어떤 일(예를 들어, 카니발과 같은 축제 혹은 사회 갈등, 분열)로 말미암아 덜 구조화된 상태 혹은 '반구조화된' 상태로 들어간 시기를 의미한다. 역치의 기간 동안 사회집단은 기존의 법과 관습과 의례에 "어정쩡하게 끼어 있고", "이미 확립된 사회적 범주 체계와 문화적 코드의 붕괴를 경험할 수 있다". 스미스, 142~144쪽.

서가 말한 '가치의 일반화' 현상이 일어난 것이고, 뒤르켐의 도덕 공동체가 발생한 것이다.

한편, 터너의 이론에 따르면 이 역치 기간 동안 코뮤니타스communitas[19]라는 공동체가 형성된다. 코뮤니타스는 구성원들이 대등한 입장에서 연대하면서 하나의 목표와 관심으로 묶이는 공동체이다. 워터게이트 사건에 대한 분노와 오염원 제거라는 목적을 공유하는 공동체가 형성된 것이다. 이전에 존재하던 계층적, 이념적 구분이 희미해진다는 것이 이 공동체의 특징이다. 그래서 보수와 진보, 민주당과 공화당, 남부와 북부, 경제적 계급 간의 구분이 약해지고, 서로 동일한 목표를 나누고 동일한 목소리를 내게 된다. 실제로 미국이 역치 단계에 들어서자 정치적으로 갈등 구조를 이루었던 보수와 진보가 의견을 같이하고, 공화당 관련자들이 탄핵에 찬성했으며, 경제적 계급 차이가 이 문제의 찬반을 나누는 요인으로 작용하지 않게 되었다.[20]

결국 닉슨은 탄핵되었고, 워터게이트 사건은 천천히 가라앉았다. 미국 사회는 역치 상태에서 빠져나오기 시작하였고 코뮤니타스도 해체되었다. 사람들은 다시 일상의 가치와 질서로 되돌아갔고, 정치는 기존의 대소사 문제로 복귀했으며, 진보와 보수, 공화당과 민주당은 점차적으

---

19 코뮤니타스란 역치의 시기에 발생하는 하나의 집단 현상인데, 코뮤니타스에서는 "기존 집단의 위계질서는 연대감으로 특징지어지는 대등한 사람들 사이의 공동체로 대체"된다. 그리하여 위계질서가 흐려지면서 구성원들은 동등한 위치에서 연대하게 된다. 한편, 이 코뮤니타스가 "성스러운 것을 접촉하게 되었을 때 강렬한 정서적인 경험을 만들어내며 그것은 사회적 연대와 사회적 에너지를 갱신시키는 역할을 한다". Ibid., 143쪽.

20 알렉산더, 《사회적 삶의 의미》, 354~356쪽.

로 대립적인 위치로 돌아갔다. 그러나 분명한 점은 이 모든 과정을 통해 미국의 성스러운 중심이 국민들에게 다시 한 번 생생하게 재확인되었고, 미국 사회가 통합되었으며, 혹시 이 일이 없었더라면 일어났을 수도 있는 다른 범죄와 오염원들이 예방되었다는 것이다. 중심부를 위협하는 오염원을 제거하고 사회를 다시 정화시킨 이 모든 활동은 하나의 의례였으며, 이 의례에는 청문회, TV 방송, 시위, 항의 편지와 전화 걸기 등이 모두 포함되었다. 이런 의미에서 이 모든 활동들은 뒤르켐의 용어를 사용하면 집합 흥분을 표출한 집합 표현이었으며 이를 통해 구성원들은 집합 의식을 공유했다. 또한 이 사건으로 말미암아 미국의 정치인은 물론 시민들까지 모리스 알박스가 말하는 집합 기억[21]을 갖게 되었으며 이런 기억은 그 후 이러한 사건의 재발을 막는 역할을 수행하기도 하였다. 실제로 이 사건은 이후 미국 정치에서 정치적 질서와 민주주의를 지키는 순기능의 역할을 수행하였다.[22]

촛불집회와 시민종교

2008년 5월 2일 처음으로 시작된 미국산 소고기 수입 반대 촛불집회(이

---

21 집합 기억이란 한 집단 혹은 사회가 위대한 사건, 영웅, 집단의 기원 등을 집단적으로 회상, 신화화, 기념하면서 갖게 되는 기억을 뜻한다. 사회 통합에 관한 뒤르켐의 관심을 계승한 알박스는 "집합 기억이 존재하기 때문에 사회가 결속될 수 있다고 주장"하였으며 이 기억들은 "사람들에게 감정적이고 지적인 연대감의 원천을 제공해준다"고 보았다. 스미스, 136쪽.

22 알렉산더, 《사회적 삶의 의미》, 363~365쪽.

하 촛불집회)는 이후 참가자 수가 기하급수적으로 늘어나기 시작하였고, 6월 10일에는 광우병국민대책회의(이하 대책회의) 추산 서울시청 일대에 70만 명, 지방 여러 곳에 30만 명 등 총 100만 명이 모였다. 이러한 움직임은 공개 집회 외에도 인터넷, TV 토론, 신문, 각종 사적 모임 등에서도 지속되었으며, 후에 이 문제는 미국산 소고기 수입 반대를 넘어 반미, 반정부 문제로까지 발전되었다.

5월부터 8월까지 각종 온·오프라인을 '들끓게 했던' 촛불집회는 이명박 정부가 이 문제를 정치 영역 안에 묶어둘 수만 있었다면 일어나지 않았을 집회였다. 미국 부시George W. Bush 대통령과의 전격적인 협정이 한미 자유무역협정FTA에서 유리한 협상을 이끌어내기 위해 필요하고, 무역협정에서는 '기브 앤 테이크give and take'가 일반적이며, 미국이 강대국이기에 협정이 불가피했다는 정치적 설명 등이 설득력을 얻었다면 이 문제는 대규모 집회로 발전하지 않았을 수도 있다. 실제로 초기에 정부는 한미 소고기 협정(4월 18일) 이후 위에서 언급한 정치적, 경제적 이유들을 제시하면서 국민들에게 협정의 필요성과 타당성을 설명하였으며, 협정 반대를 "일부 진보 세력에 의한 정부 비판으로 치부하여" 이 사건을 정치 문제로 다루려고 하였다.[23] 그러나 소고기 수입 문제는 이명박 정부의 의도와 노력에 상관없이 점차로 정치적 문제에서 도덕적 문제로 바뀌기 시작하였다. 다시 말해 정치 영역에서 도덕 영역으로 넘어간 것이다. 그리고 그 변화의 시초에는 10대 여학생들이 있었다.

---

23   이현우, 〈정치참여 유형으로서의 촛불집회: 대표성과 변화〉, 《한국국제정치학회 학술대회 발표논문집》(2008), 7쪽.

첫 촛불집회가 있었던 5월 2일, 청계광장에 모인 만여 명의 인원 중 대부분이 10대 여학생들이었다. 이들은 이미 교육과학기술부가 4월 15일에 발표한 자율화 조치(0교시, 우열반, 방과 후 학습 허용, 촌지 금지 지침 폐지 등)로 인해 격앙된 상태였다.[24] 이들은 특히 광우병을 다룬 방송 프로그램 〈PD 수첩〉(4월 29일)과 잇따른 연예인들의 소고기 협정 반대 글들에 자극을 받고 집회에 참석하였다.[25] 이들은 소고기 협상의 정치적, 경제적 필요성을 인정하지 않았고, 어쩌면 그러한 것들을 인식하지 못했을지도 모른다. 이들이 관심을 가지고 중요하게 여겼던 것은 자신들의 삶, 생명, 건강, 행복, 미래에 대한 가치와 소망이었으며, 이들은 어른들과 이명박 정부가 이러한 가치와 소망을 무시하고 협정을 '마음대로' 결정해버린 것에 분노했다. 이명박 정부의 행위를 정치적 잣대가 아닌 도덕적 잣대로 판단한 것이다. 그리하여 소고기 협정은 도덕적으로 '나쁘고 잘못된 일' 혹은—선과 악의 이항대립 분류 체계로 기술하면—'악'으로 인지되었다. 그리고 '악'의 분류에 따른 감정(반감, 분노, 원망 등)이 이입된 행동이 이명박 정부를 향해 표출되었다.[26]

여학생들의 시위는 인터넷, 방송, 신문 등을 통해 사람들에게 알려졌다. 그러면서 집회에 참가하는 사람들과 단체들이 증가하기 시작하였다.[27] 그러나 방송이나 인터넷을 통해 알려졌다고 하여 언제나 사람들

---

24 이것은 그들의 "미친 소 미친 교육 반대"라는 구호에서 알 수 있다.

25 현장을 취재한 한 기자에 따르면 "현장에서 만난 이들 상당수는 〈PD수첩〉을 보고, 인터넷 글을 읽고 광장으로 나왔다'고 말했다". 김성환, 〈촛불집회 취재기—촛불 100일, 민주주의의 작일 억새풀〉, 《내일을 여는 역사》(2008년 겨울 호), 17쪽.

26 "미친 소 너나 먹어", "이명박 OUT"이라는 구호들이 그 대표적인 예이다.

의 참여가 대대적으로 늘어나는 것은 아니다. 어떤 사건이 사회의 관심과 참여를 이끌어내려면 적어도 두 가지 요소가 필요하다. 다시 말해, 언론이나 집회 참가자들이 이 사건을 알리고 참여를 호소하더라도 그것이 대규모 집회로 발전하려면 문화적 차원의 전제 조건이 있어야 한다는 것이다. 즉, 상징의 확장과 심리적 동일시가 필요하다.[28]

먼저 상징에 대해서 알아보자. 미국산 소고기는 초기에는 단순한 기호만 갖고 있었다. 바로 광우병 위험이 있는 미국산 소고기라는 의미의 기호이다. 그러나 사건이 발전함에 따라 이 기호에 다른 의미들이 연결되면서 두 방향으로 기호가 확장되었다. 한편은 생명과 관련된 것으로 질병, 죽음, 고통, 불행, 두려움 등과 같은 의미들이 미국산 소고기 기호에 붙었다. 이러한 측면에서 소고기는 죽음, 질병, 고통, 불행, 두려움 등을 상징했다.[29] 다른 한편으로, 미국산 소고기는 반反민주주의, 독단, 부패, 인권 및 생명 경시, 무책임 등을 상징했다. 국민의 생명, 건강, 의견, 주권, 절차 등을 무시한 이명박 정부의 행위가 상징에 이러한 의미들을 부여하였다.[30] 중요한 것은, 미국산 소고기라는 기호가 단순히 '광

---

27 "주말 집회의 여파는 고스란히 시민사회단체를 움직이게 했다. 5월 6일, 1,500여 시민사회단체와 인터넷 모임으로 구성된 광우병국민대책회의가 출범식을 진행했다. 당시 시민운동가들 상당수는 '우리가 민심의 폭발력을 제대로 읽지 못했다'며 '국민들이 만들어준 촛불을 이어가는 도우미의 역할을 하겠다'고 선언했다." 김성환, 19쪽.

28 알렉산더,《사회적 삶의 의미》, 71쪽.

29 촛불집회의 이념을 연구한 박영균은 1987년 6월 항쟁과 이번 촛불집회의 차이를 비교하면서 촛불집회는 "'직선제'가 아니라 '행복추구권'과 같은 국민 기본권의 확장에 근거하고 있다"고 지적하였다. 목수정도 "2008년 촛불의 중심에는 '애국심' 대신에 '주권'이 있고 '국익' 대신에 '생명'이 들어앉았다"고 기록하였다. 소고기 촛불집회의 가장 중심적인 동기는 개인적 삶의 질과 행복에 관한 것이었다. 남구현 외,《대한민국은 민주공화국이다?》(메이데이, 2008), 87쪽, 131쪽.

우병 위험이 있는 소고기'를 의미했을 때와 달리 확대된 기호로 작용하게 되었을 때 훨씬 포괄적이고 용이하게 사람들에게 인식, 수용, 전파되었다는 것이다.

심리적 동일시란 그 사건의 피해자 혹은 예상 피해자와 자신을 심리적으로 동일시하거나 그 피해자가 갖는 고통을 자신도 함께 느끼는 행위를 말한다. 이러한 심리적 동일시가 있을 때 개인은 객관적 관찰자나 방관자의 위치에서 벗어나 그 사건이 자신에게 혹은 자신의 주위 사람들(예를 들어, 가족이나 친구)에게 일어날 수 있음을 깨닫고 자신의 일처럼 그 사건에 관심을 갖고 참여하게 된다. 10대 여학생들이 가장 먼저 이러한 심리적 동일시를 집단적으로 표출했으며, 10대 여학생들의 모습과 구호 및 이야기는 심정적 동일감을 갖는 제2, 제3의 사람들을 계속해서 만들어냈다. 이 일은 인터넷상에서 더욱 두드러지게 이루어졌다.[31]

이후 촛불집회와 관련된 여러 사건들은 상징의 확대와 심리적 동일시를 보다 깊게 만드는 결과를 불러왔으며, 이 사건과 관련된 이항대립의 분류 체계를 보다 분명하게 구축하는 데 일조하였다. 서울시 교육청이 촛불집회에 참석한 학생들을 통제하기 위해 800여 명의 생활지도 담당

---

30 "촛불대중이 문제시하는 것은 광우병 위험 소고기 수입 그 자체에 대한 문제 제기이기도 하지만, 더 본질적인 것은 그러한 결정이 주권을 지닌 대중들의 목소리를 철저히 무시하면서 관료적 방식으로 도출되었다는 사실이다." 이런 이유로 촛불집회에서 가장 많이 불려져 마치 주제가처럼 된 노래가 헌법 제1조를 가사로 한 곡, 곧 "대한민국은 민주공화국이다. 모든 권력은 국민으로부터 나온다"였다. Ibid., 26~27쪽, 65쪽.

31 자칭 키보드 워리어keyboard warrior라는 10대와 젊은 층이 이 일의 핵심 역할을 했다. 당시 행해진 한 현장 연구 조사에서도 TV, 신문보다 인터넷 매체가 집회 참여에 더 큰 영향력을 발휘하였다는 것이 발견되었다. 이현우, 21쪽.

교사들을 시위 현장에 투입하고, 전주의 한 고등학생이 촛불집회를 주도했다는 이유로 수업 중 불려나가 학교에 찾아온 형사에게 조사를 받자 이 사건의 기호에 '탄압'이라는 의미가 첨가되었다. 또한 이명박 대통령을 탄핵하고자 온라인상에서 서명을 시작했던 인터넷 사용자 '안단테'를 경찰이 조사하기 시작하자 '공안'이라는 의미가 이 사건에 더해졌다.[32] 이러한 정부의 대응은 집회에 참여하는 학생들과 시민들의 이명박 정부에 대한 반감과 분노를 더욱 증가시켰고,[33] 이로 인해 이명박 정부는 이항대립 분류 체계에서 보다 더 '악'의 쪽으로 위치하게 되었다.[34]

2일부터 시작된 이러한 사태 진전에 침묵으로 대응하던 이명박 대통령은 22일 대국민 담화문을 발표하였다. 그러나 그 담화문은 사건이 정치 영역에서 도덕 영역으로 넘어왔다는 것을 감지하지 못하였다. "정부 결정에 대한 어려움과 한미 자유무역협정의 필요성"을 역설하면서 소고기 재협상은 불가능하다는 일방적 발표였다.[35] 곧 대통령의 현실 인식과 이 사건에 대한 책임 의식 부재가 문제시되었다. 그러나 이 글의 내용과 관련하여 더 중요한 것은 이런 일련의 과정들을 거치면서 대통

32　이러한 경찰의 행동은 5월 14일 '자수 사건'으로 발전한다. "내가 안단테다 잡아가라", "저도 잡아가 주세요", "자수합니다. 잡아가주세요". 이런 모습은 상황이 조금씩 역치 단계로 진입하고 있음을 보여주는 단초라 할 수 있다. 경찰청이 광우병 괴담 유포자 및 촛불집회 주모자를 사법 처리하겠다는 방침을 발표하자 동일한 자수 운동이 다시 재현되었다. 경향닷컴 촛불팀 엮음, 《촛불, 그 65일의 기록》(경향신문사, 2008), 56쪽.

33　이 '탄압'으로 인해 10대 학생들 사이에 5월 17일 집단 휴교를 하자는 문자가 돌기도 하였다.

34　8월 5일 서강대 현대정치연구소의 국민의식 조사는 촛불집회의 지속 원인을 광우병에 대한 우려(18.2%)보다는 이명박 정부의 잘못된 정책(41.1%)으로 보고 있다. 이현우, 23쪽.

35　김성환, 20쪽.

령이 국민의 생명, 건강, 행복, 미래, 가족, 주권 재민, 민주주의 같은 '성스러운' 주제들을 간과하거나 무시하고 있다는 인식, 정치나 경제적 목적이 이러한 '성스러운' 주제들보다 더 중요하게 간주되고 있다는 생각, 그러한 정치, 경제적 이유들로 인해 '성스러운' 가치와 도덕들이 위협받고 있다는 생각, 이러한 위협으로부터 '성스러운 것'을 지키고 주장해야 한다는 인식이 부상하게 되었다는 것이다. 쉴즈의 용어를 사용하면, 미국산 소고기 문제가 우리 사회의 성스러운 중심을 오염시키거나 위협하는 단계까지 발전하게 된 것이다. 대통령의 담화 내용은 결국 촛불집회에 참석한 시민들을 크게 자극해 분노하게 만들었고 그 결과, 이전까지 청계광장에서 열리던 집회가 24일부터 세종로에서 열리게 되었다. 그리고 구호는 '이명박 대통령을 찾아가자'로 바뀌었다.[36]

세종로에서의 시위는 진압 경찰과 그들이 세운 컨테이너에 막혀 청와대로 진출하지 못했다. '소통'을 요구하는 시민들에게 경찰은 해산을 요구했고 물대포를 사용하였다. 이로 인해 '폭력 경찰'이라는 용어가 출현하였고 '공안 정국으로의 회귀'가 언급되기도 하였다. 이런 상황에서

---

36 Ibid.. 이명박 대통령과 정부에 대한 분노가 촛불집회 참여 배경의 가장 큰 요인이었다. 이는 아래 표에서 확인된다. 6월과 7월은 이현우의 연구 결과이며 8월은 서강대 현대정치연구소의 연구 결과이다. 이현우, 23쪽.

〈촛불집회 원인〉 (단위: %)

촛불집회 이유	6월 참석자	7월 참석자	8월 참석자
미국산 소고기 재협상을 위해	22.3	20.4	20.3
정부와 대통령에게 분노를 표하기 위해	29.2	27.4	32.9
이명박 대통령의 다른 정책도 저지하기 위해	23.9	27.7	32.9
이명박 대통령을 탄핵하기 위해	17.1	15.4	7.3
다른 시위 참가자들에 대한 미안한 마음 때문에	1.6	1.2	1.6
호기심으로	1.4	0.4	5.8

대책회의는 6월 10일을 목표로 대규모 집회를 준비하기 시작하였다.

6월 10일 시청 앞에는 학생과 어른 들은 물론 가족, 유모차를 밀고 온 젊은 엄마들, 그리고 향토예비군들까지 모였다. 시청에서 세종로까지 70만 명에 이르는 인원이 촛불을 들고 집합 흥분과 집합 표현을 하며 집합 의식을 공유했다. 이들은 생명, 건강, 삶, 행복, 가정, 민주주의, 주권 등과 같은 '성스러운' 가치, 소망, 신념, 정서 등을 함께 표현하고 공유하는 '도덕 공동체'로 규합되었다. 이들은 또한 경찰과 대치하면서도 자기들 나름대로의 다양한 방식으로 자유롭게 '광장'에서 자신들의 의견을 표출하였다. 상황이 역치의 단계에 들어와 있다는 징조가 여러 군데에서 발견되었다. 시위에 참여한 사람들과 단체들은 기존의 법과 관습과 의례에 '어정쩡하게' 끼어 있었고, 기존의 사회적 범주 체계와 문화적 코드는 붕괴되고 있었다. 평소 그들의 의식 중심에 자리 잡았던 개인적 삶의 목표와 수단은 중심에서 주변으로 물러났으며, 그들의 최고 관심은 광우병 소고기와 이명박 정권이 되었다. 이들 내에 코뮤니타스가 형성되었다. 전혀 알지 못하는 사람들이 서로 동료가 되고 이웃이 되었다. 거리 축제와 공연이 다양한 방식으로 행해졌다.[37] 이전에 사람들 사이에 단절을 만들었던 정치 성향, 지방색, 계층 등과 같은 구별들이 희미해졌다. 그러다 보니 평상시에는 함께 모이지 않았던 개인과 집단 들이 공존하게 되었다. 이런 특징은 집회 장소에서 나타난 깃발들에서 드

---

[37] "비 내린 거리에선 빗속의 슬라이딩을 즐기고, 낯선 이들의 허리춤을 부여잡고 기차놀이를 벌이며, 전경에게 연행되면 '닭장투어'라 명명하여 이를 회화시키는 고도의 유희적 감성은 유연하게 놀이와 참여 예술의 경계를 넘나들며, 광장을 정치적, 문화적 상상력이 결합하는 해방구로 만들었

러났다. "'소올드레서'와 '82COOK', '진보신당 관악구위원회', '선영아 모여라', '이화이언', '잘난여자들', '다함께', '동방신기팬클럽'이 함께 뒤섞이는 시민들의 대오는 정치와 패션과 요리와 음악을 하나로 엮는다."[38] 통계조사 역시 이를 반증하는데, 6월 10일의 대규모 집회가 있기 4일 전인 6월 6일 실시한 설문 조사와 한 달 후인 7월 7일에 시행한 조사의 연구 결과를 비교해보면, "6월 집회에서는 약간 진보적이라는 응답자들이 중도나 진보 성향의 응답자들보다 월등히 많았지만, 7월 집회에서는 진보 성향 참가자들의 비율이 훨씬 높아졌으며 상대적으로 중도나 보수 성형의 참가자 비율이 많이 줄어들었다."[39] 6월 그곳에는 중

다." 이런 "완전히 새로운 국민엠티풍의 축제"에 대해 사회학자 이진경은 다음과 같은 글을 남겼다. "시위대의 움직임은 이전의 양상과 많이 다르다. 집회는 시종일관 밝고 즐거운 분위기여서 전투적인 치열함과는 거리가 멀다. 사람들은 분노하지만 그 분노는 결코 비장하지 않으며, 정권에 대한 비판은 가볍고 유쾌하다. 중고생부터 이른바 '386세대', 직장인들, 심지어 그토록 무관심하던 대학생들까지 포함해 서로 섞이며 하나의 흐름을 형성하고 있다. … 또 하나, 대중들이 경찰이나 체포에 대한 공포를 가볍게 넘어버렸다는 점이 두드러진다. 주동자를 조사하겠다고 하면, 경찰서 홈페이지로 달려가 '내가 주동했으니 나도 구속하라'고 대들고, 현장에서 연행하려 하면 자진해서 잡혀간다는 것이다. 공포를 '상실'한 채 신경망과 같은 네트워크로 연결돼 유연하게 움직이는 대중, 특정한 지도부가 없고 모두 '지도자'가 되어버린 대중, 이질적인 요소들로 구성되지만 그 이질성이 충돌하며 방해하는 게 아니라 서로 결합하며 예측 불가능한 움직임을 창안하는 대중, 그리고 가볍고 즐겁게 싸우는 대중, 이 새로운 양상의 대중이, 박정희를 모델로 하고 있으며 그 시대의 감각으로 기업 운영하듯 작동하는 정부를 겨냥해 싸우고 있는 것이다." 남구현 외, 142쪽, 155~156쪽; 이진경, 〈유쾌한, 그러나 무서운 물결〉, 《한겨레21》(제713호)

38　　남구현 외, 159쪽.

39　　이현우, 13쪽. 이현우는 설문 조사의 결과에 근거하여 촛불집회에 참석한 사람들이 특정 부류의 사람들이 아니라는 것을 찾아내었다. "이상의 경험적 결과를 종합해보면 촛불집회에 참석한 시민들은 일반 시민들보다 적극적인 정치 참여 의사를 가지고 있었으며, 이들은 결코 다른 시민들과 이질적으로 구분되는 특정 집단margins은 아니라는 것을 확인하였다." 또한 6월 6일 현장 조사 결

도도 있었고 중도와 진보 사이도 있었고 진보도 있었다. 중산계층도 있었고 저소득층도 있었다.[40]

역치 단계와 코뮤니타스 공동체에서 선과 악이라는 도덕적 이항대립의 상징 분류는 뚜렷하게 형성되었다. 이러한 상징 분류는 촛불집회가 시작한 때(5월 2일)에도 미미하게나마 형성되어 있었으나 시간이 지나면서 아래 표와 같이 보다 분명하게 드러나게 되었다.

〈2008년 미국산 소고기 수입 반대 촛불집회 분류 체계〉

속	성
미국산 소고기 수입 결정	수입 철회
경제 / 무역	생명 / 건강 / 가족
독단	주권 재민
이명박 정부	촛불 집회
소고기 협상 대표자들	온·오프라인 집회 리더들('안단테' 등)
'조중동' / '네이버'	'아고라' / '다음'
경찰	평화 시위자들

과, 참석자의 51.5%가 과거 집회에 참여한 적이 없는 사람들이었다. Ibid., 19쪽, 21쪽.

40　전체 국민을 대상으로 집회 참여 의사 여부를 묻는 설문 조사에서도 기존의 보수, 중도, 진보의 구분이 희미하게 나타난다. 서강대 현대정치연구소가 8월 5일에 조사한 연구 결과이다. 보수(이명박+이회창), 중도와 진보 사이(정동영), 진보(권영길)로 구분하여 살펴볼 필요가 있다. Ibid., 23쪽.

〈촛불집회 참여 의사〉　(단위: %)

대선 시 지지 후보	참여해본 적이 있다	참여할 의사가 있었지만 사정상 참여하지 못했다	참여해본 적도 없고 참여할 의사도 없다
정동영	15.5	54.1	30.4
이명박	5.7	20.4	73.9
권영길	28.6	52.4	19.0
이회창	9.5	40.0	50.5
기권/투표권 없음	10.7	37.3	52.0

그러나 6월 10일 집회를 고비로 촛불집회의 열기와 규모는 점차로 축소되기 시작하였다.[41] 가장 두드러진 이유는 아래서 언급된 일들로 인해 도덕적 영역에 있던 이 사건이 다시 정치적 영역으로 이동하기 시작했기 때문이다.[42] 먼저, 촛불집회의 구호와 목적이 소고기 수입 저지 외에 다른 것을 구체적으로 표방하기 시작하였다. 공기업 민영화, 건강보험 민영화, 상수도 사업 민영화, 방송 자유 등이다. 대책회의는 이러한 주제들을 모아 1 +5 (소고기 + 대운하, 건강보험, 방송, 공기업, 교육)라는 대정부 투쟁 전략을 추진하였다. 또한 반정부와 함께 반미 문제도 포함되었다. 그러나 이러한 것들은 모두 정치적인 문제였고, 사람들마다 각각의 기호에 대한 이해와 입장이 달라 촛불집회에 모아졌던 힘과 의견이 분열되기 시작하였다. 관변 단체의 출현은 이러한 분열을 더욱 확대, 가속화시켰다. 고엽제전우회와 같은 우익 단체들이 MBC와 KBS 앞에서 촛불집회를 주도하던 시민들과 계속적으로 충돌하였다. 우익의 출현은 정치적 색깔이 희미했던 역치와 코뮤니타스의 촛불집회를 이전 상태로 회귀시켰고, 다시 진보와 보수의 구분이 뚜렷해지게 만들었다.[43]

---

41 집회 참석자 수는 7월 초를 기점으로 확연하게 줄어들었다.

42 이현우는 그 이유를 다음과 같이 드는데 "소고기 협상이라는 아주 구체적이고 이해가 쉬운 이슈easy issue에서 공기업 민영화나 방송 민영화 등 일반인들이 직접적으로 영향을 받지 않거나 이해하기 쉽지 않은 이슈hard issue들이 등장하면서 촛불집회 참여자들과 지지자들의 집중력이 떨어졌다"고 본다. 이 주장을 본 논문의 관점에서 다시 진술해본다면 기호가 복잡해지고 어려워지고 소원해져 사람들에게 쉽게 인식, 수용, 전파되지 않았던 것이다. 그러나 이 분석만으로는 충분한 설명이 되지 않는다. 이현우, 19쪽.

43 이때부터 "보수-진보로 촛불집회의 국면이 굳어지는 듯했다. 서서히 촛불 반대의 목소리도 나오기 시작했다". 김성환, 23쪽.

206

이는 이 사건이 다시 정치 영역으로 복귀한 것을 의미하며 동시에 함께 공유할 공감대와 함께 모일 '광장'의 크기가 협소해졌음을 의미한다. 앞에서 언급한 두 차례(6월 6일, 7월 7일)의 설문 조사 결과는 이를 다음과 같이 반증한다. "이 두 시점의 가장 큰 차이는 첫 조사 시점에서는 집회 참여자와 경찰 사이에 충돌이 없던 문화제적 성격이 강한 집회였고, 7월 7일 조사 시점에서는 집회 때마다 무력 충돌이 있었고, 조사 당일에도 경찰과 충돌이 있었던 상황이었다. 그뿐만 아니라 6월 조사 시점에서는 광우병이 거의 유일한 이슈였지만 7월 중순경에는 다양한 이슈들이 등장하고 이전보다 정치적 구호가 늘어나고 (정치)단체들의 참여도 더 많아졌다. 따라서 두 시점에 집회의 성격이 동일하다고는 볼 수 없다는 주장은 경험적으로 검증할 가치가 있다."[44]

정치색이 짙게 부활한 현장에서 시위대는 경찰과 폭력으로 부딪치게 되는데, 폭력은 일반 사람들의 인식 속에서 좀처럼 도덕적 영역에 속하기 힘든 요소이고, 성과 악의 이항대립에서 주로 악에 위치하는 현상이다. 역치 기간에는 폭력이 정당화되거나 미화될 수 있었을지 모르나 이 단계를 벗어나기 시작한 상태에서의 폭력 행사는 사람들의 이탈을 더욱 가속화시켰고, 촛불집회 참여자들이 가지고 있던 심리적 동일시를 더욱 약화시켰다. 사태가 악화되던 6월 말 천주교정의구현전국사제단이 시청 앞 광장에서 일주일간 미사를 시작한 이후 평화집회가 이루어졌으며 기독교, 불교, 원불교도 함께 집회에 참여하였다. 그러나 종교 집회가 끝나자 시위대와 경찰 간의 물리적 충돌이 재개되었다. 7월

---

44   이현우, 8쪽.

이 지나면서 집회의 규모는 급속히 축소되었고 8월 15일로 모든 촛불 집회는 종료되었다.

촛불집회는 집회에 참여한 사람들에게, 또한 그 집회를 바라본 사람들에게도 깊은 집합 경험과 집합 기억을 남겼다. 그리고 이러한 경험과 기억은 이후 사람들과 정부의 행동에 변화를 주었다. 음식점들은 물론 반찬 가게까지 식품 원료의 원산지를 표시하기 시작하였으며, 물품 소비자들은 식당, 가게, 백화점에서 원산지를 확인하고 물건을 구입하였다. 행정 당국도 여러 가지 조치를 취하면서 식품 안전을 위해 움직였다. 무엇보다도 주목할 것은 10월에 중국산 멜라민 사건이 발생하자 이명박 대통령이 이에 신속히 대응하여, 현장을 방문하며 관계 부처에게 필요한 지시를 시달하였다는 점이다. 미국산 소고기와 관련된 집합 기억은 적어도 당분간 유사한 사건이 발생하지 않도록, 혹은 발생하더라도 신속히 대처하여 문제가 확대되지 않도록 하는 역할을 수행하게 된 것이다.

6월 촛불집회는 체제 수호적, 친정부적 시민운동이 아니었다. 따라서 벨라식 접근이 아닌 신기능주의적 접근이 필요한 현상이었다. 그러나 궁극적으로 볼 때 이 집회는 한국 사회를 통합, 유지시키는 역할을 수행하였다고 볼 수 있다. 그것은 이 집회를 통해 한국 사회 공동체의 '성스러운' 중심에 해당되는 지배적인 가치, 신념, 도덕, 질서, 정서 등이 다시 한 번 재확인되었고, 이것들이 중요한 것으로 구성원(위반자 포함)들에게 강하게 인식되었기 때문이다. 그리고 이런 체험은 집합 경험으로 남아 이후에도 당분간 한국 사회가 '성스러운' 중심에서 이탈하는 것을 막아줄 것이라는 점에서 사회를 통합하고 유지하는 역할을 수행했다고 할 수 있다. 그러나 시간의 흐름과 함께 이러한 인식은 약화되어 유사한 위반자들과 위반 사건들이 발생하게 될 것이고, 이로 인해 필요한 집합 운동들이 다시 출현할 것이다. 사회 공동체는 이를 반복함으로써 자신의 생명을 유지하는 것이다.

시민종교의 종교성

촛불집회와 같은 시민운동을 시민종교로 볼 수 있다는 것을 이미 글 서두에서 언급하였다. 그러나 시민종교를 종교로 분류할 수 있느냐는 문제는 다루지 않았다. 시민종교도 종교로 볼 수 있는가? 종교의 본질적 정의와 기능적 정의라는 두 가지 측면에서 접근할 수 있다. 일차적으로 시민종교는 본질적 의미보다는 기능적 의미에서 종교라 할 수 있다. 기능적 의미의 종교 개념에서는 사회의 어떤 구조나 현상이 종교가 수행하는 기능과 유사한 역할을 수행한다면 이를 종교로 본다. 벨라의 논문에서 언급된 미국의 시민종교는 기능적 의미의 종교이다. 벨라는 모세를 통해 이스라엘을 출애굽시켜 약속의 땅으로 인도한 야훼 종교의 기능, 아룬타 부족의 구성원들을 통합시키며 부족을 유지, 영속시킨 토템 종교의 역할을 염두에 두면서 글을 썼다. 물론 벨라는 위에서 언급하였듯이 종교의 보수적 기능, 곧 체제 유지 기능만 다루었다. 그러다 보니 마틴 루서 킹의 흑인 인권 운동은 논의에서 제외되었다. 그러나 종교는 갈등과 변혁의 기능도 가지고 있다. 천년왕국운동, 해방신학, 근대 유럽의 프로테스탄티즘 등이 그 예이다. 한편, 갈등도 궁극적으로 사회를 통합, 유지하는 역할을 할 수 있다. 갈등이 사회 저변에 잠재하고 있는 문제를 드러내고, 이로 인해 구성원들이 긴장을 유지하면서 해당 문제에 대응하고, 결국은 해체나 분열의 원인이 될 수 있는 문제를 해결함으로써 사회 통합을 유지하는 데 도움을 줄 수 있기 때문이다. 촛불집회 같은 현상도 동일한 관점에서 고찰할 필요가 있다.[45] 촛불집회가 사회 내 긴장과 갈등을 유발하는 역할을 수행했다는 점에서, 더 심한 사회 분열과 혼란의 가능성을 미리 예방하거나 해결하였다는 점에서, 또한 궁극적으로는 사회의 중심 가치를 중심으로 통합을 이루는 데 기여했다는 점에서 기능적으로 종교적이라고 보아야 한다.

그러나 촛불집회를 단지 기능적인 측면에서만 종교적이라고 보는 것은 촛불집회에서 나타난 현상을 협소하게 관찰하는 것이다. 촛불집회는 본질적 측면에서도 종교적이라고 할 수 있다.[46] 본질적 측면에서의 접근을 위해서는 먼저 성스러움the sacred에 대한 광의적 정의가 필요하다. 성스러움을 반드시 제도 종교에만 국한된 현상으로 볼 수는 없다.[47] 성스러움은 제도 종교의 영역 밖에 있는 일반 집단 혹은 집합 현상에도 존재할 수 있다. 뒤르켐에 따르면 성스러운 것은 자체의 내재적 특성 때문에 성스러운 것이 아니다. 사람들이 그것을 성스럽게 인식하고 성스럽게 대하기 때문에 성스러운 것이다. 이런 이유로 기독교인들이 아프리

45　이에 대해서는 루이스 A. 코저의 《갈등의 사회적 기능》(박재환 옮김, 한길사, 1980)을 참조하라.

46　이런 이유로 촛불집회라는 시민운동은 시민종교로 간주될 수 있다.

47　심지어 제도 종교에도 일반적으로 말하는 종교적 성스러움이 부재할 수 있다. 유교와 도교가 그 예이다.

카 부족의 토템을 성스럽게 여기지 않는 것이며, 아프리카의 부족 역시 기독교의 십자가를 성스럽게 여기지 않는 것이다. 성스러움은 이런 의미에서 자의적이라 할 수 있다. 따라서 이 세상에 있는 그 어떤 대상과 관념도 성스러운 것이 될 수 있다.[48] 그리고 이 성스러운 것이 속적인 것을 구별해내고 대비시킨다.

앞에서 살펴보았듯이 촛불집회에는 성과 속의 이항대립적 분류 체계가 존재하였다. 집회 참여자들은 미국산 소고기 협정이 사회의 '성스러운' 요소, 쉴즈의 용어를 사용하면, 성스러운 중심(가치, 도덕, 신념, 질서, 정서 등)을 위협, 침범하였다고 보았다. 촛불집회는 이 오염된 성스러운 중심을 다시 정화하여 지키고자 회집한 모임이다. 그곳에는 성과 속의 분류 체계가 있었으며, 성스러운 것을 보존하려는 회중이 있었고, 이를 위해 이들이 수행하는 의례가 있었다. 이는 마치 십계명 안식일에 법(성스러움)을 어기며 나무를 한(속적인 일) 사람을 이스라엘 회중(도덕적 공동체)이 모여 고발하면서 처벌한 행위(의례)와 같은 것이다. 이런 차원에서 촛불집회는 본질적으로도 종교적이라 할 수 있다. 뒤르켐은 종교를 다음과 같이 정의하였다. "종교는 성스러운 사물들, 즉 구별되고 금기시된 사물들과 연관된 믿음과 의례의 통일된 체계이다. 이러한 믿음들과 의례들은 모든 사람들을 교회라고도 불리는 하나의 도덕적 공동체로 규합시킨다."[49]

48　Emile Durkheim, pp. 51~56.

49　Ibid., p. 62.

결론

이 글은 공적 영역에서의 종교의 기능에 대한 연구가 대부분 제도 종교에 국한되어 있다는 한계를 뛰어넘어 시민종교를 연구 주제로 하였다는 데 연구의 의의가 있다. 이러한 연구는 앞으로 더욱 관심받게 될 것인데, 그것은 현대사회에서 이전 어느 사회보다도 활발하게 시민운동이 발생할 것이기 때문이다. 벨라의 협의적 시민종교가 아니라 사회 긴장과 갈등을 유발하는 시민종교로까지 의미를 확대한다면 그 연구 대상은 더욱 다양하고 폭넓어질 것이다. 아직 국내에서는 이에 대한 연구가 부족하지만 최근에 뒤르켐의 이론을 접목시킨 문화사회학이 소개되고 있어 이 분야의 연구 발전이 기대된다. 문화사회학은 현대사회에서 문화(곧 가치, 도덕, 신념, 소망, 정서, 감정 등)의 위치와 영향력이 매우 중요하다는 입장에 서 있는 학문 분야다. 단순히 정치나 경제가 사회와 그 구성원들을 주도한다고 보지 않는다. 이것은 촛불집회에서도 분명하게 나타났다. 촛불집회는 현대사회를 때로는 갈등으로, 때로는 변화로 이끌 여러 문화적 요소가 복합적으로 모여 있는 사건이었다. 관심을 두고 자세히 살펴보면 그 안에서 앞으로 나타날 여러 사회현상들을 설명하거나 예상할 수 있다.

8.
낮은 데로 임하소서:
용산 참사와 사회적 외상

들어가는 말

이 글은 두 가지 목적, 곧 이론적 목적과 실제적 목적을 가진다. 이론적 차원에서는 사회에서 발생한 사건이 사회적 외상으로 구성되기 위해 필요한 문화적 요인이 무엇인지 살펴본다. 실제적 차원에서는 이 이론 작업을 2009년 1월 20일 용산구 남일동 건물에서 발생한 '용산 참사'에 적용한다. 여기서 사회적 외상이란 문화사회학자 제프리 알렉산더의 '문화적 외상' 정의에서 응용해온 개념이다. 알렉산더는 "한 집단의 구성원들이 자신들의 집단의식에 지울 수 없는 흔적을 남겨서 그들의 기억에 영원히 자국을 남기고 돌이킬 수 없는 근본적인 방식으로 자신들 미래의 정체성을 변화시키는 끔찍한 사건을 당했다고 여겨질 때 문화적 외상은 발생한다"고 하였다.[1] 이런 의미에서 볼 때 용산 참사는 철거민이나 그 가족들 혹은 관련자들에게 문화적 외상 또는—본 논문에서 사용하고자 하는—사회적 외상이 아닐 수 없다. 이는 용산 참사로 인해 이들의 의식이나 정체성이 이전과는 근본적으로 다르게 변화하였음을 보여주는 여러 기록들에서 잘 나타난다.[2]

　　문제는 이 외상이 다른 집단에게도 외상적 사건이 되었을까 하는 것이다. 이것은 특히 중요한데, 이유는 "특정 집단에게 극히 외상적인 역사적 사건이 이후 다른 집단에게 외상적인 사건으로 재정의될 때 그 사건은 도덕적 악에 대한 일반화된 상징이 되면서 보편적 상징으로서의 역할을 수행할 수 있게" 되기 때문이다.[3] 그리고 이렇게 될 때 "이 사건과 관련이 전혀 없다고 느끼는 다른 집단 사람들도 이 일에 대해 기억, 반응, 느낌을 갖게 된다. 그리고 그들의 사회적, 도덕적 삶에 영향을 미치게" 된다.[4] 이러한 방식으로 여타의 집단 구성원들이 그러한 기억, 반응, 느낌을 가지게 되면 그 사건은 더 이상 어느 특정 집단의 외상이 아니라 집단 구성원들과 연관된 사건으로 인식되며, 이로 인해 그들은 사건 피해자들과 정서적, 도덕적으로 교류하고 연대하게 된다.[5] 이렇게 되

1　제프리 알렉산더, 《사회적 삶의 의미》, 박선웅 옮김(한울, 2007), 197쪽.

2　이에 대한 자료는 다수 존재한다. 이들은 더 이상 이전에 가지고 있던 의식과 정체성으로 살 수 없게 되었고, 이 급격하고 근본적인 변화는 그들에게 정신적, 심적 불안과 고통을 일으켰다. 예를 들어, 참사 피해자 가족 중 한 사람은 "우리 모두 신경정신과 치료를 받고 있다"고 말하였다. 〈'용산' 화해하다〉, 《중앙일보》(2010.1.30).

3　알렉산더, 66~67쪽.

4　Ibid., 76쪽.

5　여기서 양측이 도덕적으로 연대, 교류한다는 것은 동일한 도덕적 내용, 가치, 구분을 서로 공유하고 공감하면서 필요하면 도덕적 행동도 함께한다는 의미이다.

면 해당 사건은 특정 집단을 넘어 사회적 문제로 부각될 수 있으며, 사건 속 악과의 대결 및 문제 해결이 사회적 차원에서 시도될 수 있다. 그리고 이때 사회 변화도 가능해진다.

　이러한 측면에서 볼 때 용산 참사는 과연 다른 집단들에게 외상적인 사건으로 재정의되었는가? 그렇다고 볼 수 없다. 용산 참사의 전반적인 사태 진전을 살펴볼 때 그 사건은 그들만의 외상으로 남았다. 용산 참사는 악(예를 들어, 약자에 대한 강자의 억압)에 대한 일반화된 상징이 되지 못하였고 따라서 사회적 외상 사건으로 자리 잡지 못하였다. 또 피해 집단과 사회의 다른 집단들 사이에 정서적이고 도덕적인 교류나 연대도 부재하였다. 무엇이 원인이었는가? 이 글은 그 원인을 문화사회학의 관점에서 파악하고자 한다. 특별히 제프리 알렉산더와 필립 스미스의 문화사회학 이론에 근거하여 분석한다.[6] 이 두 사회학자는 문화를 정치나 경제로 환원되지 않는 독립적인 실체로 보았고, 문화가 정치, 경제 못지않게 현대사회에서 중요한 역할과 영향력을 발휘하고 있다고 보았다. 이러한 인식하에 문화가 현대사회에서 발생하는 여러 사건들에 어떤 영향력을 발휘하고 있는지 분석하고 설명하였다. 이 글 역시 그러한 시도 중에 하나이다.

6　이들의 문화사회학에 대해 더 자세한 내용은 상기 언급한 알렉산더의 책과 함께 다음의 책들을 참조하라. 필립 스미스, 《문화 이론》, 한국문화사회학회 옮김(이학사, 2008); 최종렬 엮고 최종렬 외 옮김, 《뒤르케임주의 문화사회학》(이학사, 2007); 최종렬, 《사회학의 문화적 전환》(살림, 2009); 랜들 콜린스, 《사회적 삶의 에너지》, 진수미 옮김(한울, 2009).

사회적 외상의 출현을 위한 필요조건으로서의 재현

일반적으로 사람들은 사회에 어떤 충격적인 사건이 발생하면 그 충격의 정도만큼 사회적 외상이 형성된다고 생각한다. 그러나 이는 잘못된 생각이다. 알렉산더는 이를 '자연주의적' 사고 유형에서 오는 오류로 인식한다. 그에 따르면 이 오류 뒤에는 두 가지 사고 유형이 작동하고 있다. 먼저 계몽론적 유형으로 "사람들은 근본적으로 '도덕적' 성향을 지니고 있기 때문에 잔학 행위를 있는 그대로 인식하며, 정당화를 허용했던 신념 체계를 공격함으로써 잔학 행위에 대한 반응을 보인다"는 주장이다.[7] 두 번째는 정신분석학적 유형으로 "공포에 직면했을 때 당사자와 관객은 비판과 단호한 행위로 대응하지 않고 침묵과 당황의 반응을 보인다. (그러나) 시간이 지난 후 사람들은 발생했던 일에 대해 말하기 시작하고 이러한 인식에 대한 대응 조치를 취할 수 있게" 된다.[8] 우리가 이러한 오류를 극복하면서 자연주의적 사고 유형에서 벗어난다면 다음과 같이 결론을 낼 수 있을 것이다. 사람들은 '도덕적' 성향을 지니고 있지만 충격적이고 잔학한 사건에 반드시 비판과 단호한 행위로 대응하지는 않을 뿐 아니라 이것은 시간이 지난 후에도 그러하다. 또 사람들이 잔학 행위를 있는 그대로 인식하는 것도 아니다.

　알렉산더는 이에 대해 "어떠한 외상도 자체 해석을 하지 못한다"는 말로 표현하였다.[9] 이것이 뜻하는 바는 사건의 내용이나 본질이 그 사

7　알렉산더, 74쪽.

8　Ibid., 74쪽.

9　Ibid., 77쪽.

건의 외상 가능성을 결정하지 않는다는 것이다. 예를 들어, 열 명이 사망해도 외상이 되지 않는 경우가 있는 반면 단 한 명이 사망했는데도 사회적 외상이 되는 경우가 있다. 따라서 외상 여부는 존재론적이 아니라 인식론적으로 접근해야 한다. 곧 그 사건이 어떻게 알려지고 구성되는가—문화사회학자들의 표현을 사용하면 표상 혹은 재현representation—에 달려 있다는 것이다. 사건은 이 재현 과정을 통해 악의 상징으로 표상될 수도 있고 그렇지 않을 수도 있다. 결국 사건에 대한 이해와 외상으로의 발전 여부는 자연적으로 존재하는 것이 아니라 "임의적인 구성, 곧 문화적, 사회적 작업의 산물로 인식되어야 한다".[10] 따라서 사건은 문화적 해석을 필요로 한다.

문화적 해석을 위해 우리는 알렉산더와 스미스에게서 다음 네 가지 개념을 끌어올 수 있다. 상징의 구성 및 확대, 심리적 동일시, 이항대립 분류 체계 그리고 서사이다. 먼저, 사건은 상징을 통해 사건의 의미를 재현하고 전달한다. 이때 상징은 단 하나의 의미로 구성될 수도 있고 여러 의미로 구성될 수도 있다. 기호학적으로 서술한다면 기표는 하나이지만 기의는 다의적일 수 있다. 기의가 여러 개로 확대될 경우 기의가 단 하나일 때보다 수신자의 범위가 확대된다. 여기서 확대는 양적 차원과 질적 차원이 있다. 양적 차원의 확대는 기의의 숫자가 증가하는 것이고, 질적 차원의 확대는 기의의 내용이 많은 사람들이 공감할 수 있는 내용으로 확대되는 것이다. 이렇게 양적, 질적으로 확대될 때 상징은 더 많은 사람들에게 의미를 전달하면서 영향력을 발휘할 수 있게 된다.

---

10   Ibid., 78쪽.

한편, 상징의 형성과 확대에는 상징 생산수단의 소유 여부가 중요하다. 칼 마르크스의 계급 이론과 유사하게, 상징을 생산하는 수단을 소유한 집단이 상징의 형성과 확대를 통제한다. 이들은 상징의 '지배계급'이 되는 반면, 상징 생산수단을 갖지 못한 계층은 상징의 '피지배계급' 혹은 상징 소비자로 남는다. 일반적으로 볼 때 오늘날 상징 생산수단은 문화 권력이 점유하고 있고 따라서 상징의 향방은 이들의 손에 좌우된다. 대표적인 문화 권력은 정부, 대중매체, 재계 그리고 학계이다.[11] 이상의 내용에 근거해 '용산 참사'의 상징은 무엇이고 그것이 어떻게 구성되었는지, 상징의 확대는 얼마나 이루어졌는지, 누가 상징 생산수단을 소유하고 있었는지 묻고 대답해볼 필요가 있다.

둘째, 사건을 직접적으로 체험하지 않은 사람들에게 그 사건이 외상으로 경험되기 위해서는 심리적 동일시의 과정이 필요하다.[12] 심리적 동일시란 해당 사건과 관련이 없는 사람들이 사건 피해자와 감정적 연대를 형성하는 것을 말한다. 이러한 감정적 연대가 형성되면 그 사건은 사건 당사자만의 사건이 아니라 모두의 사건이 되며, 이때 두 집단 간에는 도덕적 교류와 연대도 가능해진다. 다시 말해, 동일한 도덕적 내용을 공유, 공감할 수 있게 된다는 것이다. 이 동일시는 다음 두 요소에 의해 촉진 혹은 억제될 수 있는데 바로 피해자의 '개인화' 여부 및 양 집단 간의 이질성 여부이다. 사건의 피해자가 추상적으로, 또 익명으로 다루어졌

---

11   이들이 문화 권력을 소유하는 것이 일반적이지만 오늘날과 같이 인터넷이 상용화된 세계에서는 반드시 그렇지 않을 수도 있다. 이에 대해서는 뒤에서 다시 논의하기로 한다.

12   알렉산더, 71쪽.

을 경우 심리적 동일시는 발생하기 어렵다. 그러나 피해자의 신상이나 사연이 대중매체 등을 통해 '개인화' 및 '인격화' 되면 동일시는 보다 쉽고 효과적으로 발생한다. 한편, 피해 집단과 여타 사회집단 간에 이질성이 심하다면 심리적 동일시는 좀처럼 발생하지 않는다. 이질성이 심리적 동일시의 발생을 억제하는 요소로 작용하기 때문이다. 이 요소들이 용산 참사에서는 어떻게 작용하였는지 살펴보자.

셋째로, 알렉산더와 스미스는 구조주의 문화인류학 이론에 근거하여 사건을 성과 속이라는 이항대립의 상징 분류 체계를 적용하여 해석한다. 그들에 따르면 이항대립의 이원성은 "모든 인류 사회의 본질적인 특징"이다.[13] 이는 원시사회나 현대사회에서도 동일하며 특히 한 공동체 내에 외상이 될 수 있는 사건이 발생하였을 때는 더욱 그러하다. 이러한 이항대립은 그 대립적 특성을 통해 사건의 특성과 의미를 대립적으로 드러나게 하여(예를 들어, 좌와 우 혹은 진보 대 보수) 사람들이 사건을 분명하게 인식하고 이해할 수 있게 한다. 이때 사람들은 성과 속의 대립 분류 체계를 인식론적으로 접근(예를 들어, 옳다 아니다, 혹은 선하다 악하다)할 뿐만 아니라 정서적으로도 접근한다. 그래서 사람들은 성을 위협하거나 오염시키는 속이 발생할 경우 이 사실을 인식할 뿐만 아니라 속에 대해 강한 반대 감정을 가지게 된다. 그리고 성을 보호하기 위해 필요한 안전 장치를 확립하려 하며, 속에 대해서는 강력한 제재나 공격 방책을 세운다.[14] 이는 외상 사건이라는 문제를 해결하는 중요한 계

---

13 Ibid., 78쪽.
14 Ibid., 78~79쪽.

기가 된다. 이러한 상징 분류 체계가 용산 참사에서도 구성되고 작용하였는지 살펴보자.

마지막으로 서사에 대해서 알아보자. 오늘날의 시대를 '서사의 시대'라고 말하기도 한다. 다만, 하나의 거대 서사가 존재하던 모던 사회와 달리 포스트모던 사회에서는 다양한 서사가 움직이고 있다는 주장도 있다. 그러나 포스트모던도 모던의 연속이라는 입장에서 볼 때 오늘날에도 아직 거대 서사가 존재한다고 할 수 있다. 서사가 중요한 것은 사건이 서사 위에서 위치와 의미를 획득하기 때문이다. 각개의 사건들은 일회성, 불연속성, 비동일성, 혼돈의 상태에 존재한다. 그러나 서사는 사건에 지속성, 의미 그리고 동일성을 부여하면서 사건을 사람들의 인식과 판단의 범위 안으로 끌어들인다.[15] 서사 안에서 사람들은 개인적 혹은 사회적 사건을 의미 있는 실재로 인식하게 되고, 이 인식에 근거해 사건에 대한 태도를 정한다.

따라서 개인들이 어떤 서사를 취하느냐(곧, 서사의 개인화)에 따라 사건의 성격과 의미가 달라진다. 스미스와 알렉산더는 사건을 하나의 텍스트로 간주하여 텍스트 분석을 시도한다. 그들은 문학비평가 노드롭 프라이의 서사 연구에서 네 가지 서사를 빌려 이를 수행하는데, 곧 로망스 서사, 희극 서사, 비극 서사, 아이러니 서사이다. 이 가운데 로망스 서사와 비극 서사가 중요하다. 알렉산더는 로망스 서사를 진보 서사라고 보았는데, 이 서사의 특징이 진보, 안정, 성장, 통합과 관련되기 때문이

15   이에 대하여서는 이정우의 《사건의 철학》(그린비, 2011) 1장과 박승길의 〈포스트모던 문화의 서사구조와 현대 종교시장의 스펙트럼〉, 《종교사회학 특별포럼 자료집》(한국종교사회학회, 2009)을 참조하라.

다.[16] 이에 비해 비극 서사는 소외, 축출, 비극, 종말 등과 관련된다. 용산 참사는 어떤 서사를 구성하였는지, 사건 관련자들은 어떤 서사를 취하여 사건의 의미와 성격을 인식하였는지, 사회의 다른 집단이나 사람 들은 용산 사건 관련자들의 서사를 함께 공유하고 공감하였는지 그리고 그 결과는 무엇인지 살펴볼 필요가 있다.

용산 참사 분석

용산 참사는 사회적 외상으로 구성될 수 있는 가능성이 높은 사건이었다. 다섯 명이 일시에 화재로 참혹하게 사망하였을 뿐 아니라 이 일이 경찰력에 의해 발생하였기 때문이다. 그러나 용산 참사는 사회적 외상이 되지 않았다. 이는—비록 시기적으로 차이가 있지만—박종철 고문치사 사건이나 이한열 사망 사건처럼 단 한 명이 사망했음에도 불구하고 전 사회적인 사건이 되었던 경우와 비교해볼 때 분명 차이가 있다. 또한—공권력에 의해 발생하지는 않았지만—용산 참사와 비슷한 시기에 발생한 '조두순 사건'의 경우와 비교해보아도 그러하다.[17] 조두순 사건은 인명 사망이 없는 상해 사건이었지만 많은 사람들의 마음에 외상을 일으켰다. 결국 사회적 외상 발생 여부는 사건의 계량적 내용 혹은

---

16 이에 대하여서는 '비극 서사로서의 철거민의 삶'에서 더 자세히 다루고자 한다.

17 조두순이 경기도 안산에서 8세 소녀를 성폭행하여 소녀의 신체 일부를 불구로 만든 이 사건은 2008년 12월에 발생하였고 그 이듬해인 2009년 9월에 세간에 알려졌다.

사건 자체에 달려 있지 않다. 그것은 문화적, 사회적으로 구성되고 알려진다. 용산 참사는 이 문화적 재현에서의 문제점으로 인해 사회적 외상이 되지 못하였다. 이제 좀 더 자세히 살펴보자.

외상 구성의 실패 원인 분석

상징 구성과 확대

용산 참사의 상징은 일반 사람들이 접근하거나 수용하기에는 구성의 방향이나 확대의 정도에 한계가 있었다. 사건 초기 이 사건은 공권력의 무모한 과잉 진압을 상징하는 사건으로 인식되기도 하였으나 시간이 지나면서 철거민들의 불법과 폭력을 상징하는 사건으로 변했다. 순전히 분석적 차원에서 생각해본다면, 이 사건은 정부와 공권력의 문제점들(인권침해, 과잉 진압, 국가 폭력, 공권력에 의한 인명 사망 등)을 지적하면서 생명의 존귀함, 주거의 자유, 인권, 행복, 가족, 경제 정의 등과 같은 보편적이고 도덕적인 내용들을 상징하는 사건으로 확대될 수 있었다. 에드워드 쉴스에 따르면 후자의 내용들은 한 사회의 '성스러운 중심'에 속하는 것들로,[18] 만일 어떤 힘이 이 '성스러운 중심'을 오염시키거나 위협하면 이 힘은 악으로 상징화되면서 사람들은 이 악에 강한 반대 감정을 갖고 악에 대한 강력한 제재나 공격 방책을 세운다.

이런 상황이 전개된 것이 앞 장에서 분석한 2008년도 미국산 소고기

---

[18] 쉴즈에 따르면 모든 사회에는 거룩한 중심이 있다. 이 중심은 지리적 위치가 아니라 그 사회의 중심 가치, 신념, 이상, 질서 등을 의미한다. 스미스, 153쪽.

수입 반대 사건이다. 이 사건의 초기 기호는 '무역 불공정', '정치적 협상' 등과 같은 비교적 단순한 정치적, 경제적 기호였다. 그러나 시간이 지나면서 기호가 '생명', '건강', '가족', '행복', '주권', '미래' 등과 같은 보편적이고 도덕적인 내용으로 확장되면서 사람들의 관심과 참여가 증대되기 시작하였다. 사람들은 '성스러운 중심'이 속적인 권력에 오염되고 위협당하고 있다고 인식하였고, 촛불집회에서 집합적으로 강한 반대 감정과 저항을 표현했다. 만일 용산 참사의 기호가 이러한 방향으로 구성과 확대를 이루었다면 사건은 사람들의 관심과 참여를 불러일으켰을 것이고, 사건이 특정 집단을 넘어 사회적 문제로 부각되어 결국 악에 대항하는 운동 및 문제 해결 시도가 사회적 차원에서 전개되었을 것이다.

그러나 용산 참사의 기호는 보편적이고 도덕적인 내용으로 구성되기보다는 정치적이고 경제적인 것으로 구성되었으며, 그것도 부정적 내용의 성격으로 구성되었다. 주로 불법, 폭력, 테러, 게릴라, '전국철거민연합(전철연)', 보상금, 의도적 전입, 좌익, 집단주의, 이기주의, 사회 불만자 등이 용산 참사를 표상하는 기호가 되었다. 이러한 기호는 사람들의 호응과 참여를 불러일으킬 수 없다. 성스러운 중심에 속한 보편적인 도덕적 기호들이 아니었던 것이다. 오히려 속의 영역에 속하는 것으로 간주되는 것들이었다.

용산 참사의 기호가 이러한 방향으로 구성된 데에는 두 가지 이유가 있다. 첫째, '전형화'이다. 전형화란 현상학자 후설Edmund Husserl과 슈츠Alfred Schütz가 제시한 개념으로, 사람들은 어떤 사건이 발생하면—그것이 특이하거나 놀랍거나 끔찍한 것과 상관없이—이전에 흔히 발생하여 잘 알려진 사건이나 범주와 연결해 생각하려고 한다는 것을 의미한다. 이러한 전형화를 통해 생소할 수 있는 새로운 사건이 '친숙'하게 여겨지고, 특이할 수 있는 사건이 전형적인 사건으로 인식된다.[19]

용산 참사는 사람들에게 '놀랍고 끔찍한' 사건으로 다가왔다. 그러나 사람들은 이 사건을 있는 그대로 인식하거나 혹은 새롭게 인식하기보다 전형화를 통해 이해하고 설명하였다. 이전에 있었던 철거 관련 사건이나 유사한 사건의 범주, 곧 불법, 폭력, 집단주의, 공권력, 보상금 등과 관련된 사건과 연결시켜 용산 참사를 인식하였다는 것이다.[20] 이렇게 되면 이전 사건에서 형성된 상징이나 성과 속의 분류 코딩이 현재 사건의 특이성에 대한 적절한 고찰 없이 현재 사건에 전이된다. 그 결과 용산 참사는 이전 철거 사건 또는 공권력에 대항한 폭력 사건과 동일하거나 별다르지 않은 사건으로 사람들의 인식 안에 자리 잡았다. 용산 참사는 그 사건의 특이한 내용 및 성격과 무관하게 이전의 유사 사건과 동일한 사건으로 재현되어버린 것이다.

용산 참사의 상징 형성의 두 번째 문제점은 상징을 생산하는 수단과 이를 분배하고 통제하는 능력이 피해 당사자들이 아닌 정부나 언론 같은 문화 권력의 손에 놓여 있었다는 것이다. 철거민이나 이들을 지지하는 집단들도 인터넷 등의 대중매체를 통해 상징을 어느 정도 생산하고 전파할 수 있었으나 문화 권력의 힘에 대응할 수 있을 정도는 아니었다. 이런 상황에서 상징의 의미나 성격은 피해자나 지지자들의 생각과는 상

---

19 알렉산더, 81~82쪽. 알렉산더는 이러한 이유로 인해 상징의 구성과 확대 과정에서 혹은 뒤에서 언급할 코드 작업에서 역사가 중요한 역할을 한다고 주장한다. 이전에 있었던 사건과 역사적 배경이 상징과 코드 형성에 결정적인 역할을 하기 때문이다.

20 이에 대해서는 뒤에서 서술할 심리적 동일시에 대한 연구에서 더욱 자세히 언급하기로 한다.

관없이 문화 권력자의 의도대로 형성되고 확대된다. 용산 참사의 기호가 불법, 폭력, 테러, '떼법', 질서 파괴 등과 같은 기의로 채워진 것은 바로 이러한 권력 작용이 있었기 때문이다.

이러한 점은 미국산 소고기 수입 반대 사건이나 숭례문 전소 사건과 비교하면 그 차이를 분명히 알 수 있다. 광우병 사건의 경우 상징의 형성, 전파, 분배의 주도권이 정부나 언론에 있지 않았다. 2008년 6월 10일 서울시청을 중심으로 100만여 명이 모인 집회가 이루어지기까지 상징 생산 수단은 누리꾼과 시민들에게 있었다. 이 사건의 상징은 청소년에서 주부에 이르기까지 인터넷상의 토론장이나 집회에 직간접적으로 참여한 사람들을 통해 형성, 확대되었다. 미국산 소고기 수입 반대 사건의 기호가 정치적, 경제적 차원에서 생명, 건강, 행복, 가정, 미래, 주권, 표현의 자유 등과 같은 기의로 재구성되고 확장된 것은 누리꾼과 시민들이 상징의 생산 및 전파 수단을 가지고 있었던 결과이다.

2008년 2월에 전소된 숭례문 사건도 유사한 경우이다. 사건 이전 숭례문은 단지 국보 1호 혹은 교통 지표를 상징했다. 그러나 전소된 후 숭례문의 상징은 확대되어 여러 의미를 구성하게 되었는데 이 배경에는 정부 당국이나 언론보다는 일차적으로 누리꾼과 시민들의 활동이 있었다. '▶◀ 지못미'를 내걸면서 인터넷을 달군 이들의 집단 활동을 통해 숭례문의 기표가 '민족', '자존심', '얼', '역사', '대한민국', '정체성', '유산' 등의 기의를 가지고 전파된 것이다.

숭례문 사건의 경우 정부 당국에게 다행이었던 것은 숭례문의 기호들이 반정부적인 성격과 의미를 가지고 있지 않았다는 것이다. 오히려 숭례문의 기호들은 사회 통합의 역할을 수행하였다고 볼 수 있다. 그리하여 정부 당국이 상징의 생산수단을 전유하지 못하였지만 반드시 그 것을 되찾거나 통제할 필요가 없었다. 그러나 미국산 소고기 수입 반대 촛불집회는 반정부적 성격을 띠었다. 그럼에도 불구하고 정부는 상징을 통제할 수단과 힘을 가지고 있지 못하였다. 그 결과 정부 당국은 상징 생산수단을 소유한 집단의 활동을 주변부에서 바라볼 수밖에 없는 위치에 서 있었다. 용산 참사는 이와는 반대되는 상황이었다. 상징 생산수단은 정부와 언론과 재계가 소유하고 있었다. 이들은 자신들이 원하는 방향으로 상징을 구성하고 전파하였고, 이러한 상황에서 사건 피해자나 동조자 집단의 상징 구성 능력은 한계를 가질 수밖에 없었다. 이들 역시 상징을 구성하고 전파하고자 하였지만 이들의 활동은 상징 '지배계급'에 의해 제약되고 통제되었다. 결국 상징 소비자들, 곧 일반 시민들이 구매한 상징은 정부, 언론, 기업주들이 구성한 정치적인 내용의 상징이었고 철거민들을 부정적으로 바라보는 상징이었다.

심리적 동일시

용산 참사는 심리적 동일시가 발생되지 않은 사건이었다. 극히 제한된 숫자에게만 동일시가 형성되었고 나머지 다수의 사람들에게는 동일시가 일어나지 않았다. 이런 상태에서 피해자 집단과 다른 사회집단의 구성원 간에는 감정적 연대나 도덕적 연대가 형성될 수 없었다. 예를 들어 위에서 잠시 언급한 조두순 사건과 비교해보자. 조두순 사건은 용산 참사처럼 피해자, 가족, 친지에게 지울 수 없는 자국을 남긴 전형적인 외상 사건이었다. 이 사건은 다른 집단들에게, 특히 여성, 부모 집단에게 강력한 심리적 동일시를 일으켰다.[21] "딸 가진 부모로서 너무 가슴 아프다"라고 말한 사람도 있었고, "딸 가진 부모입니다. 말로 표현할 수 있을까요? 정말이지 어떻게 그런 짓을…"이라고 적은 사람도, 또 "이 마음을 어찌 표현해야 할지 우리 모두의 딸 나영이"라고 말한 사람도 있었다.[22] 이러한 심리적 동일시로 인해 피해자를 위한 모금 활동도 사람들의 높은 관심 속에 활발히 전개되었으며,[23] 사건 가해자를 강력하게 처벌해달라는 사람들의 요구도 거셌다.[24]

이 모두가 심리적 동일시로 인해 해당 사건이 피해 당사자나 그 가족들만의 사건, 즉 '남 이야기'가 아니라 '자신'의 사건이 되었기 때문이다. 이 과정을 통해 조두순 사건은 사회적 외상이 되었고, 사람들은 도덕적, 감정적 연대를 형성하면서 악에 대한 분노를 표출하는 한편 동일한 사건의 재발 방지를 위해 필요한 안전 장치를 확립하려고 하였다. 조두순 사건과 용산 참사를 계량적으로 비교할 수는 없으나 분석적 차원에서

---

21 "몸과 마음에 평생 치유할 수 없는 상처를 입은 나영이와 그 부모가 겪고 있을 고통에 목이 메고, 나영이를 지켜주지 못한 미안함에 속울음을 삼키는 국민도 많다." 〈'나영이 사건' 두 번 다시 안 일어나게〉, 《한국일보》(2009.10.2).

22 〈"제2의 나영이 없어야"… 모금열기 후끈〉, 《연합뉴스》(2009.10.2); 〈"술 먹고 한 짓이라 감형?" 靑홈피 부글부글〉, 《중앙일보》(2009.9.30).

23 "아이디 '하늘엄마'는 '나영이 사건 같은 끔찍한 일이 또다시 일어나서는 안 된다'며 모금에 동참했다. '딸 둘에 아들 하나를 가진 엄마'라고 자신을 소개한 아이디 '애 셋 엄마'는 '제발 아이들이 안전하게 자랄 수 있도록 도와주세요'라며 3만 원을 보냈다." 〈제2 '나영이 사건' 없도록… 누리꾼들 모금열기 후끈〉, 《국민일보》(2009.10.5).

24 조두순에게 징역 12년형이 확정되자 "각종 인터넷 게시판에는 '어린아이의 인생을 망치고 겨우 12년이라는 처벌은 너무 낮다', '두 번 다시 이런 일이 생기지 않으려면 처벌 수위를 더 높여야 한다' 등의 댓글이 쏟아졌다." 〈잔인한 아동 성폭행범에 겨우 징역 12년이라니…〉, 《한국일보》(2009.9.30).

비교해본다면 후자는 전자보다 더 많은 사람이, 그것도 불에 타서 사망하였다. 그럼에도 용산 참사에는 이상에서 살펴본 것과 같은 심리적 동일시가 발생하지 않았다. 용산 참사가 사회적 외상으로 발전하지 못한 이유 중 하나이다.

심리적 동일시는 '개인화'와 '이질성'이라는 요인에 따라 촉진되기도 하고 저지되기도 한다. 먼저, 개인화는 사건의 피해자가 대중매체를 통해 인격적으로 다루어지거나 전기적 묘사로 개별화되어 알려지는 것을 의미한다. 사람들은 이러한 보도와 묘사를 통해 그들과 '개인적'으로나 '인격적'으로 만나게 되고, 이런 만남을 통해 사건의 고통을 부분적으로나마 체험하면서 그들과 심리적 동일시를 갖게 된다.

예를 들어, 우리는 제2차 세계대전 중 발생한 유대인 학살 사건과 직접적인 관계를 가지고 있지 않다. 따라서 사건 피해자들과 심리적 동일시를 가질 가능성이 극히 낮다. 그러나 《안네의 일기 _Het Achterhuis_》와 같은 책은 히틀러 정권의 유대인 학살을 전혀 체험하지 않은 사람들에게도 심리적 동일시와 도덕적 연대를 일으키는 역할을 수행하였다.[25] 피해자 안네와 그의 가족들이 책이나 영화를 통해 인격화, 개인화된 결과이다. 사람들은 매체를 통해 특정 개인이 겪은 불행과 두려움과 고난을 바라보면서 그들의 고통을 보다 구체적이고 가깝게 느끼게 된다. 이 사실은 다음의 비교에서 잘 드러나는데, 동일한 유대인 탄압 행위가 역사 다큐멘터리처럼 추상적인 형식으로 보도될 때는 《안네의 일기》와 같이 개인

---

25 이와 유사한 예들로 영화 〈피난처〉, 〈쉰들러 리스트〉, 〈디파이언스〉, 〈인생은 아름다워〉, 〈피아니스트〉 등이 있다.

화된 형식으로 보도될 때와 달리 동일시가 발생하기 어렵다.[26]

조두순 사건 역시 피해자와 그 가족이 신문과 방송을 통해 개인화되면서 동일시가 더욱 강하게 발생하였다. 심지어 숭례문 전소 사건에서도 이러한 동일시가 일어났다. 숭례문은 비인격적 물체였음에도 불구하고 사건이 진행되면서 의인화 과정을 거치게 되었고, 사람들은 의인화된 숭례문을 향해 망자에게 행하는 추모를 하게 되었다. 누리꾼과 시민들은 숭례문 전소 사건을 보고 '친구'나 '가족' 또는 '자신의 일부'를 잃은 것 같다고 하였고, 화재 현장에 찾아와 참회, 조문, 삼오제, 씻김굿 등을 하였으며, '▶◀지못미'와 같은 상징 표상을 집단적으로 사용하면서 숭례문을 '지켜주지 못하고 잃은 것'에 대해 강한 심정적 아픔을 표출하였다. 이러한 감정적 동일시를 통해 숭례문 전소는 사람들의 마음속에서 깊은 외상으로 발전하였으며, 사람들은 방화범에게 강한 분노를 표출하였다. 동시에 이러한 일이 다시 발생하지 않아야 한다는 것에 대해 사람들의 공감대과 연대감이 형성되었고, 재발 방지를 위해 행정 당국에 조치와 결단을 내릴 것을 촉구하였다.

용산 참사에서 이러한 상황이 발생하지 않은 것은 개인화에서 원인을 찾을 수 있다. 용산 참사 피해자 어느 누구도 '개인화' 또는 '인격화' 되지 않았다. 이것은 다섯 명의 사망자 중 어느 한 사람의 이름도 일반 대중들에게 회자되거나 기억되지 않았다는 점에서 쉽게 예증된다.[27] 물론 뉴스

---

26 이에 대한 예를 일본군에 의해 자행된 '난징 대학살'에서 찾아볼 수 있다. 일시에 30만 명이 학살된 사건이지만 우리 대부분은 이에 대해 심리적 동일시를 가지지 않는다. '개인화' 과정의 부재가 그 원인 중 하나라고 할 수 있다.

매체들이 사망자 중 일부를 '인격적'으로 다루고 또한 부분적으로나마 전기적 묘사를 하였으나 동일시를 발생시킬 정도는 아니었다. 또 피해자를 개인화한 이런 보도는 사건 발생 초기에는 거의 나타나지 않다가 대부분 시간이 지난 후 나왔다. 일부 신문에서는 초기에 사망자의 신상과 사연을 언급했으나 그 내용과 길이가 매우 제한적이었다.[28] 이러한 상황에서 철거민들에 대한 개인화가 발생하지 않았고 따라서 동일시의 발생과 촉진에 제약이 있었으며, 그 결과 이 사건은 사람들의 마음에 외상과 함께 연대감과 도덕심을 불러일으키는 단계로 발전할 수 없었다.

한편, 심리적 동일시를 촉발시킬 수 있는 촉매가 있는가 하면 그것을 저지할 수 있는 변수 또한 있는데 바로 이질성이다. 사건 피해자들이 여타의 사회 구성원들과 친밀한 집단이거나 혹은 친밀하지 않다 하더라도 피해자가 보편적으로 받아들여지는 일반인이라면 동일시가 발생하기 쉽다. 예를 들어 연예인처럼 잘 알려진 인물이나 조두순 사건의 피해자 혹은 숭례문과 같은 보편적인 대상은 이질성이 약하므로 동일시 발생의 장애 요소가 적다. 그러나 피해자 집단이 사회 공동체에서 이질적

---

27 2009년 12월 서울역에 거행된 합동 영결식에서 조사를 맡은 한 정치인은 사망자의 이름을 부를 때 순서지에 적힌 이름을 보면서 읽기도 하였다.

28 예를 들어 다음의 기사를 참조하라. 〈사망자 ─ 유족의 애끓는 사연들〉, 《동아일보》(2009.1.22). 비록 좀 더 자세한 조사가 필요하지만, 개인화와 관련되어 보다 자세하게 다루어진 사망자는 오히려 경찰 측 사망자였다고 볼 수도 있다. 이와 관련된 보도로는 《중앙일보》의 경우 〈어딘가 훈련을 갔나 싶지…실감 안 나… 인문계 원했는데 공고 보내 가슴 아파〉(2009.2.2), 〈[파워인터뷰] '용산 사건' 희생 김남훈 경사 아버지 김권찬씨〉(2009.2.2), 《연합뉴스》의 경우 〈故김남훈 부친 '소원이 하나 있다면…'〉(2009.1.23), 《동아일보》의 경우 〈유품 정리하다 표창장 붙들고 한참 울어〉(2009.3.9) 등이 있다.

인 집단으로 간주될 경우 동일시와 연대는 유발되기 어렵다. 사람들이 피해자들과의 동일시를 주저하거나 스스로 금하기 때문이다.

용산 참사의 경우 이질성이 강하게 작용해 동일시 발생에 제약이 되었다. 이 이질성의 근원은—앞에서 상징 구성을 분석하였을 때 이미 언급하였지만—철거민에 대한 사람들의 부정적인 인식에서 기인되며 이러한 인식에는 역사적 배경이 있다.[29] 철거민과 지지 단체 들에 대한 부정적인 인식과 표현은 인터넷을 포함한 대중매체에서 지속적으로 표출되었다. 가장 빈번하게 나타난 내용은 보상금과 폭력 문제이다. 철거민들은 보상금을 받기 위해 혹은 더 많이 받기 위해 시위를 벌이는 것이고, 이들 대부분이 보상금을 노리고 그 지역으로 전입한—그것도 최근에 전입한—사람들이라는 것이다.[30] 또한 이들은 이 목적을 달성하기 위해 불법이나 폭력을 일삼는다는 것이다.

철거민들에게 부여된 이러한 부정적 인식들은 철거민들을 비도덕적, 비양심적, 비인간적 혹은 반사회적 부류로 분류하는 요인으로 작용하였고, 철거민들의 생각이나 행동이 보편적인 사회도덕과 양심에 어긋나고 위배된다고 판단되는 근거가 되었다. 따라서 철거민들의 요구와 집단행동은 사람들에게 사회의 보편적 안녕과 질서를 위협하고 공격하는 것으로 인식되었고 이로 인해 이질성이 두드러지게 되었다. 자연히 심리적

29　철거민의 역사에 대해서는 지면 관계상 자세히 다루지 못하므로 이에 관해서는 김수현, 〈서울시 철거민운동사〉,《도시와 빈곤》36권(한국도시연구소, 1999), 51~77쪽: 최인기, 〈용산사태를 계기로 살펴본 철거민운동〉,《진보평론》39권(2009), 183~197쪽을 참조하라.

30　이러한 비판을 인식해서인지 모르겠으나 대부분의 철거민들이 자신을 소개할 때 거주 햇수를 언급하며 해당 지역에서 오랫동안 살아왔다는 것을 증언하였다.

동일시의 발생은 어려워졌다.

이항대립적 분류 체계

모든 사회에서 성과 속의 이항대립적 분류 체계가 존재한다는 것은 이미 앞에서 언급하였다. 이러한 분류 체계는 외상 사건이 될 수 있는 문제가 사회에 발생하였을 때 더욱 분명하게 드러난다. 사람들은 이 이항대립을 통해 사건의 의미와 특성을 보다 분명히 인식할 수 있다. 다시 말해, 사건 초기에는 사건의 의미와 특성이 분명하게 드러나지 않아 사건에 대한 사람들의 인식과 태도가 모호할 수 있지만, 시간이 진행되면서 사건이 분류되면 사건은 그 의미와 성격을 분명히 나타내게 되고, 사람들은 이에 근거하여 사건에 대한 인식과 태도를 분명하게 취할 수 있게된다. 그리고 이것은 다시 사건의 분류 체계를 정당화하고 강화시킨다.

예를 들어 앞에서 언급한 미국산 소고기 수입 반대 사건의 분류 체계를 살펴보자. 사건 초기 이 사건의 의미와 성격은 모호했다. 그 사건 안에는 정치적, 경제적, 도덕적 성격과 의미가 혼재되어 있었다. 이 혼재 상태에서 각 의미와 성격이 갈등하고 있었고 어느 것도 절대적 위치를 확보하지 못하였다. 사건 발생 초기 사건의 성격이 모호했던 기간이 있었다는 것이다. 그러나 누리꾼들과 10대 여학생 등이 이 사건에 관여하기 시작하면서 사건의 정치적, 경제적 의미나 특성은 주변부로 밀려나기 시작하였고 도덕적 의미와 중요성이 사건 이해의 중심부에 자리 잡게 되었다. 촛불집회가 확대되어갈수록 다음과 같은 이항대립적 분류 체계가 보다 뚜렷하게 형성되기 시작하였다.[31]

〈2008년 미국산 소고기 수입 반대 촛불집회 분류 체계〉

속	성
미국산 소고기 수입 결정	수입 철회
경제 / 무역	생명 / 건강 / 가족
독단	주권 재민
이명박 정부	촛불 집회
소고기 협상 대표자들	온·오프라인 집회 리더들(예: '안단테')
'조중동' / '네이버'	'아고라' / '다음'
경찰	평화 시위자들

　이러한 분류 체계가 전파되어 사람들의 인식 안에 자리 잡으면 사람들은 해당 사건을 성과 속의 대립으로 판단한다. 그리고 이 대결 속에서 성이 속에게 위협받는다고 판단되면 사람들은 성에 속한 것을 보호하려 하고, 속에 속한 것에 대항하게 된다.

　용산 참사에도 이항대립적 분류 체계가 존재하였다. 그러나 촛불집회 때와 달리 이 사건에는 두 개의 분류 체계가 있었는데, 하나는 철거민들의 분류 체계이고 다른 하나는 일반 사회집단들의 분류 체계였다. 흥미로운 것은 전자의 분류 체계는 분명하였는데 후자의 것은 모호하였다는 것이다. 후자 중 모호하지 않은 부분 또한 전자의 것들과 비교하여보면 그 내용이 상이하였다. 이러한 모호성과 상이점 그리고 무엇보다도 하나의 일관된 분류 체계가 아니라 두 개의 모호한 분류 체계가 이질적으로 공존하고 있었다는 점이 용산 참사가 사회적 외상이 되거나 사람들의 관심과 참여를 일으키는 데 장애가 되었다. 먼저, 철거민들의 분류 체계는 다음과 같이 구분될 수 있다.

31　이 표는 7장에서 이미 제시한 내용이다.

〈용산 참사 피해자 집단의 분류 체계〉

속	성
경찰 / 검찰	철거 반대 주민 / 지지자
용역	'전철연'
김석기	남경남 / 피해 사망자
조합	'범대위'
재개발	생존권 / 주거권
진압	촛불집회
시공사 / 구청 / 정부 / 한나라당	재개발 관련 시민 단체 / 종교 단체

철거 피해자들과 철거민 옹호 단체들은 이러한 분류 체계에 근거해 용산 참사의 성격과 의미를 파악하였고, 이런 구분하에서 자신들의 대응 행위에 가치와 의미를 부여하면서 필요한 집합행동을 실행하였다.

한편, 용산 참사에 대한 일반인들의 분류 체계는 분명하게 구성되지 않았다. 특히 이항대립성이 약하였다. 일단, 철거민의 분류 체계에서 성에 속했던 내용 대부분이 여기서는 속으로 분류되었다.[32] 속의 분류 체계는 모호하지 않았다. 다시 말해 속의 분류 체계에 대한 사람들의 인식은 어느 정도 분명하였다. 문제는 성의 분류였다. 매우 보수적인 집단에서는 철거민들의 분류 체계의 성, 속의 내용이 서로 뒤바뀐 형태로 나타나기도 하였지만 이것이 일반적인 현상이었다고 주장하기는 힘들다. 따라서 일반인들의 분류 체계에서 성에 속한 내용은 모호하고 혼돈적인 양상을 띠었다고 할 수 있다. 이를 표로 나타내자면 다음과 같다.

---

[32] 다만 용역은 여기에서도 속의 분류에 포함되었다.

<표 제목>〈일반 사회집단의 분류 체계〉

속	성
철거민	경찰?
'전철연'	검찰?
남경남	김석기?
'범대위'	조합?
촛불집회	진압?
시민 단체 / 종교 단체	시공사? / 구청? / 정부? / 한나라당?
용역	재개발? / 생존권? / 주거권?

이상에서 보았듯이, 철거민과 동료 집단 들의 이항대립 분류 체계는 일반 사회집단의 분류 체계와 달리 분명하고 확고하였다. 그러나 이들의 분류 체계는 사회 내에서 일반화되지 못하였다. 일반 사회집단들은 철거민의 분류 체계의 성과 속이 정확하게 뒤바뀐 형태는 아니더라도 철거민들의 분류 체계와는 다른 분류 체계를 형성하고 있었다. 이런 상태에서 두 집단 간의 인지적, 정서적 연대나 교류는 발생하기 어렵다. 이들은 용산 참사 사건에 대해 서로 다른 의미와 성격을 가지고 있었던 것이다. 또한 일반인들은 이번 사건으로 성이 위협받는다고 인식하지 않았다. 이 사건을 성과 속의 대결로 보지 않았던 것이다. 따라서 사람들은 이 사건에 도덕적으로, 정서적으로 반응하지 않았다. 자연히 성을 보호하고 악에 대항하는 데 관심을 갖거나 동참하지 않았다. 문제 해결 요구나 대안 추구에 있어서도 별다른 태도를 취하지 않았다.

철거민들의 분류 체계가 사회 내에서 일반화되지 못한 것은 위에서 언급한 상징의 생산수단과도 연관이 있다. 이번 사건에서 상징의 구성 및 분배의 힘은 문화 권력에게 있었다. 이 상징 통제의 힘은 분류 체계 형성에도 작용하여 성과 속의 분류 및 유포가 권력의 힘에 좌우되었다.

이러한 통제력을 가지고 있지 못했던 철거민 집단은 자신들의 분류 체계를 뚜렷하게 가지고 있었음에도 불구하고 그것을 사회의 다른 집단이나 사람들에게 전파하여 확립시킬 수 없었다. 미국산 소고기 수입 반대 촛불집회 당시 누리꾼들과 참여한 시민들이 상징 통제 능력을 가지고 이항대립적 분류 체계를 구성, 전파하였던 상황과는 대조되는 현상이다.

비극 서사로서의 철거민의 삶

사회적 외상이 발생하면 일반적으로 두 가지의 서사가 출현한다. 하나는 계몽론적 사고에 입각한 로망스 서사 혹은 진보 서사로, 비록 발생한 사건이 놀랍고 고통스럽고 끔찍하지만 결국 사건의 원인이 밝혀져 문제가 해결되고 이로 인해 더욱 새롭고 밝은 미래가 올 것이라는 내용이다. 그래서 이 서사에는 희망, 구원, 자신감, 미래 등과 같은 색채가 스며들어 있다.[33] 사람들이 이런 서사를 받아들이게 되면 자신에게 혹은 세상에서 일어나는 사건들을 진보, 성장, 발전과 같은 관점에서 바라보며, 비록 외상적 사건이 발생한다 하여도 그로 인한 현재의 고통, 상처, 슬픔 등을 미래의 소망과 믿음으로 치환하면서 극복의 길을 모색한다. 이과정에서 사회적 외상은 발전이나 진보를 위해 겪어야 할 '성장통' 정도로 인식되며, 외상으로 인해 초래되는 갈등, 혼란, 위기, 분열도 더 나은

---

33 알렉산더, 90쪽.

미래나 사회 통합을 위한 기회로 간주된다.

용산 참사에 이러한 서사가 존재하였는가? 대답은 부정적이다. 일단 진보 서사는 피해자 집단보다는 그 외의 사회집단에서 발생하기 쉬운데, 피해 집단이나 사회의 다른 집단에서도 진보 서사는 보이지 않았다. 물론 일부 집단에서 진보 서사의 성격이 발견되기도 했지만 전반적으로 볼 때 진보 서사라 할 만한 뚜렷한 현상은 나타나지 않았다.[34] 진보 서사가 발생하지 않은 결정적인 이유는 이 사건이 사회적 외상으로까지 발전하지 않았기 때문이다. 만일 이 사건이 사회적 외상으로 발전했다면 사람들은 이 외상적 사건을 외면하거나 무관심한 태도를 보일 수 없었을 것이다. 그리고 이 외면하거나 피할 수 없는 사건의 의미를 어떻게든 (예를 들어, 진보로든 혹은 비극으로든) 인식하고 이에 반응하기 위해 필요한 서사를 선택하거나 형성했을 것이다.[35] 그러나 지금까지 위에서 살펴본 바와 같이 용산 참사가 사회적 외상으로 발전하지 않았기에 일반 사람들에게 서사가 요청되지 않았고 따라서 형성되지도 않았다.

이런 상태에서 더욱 분명해진 것은 철거민 집단의 비극 서사이다. 이

34　이것은 필자가 《한겨레》와 《조선일보》에서 용산 참사와 관련된 모든 기사들을 살펴본 후에 내리게 된 결론이다. 사회 내에 외상이 발생하면 일반적으로 서사가 나타나게 되며, 이는 언론에 반영되거나 혹은 언론이 주체가 되어 형성, 전파된다. 서사와 신문의 관계에 대하여는 최종렬이 엮고 옮긴 《뒤르케임주의 문화사회학》에 실린 로널드 제이콥스의 논문 〈시민사회와 위기: 문화, 담론 그리고 로드니 킹 구타〉를 참조하라.

35　지식사회학자 피터 버거는 사람들이 자신들에게 발생한 외상적 사건을 불확실이나 혼돈의 영역에 놓아두기를 원하지 않는다고 지적하면서 의미 체계 혹은 설득력 구조plausibility structure의 존재와 필연성에 대해 언급한다. 이 구조나 체계 안에서 사건은 의미와 가치를 갖게 되며, 전후의 다른 사건들과 의미 있게 연결된다. 이를 통해 해당 개인은 불확실과 혼돈에서 빠져나오게 된다. Peter L. Berger, *A Far Glory*(New York: Anchor Books, 1992), p. 45.

들은 사건 자체의 비극적 요소와 일반인들의 무관심으로 인해 이번 사건을 비극 서사의 관점에서 조망할 수밖에 없었다. 이들은 비극 서사를 자기 서사화하여 사건의 의미와 성격을 인식하였다. 통합, 발전, 희망과는 거리가 먼 비극 서사는 "어떤 개인이 속하기를 바라는 집단에서의… 그 개인에 대한 축출"과 관련되고, 따라서 "비극의 플롯은 무익함, 운명, 개인적 고립 등을 강조하게 된다".[36]

용산 참사 피해자나 동료 집단 들은 결코 진보 서사를 자기화할 수 없었다. 이들의 반응에는 운명, 무의미, 고립 등과 같은 주제들이 반복적으로 나타났다. 예를 들어 살펴보자. 한 사망자의 가족은 "김석기 씨 기자회견을 본 시어머니가 너무 분통스러워 하시길래 '이제 기대하지도, 마음 아파하지도 마시라'고 했어요. 어제 나온 정부의 재개발 철거민 대책도 철거민 문제가 불거질 때마다 늘 나오던 것들이에요"라고 하였다.[37] 한 철거 피해자는 "가족이라곤 남편과 둘입니다. 식당 하나로 벌어먹고 살았는데 갑자기 철거를 당하니까 인생이 허무할 따름입니다",[38] 다른 이는 "정말 이 나라에서는 못 살 것 같다"고 하였다.[39] 참사 발생 후 3개월이 지난 100일 차 농성에서 한 여인은 "사회가 용산을 남의 일이라고 생각하는 게 가장 큰 문제"라고 말하였다.[40] 다른 철거민도 유사

---

36 스미스, 314쪽.

37 〈다 죽자고 화염병 던질 사람 누가 있겠나〉, 《한겨레》(2009.2.12).

38 〈"12년 전 6000만원에 마련한 반찬가게 4600만원 받고 30년 생업 포기하라니 억울"〉, 《경향신문》(2009.2.1).

39 〈20년 삶터 지키려다… 父子의 꿈 '절망'으로〉, 《경향신문》(2009.1.20).

40 〈조금씩 잊혀져가는 용산분향소 향만 외로이 탈 뿐…〉, 《한겨레》(2009.4.29).

한 말을 남겼다. "그분들 돌아가셨다는 게 너무 힘들고 그래서요. 이제는 조금 나아지긴 했지만, 그런데 또 이분들도 곧 잊히겠죠, 늘 그래왔으니까, 조금 지나면 다들 잊겠죠, 안타까운 일이지만."[41] 용산 참사와 관련하여 한 세입자는 세입자들의 '운명'에 대해 다음과 같은 글을 남겼다.

> 나는 얼마 전까지 서울 성동구 옥수 제12구역 철거민 세입자였다. … 2년 계약 중 불과 10개월 정도를 살고 나서, 철거 명령이 떨어졌다. … 그리고 이사 간 곳 역시 재개발 지역이었다. 그 돈에 맞춰 살자니 방법이 없었다. 먼젓번에도 그랬듯이 전세 계약을 하면서 계약서에 따로 명시된 사항을 묵묵히 받아들여야 했다. "철거에 따른 이전 명령이 따라올 경우 세입자는 일체의 보상을 요구하지 않는다." 별수 없었다. 이 가격에 전세가 있는 줄 아느냐는 집주인과 부동산의 설명도 저번과 다르지 않았다. 온통 뉴타운, 뉴타운 하고 광풍이 몰아치는 이곳에서 죽어도 올드타운을 찾아 헤맬 수밖에 없는 가난한 주머니 사정으로는 그냥 말없이 도장을 찍을 수밖에. … 밤추위에도 불구하고 용산 제4구역 철거민 깃발을 들고 매일 추모제를 지키던 반백의 어르신은 "아이, 힘들어 죽겠다…" 하고 혼잣말을 했다. 그 말대로, 죽을 정도로 힘든 세상이다.[42]

한 가지 중요한 것은 서사가 해당 사건뿐만 아니라 서사를 수용한 사람들이 겪는 다른 사건들에도 영향을 미친다는 것이다. 서사가 곧 삶 전

---

41 조혜원 외, 《여기 사람이 있다》(삶이보이는창, 2009), 127쪽.

42 김현진, 〈차라리, 국민등급제를 실시하라〉, 《한겨레》(2009.2.3).

체 또는 삶이 이루어지는 사회 전체를 바라보는 시각이 된다는 것이다. 이것이 서사의 역할이며 결과이다. 한 철거민은 다음과 같이 구술하였다. "우리나라는 현 정세가 진짜 꿈을 가지고 살 수가 없는 경제잖아요. 불안하고 젊은이들 취직도 안 되잖아요. … 내가 생각하기에 그나마 너무 잘된 게 딸만 낳았다는 것, 아들 낳았으면 취직 못하고 장가 못 보내고 그러면 얼마나 가슴 아파요. 현 실정이 그렇잖아요."[43] 한 철거민도 자신의 삶에 대해 다음과 같이 구술하였다.

> 저도 처음엔 인생 계획이 있었죠, 내 집, 내 가게도 장만하고 할 그럴 계획이요. 근데 살다 보니까 계획대로 안 되더라고요. 중간 중간에 일이 막 터지니까. 그냥 간신히 먹고사는 정도만 되는 거죠. 왜냐면 이만큼 모아놓으면 벌써 집값은 또 훌쩍 뛰어 있으니까. 대출 끼고 뭐 끼고 해도 안 되는 거죠. 진짜 그냥 밥 먹고 생활하는 곳인데 평생을 벌어도 못 산다는 게……[44]

비극 서사적 입장에서 국가나 사회에 관한 인식도 피력하였다.

> 정말 국가가, 이러는 게 맞나 싶어요. 이렇게 사람을 폭도로 몰고, 이러는 게 맞는지. 지역 투쟁은 계란으로 바위 치기죠. 법에 없는 건데 만들어내라고 하는 거니까. 그렇지만 이걸 폭도라 그리고 강제 진압을 하면 안 되는 거죠, 사람이 화나면 분노할 수도 있는 건데, 이걸 막는 거니까. 대체 국가가

---

43 조혜원 외, 52쪽.
44 Ibid., 219쪽.

왜 존재하는 건가, 이게 무슨 난린가 싶어요. 왜 99퍼센트 국민들이 1퍼센트를 위하여 뼈 빠지게 일해야 되는 건지, 그런 1퍼센트가 가진 어마어마한 힘을 99퍼센트 국민이 같이 바꾸어야 하는 거 아닌지…….[45]

없는 사람은 항시 없어야 되는 거고 있는 사람은 항시 있어야 되는 그런 법 안에서 하다 보니까, 점점 더 서민들의 수가 많아지고 억울함을 당하고 그런다고 생각해요. 서민은 달리 서민이 아니라 옛날부터 배우고 싶어도 못 배우고 가지고 싶어도 못 가지고, 그런데 배우고 가진 사람들을 따라갈 수가 없기 때문에 이런 상황이 오는 거죠. 일은 개미같이 열심히 해도 부자들은 점점 더 부자가 되고 서민들은 점점 더 가난해지는 게 요즘 상황이잖아요. … 갈수록 이렇게 하다 보면 서민들 진짜 더 힘들어질 것 같아요. 더 힘들어져요.[46]

비극 서사를 수용한 철거민들은 해당 철거 사건은 물론이고 그 외의 다른 개인적, 사회적 사건들도 비극적 관점에서 인식하고 반응한다. 비록 그들에게 진보 서사의 차원이 전혀 존재하지 않는 것은 아닐지라도 그들의 생각과 마음을 주도하는 것은 비극 서사였다. 철거 피해자들이 수용한 비극 서사는 그들의 과거에 대한 회상, 현재의 삶과 사회에 관한 인식 그리고 미래에 대한 예상에까지 그 영향력을 넓힌다.

용산 참사에는 철거민을 중심으로 하는 비극 서사가 분명 존재하였

---

45 Ibid., 125~126쪽.

46 Ibid., 148~149쪽.

다. 그러나 이 비극 서사는 여타 다른 사람들이나 집단들에게 '자기 서사화'의 과정을 일으키지 못하였다. 이는 이 참사가 사회의 다른 집단들과 심리적 동일시, 연대 등을 형성하지 못하게 하는 계기가 되었다. 일반 사람들이 철거민과 상이한 서사 구조를 가지고 해당 사건을 바라보았기 때문에, 용산 참사는 철거민들에게는 외상이었으나 사회적 외상으로까지는 발전하지 않았다.

기독교적 함의 및 제의

용산 참사에 대한 문화사회학적 연구에서 기독교적 의미나 제안을 찾아보는 것은 일견 적절하지 않거나 손쉬운 과제가 아닌 것처럼 보인다. 그럼에도 불구하고 용산 참사라는 사건 자체에 대한 기독교적 대답이 있어야 한다는 당위성, 그리고 문화사회학의 방법론을 사용하지만 필자의 입장이 종교사회학(혹은 기독교사회학)이라는 점을 감안할 때 다소 한계가 있다 하더라도 기독교적 의미나 제안을 고찰해보는 것이 필요하다.

지금까지 용산 참사 분석을 통해 사건의 의미와 성격이 해당 사건의 물리적, 본질적 차원보다는 사건이 어떻게 상징화되고, 동일시되고, 이항대립적으로 분류되고, 서사화되는지에 좌우된다는 것을 살펴보았다. 이는 사건의 성격과 의미가 존재론적보다는 인식론적으로 형성된다는 뜻이다. 곧 사건은 사회적으로, 문화적으로 구성되는 것이다.

이와 같이 사건이 사회적, 문화적으로 구성될 때 가장 큰 문제는 사건이 사건 자체의 내용보다 사건의 사회적, 문화적 위치에 의해 판단된다는 것이다. 다시 말하면, 사건에 특별한 이해관계를 가지고 있는 집단이나 사람 들에 의해 그 의미와 성격이 좌우된다는 것이다. 그리고 그러한 것들을 좌우할 수 있는 집단이나 개인 들은 대부분의 경우 정치, 경제, 문화 권력이다. 이들은 사건의 물리적, 본질적 내용과 상관없이 자신들의 목적과 수단에 근거하여 사건의 의미와 성격을 형성할 수 있다. 이렇게 될 때 용산 참사처럼 존재론적으로는 사회적 외상이 될 수도 있는 사건이 그저 일반 사건으로 자리 잡혀 대중의 무관심과 비판 속에서 해당 집단만의 외상으로 남는다.

이러한 사태를 피하거나 이의를 제기하기 위해서는 기독교에서도 '비문화적 읽기'를 수행하는 것이 필요하다. 이는 문화적으로 구성된 사건을 객관적, 비판적으로 분석하거나 '해체'시키는 것을 의미한다. 예를 들어, 롤랑 바르트의 '탈脫신화화'[47]와 다의적 읽기, 움베르토 에코 Umberto Eco의 열린 텍스트, 영국문화연구(버밍엄 학파)의 대립적 읽기, 데리다의 해체 등이 그 방법이 될 수 있다. 이런 과정을 거쳐 우리는 사건의 문화적 구성을 폭로할 수 있고, 문화적 구성 이전의 사건 본질을 드러낼 수 있으며, 필요하다면 사건의 기호에 새로운 기의(기독교적 기의 포함)를 부여하면서 사건의 의미를 기존의 방향과는 다른 방향으로 제시할 수 있다. 이러한 시도들은 사건의 사회적, 문화적 구성에 대항적일 수 있기 때문에 갈등이 유발될 수 있으나, 이 갈등을 통해 새로운 차원

---

47 바르트의 '탈신화화'는 신화학자가 사회적으로 구성된 신화를 분석하고 폭로해야 한다는 바르트의 주장을 반영한다. 이에 대한 자세한 내용은 롤랑 바르트의 《신화론》(정현 옮김, 현대미학사, 1995)을 참조하라.

의 문제 해결 가능성을 만날 수도 있다.

심리적 동일시와 신앙 혹은 신학의 측면을 연결시키는 것도 가능하다. 문화사회학은 개인이나 집단 간의 심리적 동일시만 언급하고 있지만 여기에 기독교적 차원을 도입한다면 현 사건에서 '하나님은 누구와 동일시하시는가'라는 질문을 제기할 수 있다. 그리고 신앙인은 이 질문의 답을 따라 하나님이 동일시하는 개인이나 집단과 동일시를 느끼며 사건을 바라보아야 하는 것이다. 이러한 시도는 세상의 동일시에 대해 문제를 제기할 수 있다는 점에서 유익하다. 세상의 동일시는 개인들의 주관적이고 자기중심적인 동일시인데, 이 동일시의 배경에는 지금까지 살펴보았듯이 사회 문화적 요소 혹은 권력이 작용하고 있다. 따라서 그것은 올바른 동일시 혹은 필요한 동일시가 아닐 수 있다. 하나님의 동일시에 대해서 묻는 것은 세상의 동일시에 이의를 제기하면서 세상의 동일시보다는 하나님의 동일시를 중요하게 여긴다는 것을 의미하고, 신앙인은 하나님이 동일시하는 자들을 같이 동일시하여야 한다. 물론 이 일은 하나님이 누구와 동일시하시는가에 대한 신학적 토론과 결정이 전제되어야 한다.

또 다른 제안은 성서에 대한 문화사회학적 접근에서 찾을 수 있다. 이 접근은 성서가 기본적으로 어떤 분류 체계와 서사를 가지고 있는가를 묻는 것에서 시작할 수 있다. 기독교와 성서는 이원론이라는 비판을 받을 정도로 분명한 이항대립적 분류 체계를 가지고 있다. 이 성과 속(혹은 선과 악)의 분류 체계를 용산 사건의 분류 체계와 비교 검토해볼 필요가 있다. 예를 들어, 성서 분류 체계의 관점을 철거민의 분류 체계, 권력의 분류 체계, 일반인들의 분류 체계에 대입하여 분석해보는 것이다. 그리고 그중 어느 것이 성서의 분류 체계에 부합하는지 판명하여, 성서의 분류 체계에 부합하는 집단의 입장에서 사건을 바라보면서 필요한 심리적 동일시나 도덕적 연대감을 갖는 것이다. 물론 성서의 분류 체계는 때로 사건의 피해자, 가해자, 제3의 집단 중 누구와도 충분하게 조화되지 않을 수 있다. 그러나 그중 어느 것이 가장 성서에 가까운지는 어렵지 않게 알 수 있을 것이다.

성서에 대한 문화사회학적 접근을 통해 서사에 대해서도 숙고해볼 수 있다. 신앙인은 성서의 서사를 자기 서사화하여 사건을 조망할 필요가 있다.[48] 자기 자신의 삶은 물론 주위에서 발생하는 사건 또한 조망해야 한다. 성서의 중심 서사는 성서가 희극이나 아이러니가 아닌 이상 진보나 비극 서사일 것이다. 성서에는 진보와 비극이 모두 있을 수 있으나 관건은 어느 서사가 더 지배적이고 중심적인가 하는 것이다. 이 연구는 성서학자의 몫이겠으나 비전문가인 필자의 소견으로는 비극 서사가 중심 서사이다.[49] 이것은 특히 예수의 삶, 예수의 고난과 죽음, 빌립보서 2장 6절에서 8절까지와 고린도후서 8장 9절에 나타난 케노시스, 그리고 사회적 약자들을 향한 예수의 마음 등에서 잘 드러난다. 부활과 그 후의 영광이 있지만 그것은 이 땅에서 슬픔과 비극이 끝난 후의 일이다.

그러나 비극 서사를 기독교의 중심 서사로 보아야 한다는 것이 인생과 사회의 모든 삶의 측면을 비극 서사로 이해하라는 의미는 아니다.

---

48 이에 관한 직접적인 연구는 아니지만 이 책의 2장은 이와 연관된 내용을 서술하고 있다.
49 서사 비평을 한 노드롭 프라이도 예수를 비극 서사에 속하는 인물로 분류하였다. 프라이, 《비평의 해부》, 임철규 옮김(한길사, 2007), 101쪽.

삶에는 비극 외에 다른 삶의 양식들도 존재한다. 그러나 필자는 삶에 대한 성서의 이해 저변에는 비극적인 관조가 놓여 있다고 본다. 신앙인들이 비극 서사를 수용하게 되면 비극적 사건의 피해자들과 동일한 상징 및 분류 체계를 공유하게 되고, 그로 인해 그들과 동일시를 이룰 수 있게 된다. 그리고 이때 신앙인들은 피해자들에게 도움을 주고 그들과 연대감을 가질 수 있다. 신앙인들이 단지 진보, 성장, 발전과 같은 로망스(진보) 서사를 가지고 있는 한 용산 참사와 같은 사건의 피해자들과 심리적 동일시 및 도덕적 연대를 갖기는 어렵다. 기독교인들이 용산 참사에 무관심하거나 비판적이었던 원인 중 하나가 바로 여기에 있다고 할 수 있다. 성장주의, 물질주의, 거대주의와 같은 진보 서사가 만연한 상황에서 용산 참사와 그 피해자의 이야기는 관심 밖의 일이 되고 쉽게 잊힌다. 오늘날처럼 기독교가 기득권층의 종교로 자리 잡았거나, 혹은 교인들이 그렇게 되기를 바라고 있을 때 그렇게 될 가능성은 더욱 커질 것이다.

나가는 말

역사적으로 사건은 끊임없이 발생하였고 또한 계속 발생할 것이다. 어떤 의미에서 역사는 사건의 연속이다. 그러나 모든 사건이 사회적 파장을 일으키며 역사의 진행에 새로운 방향을 제시하는 것은 아니다. 그러한 사건이 있는가 하면 무관심이나 억압 속에서 역사에 묻혀버리는 사건도 있다. 이 같은 향방은 사건의 물리적, 본질적 내용에 달려 있지 않다. 사건은 문화적으로 구성된다는 것이 문화사회학의 분석이다. 문화사회학은 이를 위해 이론적 모델을 개발하였고 이 글은 이것을 용산 사건에 적용하여 분석하였다.

용산 참사는 기독교에서조차 적절하게 인식하거나 대응하지 못한 사건이었다. 이는 기독교가 용산 참사의 기호, 동일시, 분류 체계, 서사와는 상이한 내용의 것들을 견지하고 있었기에 초래된 결과라고 할 수 있다. 다시 말해 철거민 집단과 기독교는 문화적으로 상이한 집단이었다. 이런 상황에서는 도덕적, 정서적 연대의 가능성이 매우 낮다. 결국 용산 참사는 '남의 일'이 된 것이다. 이번 사건을 계기로 교회는 기독교와 성서에 근거하여 그에 맞는 기호, 동일시, 분류 체계, 서사를 고찰하고 선택해야 한다. '기독교 문화적' 접근이 필요하다는 것이다. 그리고 이에 근거해 세상의 사건과 삶을 인식하고 대응해야 한다.

문화적 접근은 사회적 사건이나 삶을 분석하는 데 한정되지 않는다. 문화사회학은 문화적 '첨가물'들―이데올로기, 담론, 대중문화, 상업주의, 인종주의, 정치 및 경제 논리 등―을 밝혀내거나 '해체'하여 사람들이 왜곡이나 변형 없이 사건과 삶을 있는 그대로 주시할 수 있도록 한다. 이는 교회의 사회 비판과 사회변혁에 문화사회학이 학문적 기여를 할 수 있음을 의미한다. 문화의 힘과 중요성을 결코 간과할 수 없는 이 시대에, 문화사회학의 발전은 현 사회와 사회 구성원들의 삶을 분석할 수 있는 유용한 도구가 될 것이다. 기독교의 학문 영역에서도 문화사회학을 적극 수용해서 활용할 필요가 있다.

9.
인간의 존엄성을 숭배하다:
촛불집회와 인간성의 종교

들어가는 말

이 글은 2008년 미국산 소고기 수입 반대 촛불집회(이하 촛불집회)에서 에밀 뒤르켐이 언급한 '인간성의 종교cult of humanity'를 찾아내 살펴본 후, 뒤르켐이 예견한 이 종교가 현대사회의 주요한 종교 형태의 하나로 작동할 수 있으며, 이 종교가 개인은 물론 사회변동이나 사회 통합에 중요한 역할을 할 수 있다는 것을 밝히고자 한다. 이를 통해 우리는 촛불집회와 같은 시민운동이 현대사회의 새로운 종교가 될 수 있다는 것을 간파할 수 있으며, 이 종교가 현대사회에서 어떤 특징과 역할을 가지는지 분석할 수 있다. 또한 기독교의 입장에서 보았을 때 이 종교의 위상과 문제점이 무엇인지 살펴보는 것도 본 논문의 관심 분야이다.

　글의 내용은 크게 세 부분으로 나뉜다. 먼저 뒤르켐의 논문을 통해 인간성의 종교에 대해 고찰한다. 이 종교에 대한 그의 지론은 1894년 발생한 드레퓌스 사건 L'affaire Dreyfus을 계기로 그가 1898년에 쓴 글 〈개인주의와 지성인 L'individualisme et les intellectuels〉에서 발견된다.[1] 이 논문에서 우리는 그가 언급하고자 하는 인간성의 종교의 본질, 특성, 역할을 알 수 있다. 다음으로 인간성의 종교라는 관점에 근거하여 2008년 촛불집회를 분석한다. 뒤르켐이 예견하였던 인간성의 종교의 발흥을 이 집회를 통해 엿볼 수 있다. 마지막으로 인간성의 종교가 기독교에 갖는 함의를 살펴보면서 이 종교를 평가한다. 이러한 평가는 특히 기독교와 인간성의 종교 간에 나타나는 본질적인 차이점을 드러낼 것이며, 현대사회가 갈수록 인간중심주의로 선회하고 있음을 보여줄 것이다.

뒤르켐의 인간성의 종교 개념은 흥미로운 주제임에도 불구하고 이에 대한 별다른 연구가 수행되지 않았다.[2] 이 글은 그간 간과되거나 소홀히 여겨진 인간성의 종교 이론을 재발견하고, 현대사회에서 갈수록 더욱 뚜렷하게 나타나는 인간성의 종교 현상을 구체적인 사건을 토대로 살펴본다는 의미를 갖고 있다. 더불어 이 글은 이 책 7장(미국산 소고기 수입 반대 촛불집회와 시민종교)의 후속 연구이기도 하다. 물론 7장에서는 인간성의 종교에 대해 논의하지 않았다.

1　이 논문은 이후 로버트 벨라가 엮은 *Émile Durkheim on Morality and Society* 안에 "Individualism and the Intellectuals"라는 제목의 글로 영역되었고, 이것은 다시 박영신에 의해 "개인주의와 지성인"이라는 제목으로 번역되어 그가 번역한 책 《사회 변동의 상징구조》(로버트 벨라, 삼영사, 1981)에 실렸다.

2　국내에서 이 주제와 관련해 박영신이 뒤르켐의 논문을 번역하여 소개하였고, 다음으로 오경환이 자신의 책 《종교사회학》(서광사, 1990)에서 뒤르켐을 소개하면서 잠시 논의한 것이 전부이다.

인간성의 종교: 그 개념과 의미

인간성의 종교는 때로 인간의 종교cult of man, 인성의 종교cult of personality, 개인의 종교cult of individual로 불린다. 그러나 가장 보편적이고 또 뒤르켐의 원문에 가장 가까운 개념은 인간성의 종교cult of humanity이다.[3] 이 종교의 가장 두드러진 특징은 인간성을 숭배의 중심에 둔다는 것이다.[4] 이제이 종교에 대한 뒤르켐의 설명을 좀 더 구체적으로 살펴보자.

개인주의와 이기주의

뒤르켐이 그의 논문을 통해 단지 드레퓌스 사건의 부당함을 지적하고자 한 것은 아니었다. 뒤르켐은 그 사건 자체보다는 이로 인해 야기된사회 갈등에 주목하였고, 특히 드레퓌스를 옹호하는 지성인들에 반대하는 세력을 염두에 두고 글을 썼다. 그는 개인의 존엄성을 중시하였고, 이것이 비판자들이 지적하듯이 (일반적 의미의) 개인주의나 이기주의가아님을 피력하였다. 그는 개인의 존엄성이 더욱 존중받을 수 있는 미래사회를 염원하였고, 이 사상이 지고한 가치의 중심이 되는 인간성의 종교를 예견하였다.

    뒤르켐은 먼저 반대자들이 비판하는 개인주의 개념을 세분화하여 자신이 생각하는 개인주의 개념을 정립한다. 이를 위해 그는 스펜서Herbert

---

3   앞의 주에서 언급한 박영신과 오경환도 이 종교를 인간성의 종교라고 번역하였다.

4   Kevin Dew, "Public Health and the Cult of Humanity: A Neglected Durkheimian Concept", *Sociology of Health and Illness*, Vol. 29, No. 1(2007), pp. 100~101.

Spencer의 공리주의 혹은 공리적 이기주의를 비판하면서 이것을 자신이 언급하는 개인주의와 결부시키지 말 것을 요구한다.[5] 뒤르켐에 따르면 전자는 개인 간의 관계를 단순히 생산과 교환의 관계로 보는데, 이 관점에서 보면 사회는 이러한 관계의 거대한 장치일 뿐이다. 이 관계 안에서 개인들의 궁극적인 관심은 사사로운 개인의 이익 추구이며, 이런 사회에서는 개인의 이익보다 더 높은 이익이란 존재하지 않는다. 이런 의미에서 그 사회는 "무정부적"이라 할 수 있다.[6] 궁극적으로 도덕성과 사회 통합에 관심을 두었던 뒤르켐에게 이런 사회는 바람직하지도 않았고 존재해서도 안 되었다.

　뒤르켐이 주장하는 개인주의는 칸트와 루소의 개인주의 혹은 이상주의자들의 개인주의이다. 이 개인주의는 일반적인 개인주의와 달리 사사로운 이익을 추구하려는 동기가 배제된 개인주의이다. 칸트는 내 행위의 동기가 내가 지지하거나 내가 위치한 입장, 조건, 계급에 따라 형성된 것이라면 그 행위는 정당하거나 적절하지 않다고 주장한다. 뒤르켐이 이해한 칸트에 따르면 "나의 행위를 결정하는 동기가 내가 자리 잡고 있는 특수한 형편 때문이 아니라 추상화된 나의 인간성humanity 때문일 때만이 내 행위의 적절성을 확신할 수 있다".[7] 결국 행위의 부적절성 혹은 부도덕성은 그것이 행위자의 개체성(사사로운 이익이나 동기의 근원)에 긴밀히 연결되어 있는가에서 가름된다.

5　뒤르켐은 비판자들이 자신이 언급하는 개인주의를 공리적 이기주의와 결부시킴으로써 자신 및 자신의 사상을 공유하고 있는 지성인들의 주장을 무력화시키려 한다고 지적한다. 벨라, 140쪽.

6　Ibid., 146쪽.

7　Ibid., 147쪽.

뒤르켐은 루소도 칸트와 동일하게 주장하였다고 본다. 사회에는 여러 상충된 개인적 의지들이 있다. 이 의지들이 사회 안에서 반목과 갈등의 과정을 거치게 되면 개인적인 동기들이 중화되거나 상쇄되면서 후에는 일종의 "비개인적인 중간 의지, 곧 일반 의지"가 남게 된다. 여기서 남은 것은 온전한 정의라고 할 수 있는데, 이유는 그것이 "모든 개인들의 의지를 모두 합해 놓았기 때문이다". 뒤르켐에 따르면 이것 역시 개인의 개체성에서 나온 것들이 제거된 상태이므로 그에 따른 행위는 정당성과 도덕성을 확보할 수 있다.

이상에서 살펴본 바와 같이 뒤르켐은 공리주의적 개인주의를 개체성에 한정된 이기주의로 간주함으로써 자신이 주장하는 개인주의와 구별하였다. 그는 전자가 추구하는 개인의 자기 숭배의 위험성과 부당성을 지적한 후, 자신이 추구하는 인간성의 종교는 모든 개별성을 뛰어넘는 보편적 인간성을 근간으로 하고 있음을 밝혔다.[8] 물론 이 인간성에서 가장 두드러지는 요소는 인간의 존엄성이다. 뒤르켐에게 이것은 거룩하고 성스러운 것이었다.[9]

뒤르켐의 이러한 구분을 우리는 어떻게 생각해야 하는가? 과연 사사로운 이기심에 근거하지 않는 개인의 행위를 실제 생활에서 상정할 수 있는가? 개인적인 삶의 조건이나 환경에 영향받지 않을 수 있는 개체가 존재하는가? 상충하는 의지들이 갈등을 겪으면 개인적 이익들이 상쇄되어 사라지는 '이익의 진공 영역'이 마련될까? 인간에 대한 다양한 관

---

8 그래서 공리주의적 개인주의는 인간성의 종교의 관점에서 볼 때 '이단'이다. Dew, p. 105.

9 이 거룩함에 대해서는 잠시 후 다시 살펴보자.

점들을 종합해보면 인간은 일반적으로 이기주의와 유용성에 근거하여 움직이는 합리적 존재이다. 이러한 한계가 있는 존재에게 뒤르켐은 불가능한 기대를 하고 있지는 않은가?[10]

이 질문에 대한 뒤르켐의 대답은 명백하다. 이기주의와 효용성에 근거해 합리적으로 사고하는 공리주의적 개인주의에 맹렬한 반격을 가하는 그의 모습에서 우리는 공리주의적 개인주의와는 다른 '숭고한' 개인주의에 대한 믿음을 본다. 뒤르켐은 인간이 수단이 되지 않고 오로지 목적이 되는 개인주의를 그리며 이 개인주의에 근거해 인간성의 종교를 주창한다.[11] 더욱이 인간성의 종교는 인간성의 숭고함을 지고의 가치로 추구하기 때문에 그는 이 종교가 이기적 개인주의를 제약하는 역할까지도 수행할 것이라고 본다.[12]

그러나 뒤르켐 역시 모든 사람들이 '숭고한' 개인주의 혹은 이상주의적인 개인성을 갖고 있지 않다는 것을 알았다. 그는 프랑스 제3공화국 시대의 혼란을 겪으면서 인간과 사회의 병리 현상을 충분히 직시한 사회학자였다. 그는 논문에서도 "본래 우리들의 이성은 모든 사사로운 동

---

10   이런 점을 감안할 때 그의 이론은 '낙관적 합리주의'에 근거한 관점이라고 간주된다. Daniel Chernilo, "A Quest for Universalism: Re-assessing the Nature of Classical Social Theory's Cosmopolitanism", *European Journal of Social Theory*, Vol. 10(2007), p. 27.

11   Massimo Rosati, "Inhabiting No-Man's Land: Durkheim and Modernity", *Journal of Classical Sociology*, Vol. 8, No. 2(2008), p. 244.

12   뒤르켐은 도덕과 관련된 네 가지 서로 다른 개념들을 다루는데, 바로 이타주의, 이기주의, 숙명주의 그리고 아노미이다. 뒤르켐은 현대사회에서 이 중 이기주의와 아노미가 매우 강성할 것이기 때문에 이에 대한 사회적 규제가 없으면 자살과 같은 병리적 현상들이 나타날 것이라고 보았다. 그에게 인간성의 종교는 현대사회가 필요로 하는 사회적 규제 장치들 중 하나였다. Dew, p. 101.

기를 제거해버리고 이론적으로 보아 자기 자신의 행동을 법률로 다스릴 수 있는 슬기롭고 순수한 것이 아니다"라고 적었다.[13] 그럼에도 불구하고 그는 인간에게 이기심이나 유용성을 뛰어넘는 존엄한 인간성이 있다고 믿는다. 그래서 그는 칸트의 도덕론과 루소의 일반의지론을 따른다. 이런 의미에서 그는 이상주의자이다. 그의 글 속에서도 그는 이 개인주의를 "이상주의자들의 개인주의"라고 적었다.[14] 이 글은 뒤르켐의 이러한 입장을 비판적으로 수용하면서 논의를 전개한다.[15]

인간성의 종교의 종교적 차원

본질적 측면

뒤르켐의 논문은 인간성의 종교가 두 가지 차원을 가진다고 보는데, 바로 본질적 차원과 기능적 차원이다. 이 두 가지 차원은 이미 그의 종교 정의에서 나타났다.[16] 그리고 이 두 차원이 협업하여 사회를 통합, 유지시킨다는 것이 그의 종교론의 핵심이다. 먼저 본질적 차원에 대해 살펴

---

13   벨라, 151쪽.

14   Ibid., 147쪽.

15   만일 이러한 개인주의의 실재성이 의문시된다면 일단 막스 베버의 이념형ideal type 개념을 활용하여 뒤르켐의 주장을 받아들일 수 있다. 이념형은 현상 분석을 위한 유용한 도구라는 것이 베버의 입장이다. 베버의 이념형의 핵심 내용은 루이스A. 코저의《사회사상사》(신용하·박명규 옮김, 시그마프레스, 2003) 272~274쪽을 참조하라.

16   "종교란 성스러운 사물들, 즉 구분되고 금지된 사물들과 관련된 믿음들과 의례들이 결합된 체계이다. 이러한 믿음들과 의례들은 교회라고 불리는 단일한 도덕적 공동체 안으로, 그것을 신봉하는 모든 사람들을 통합시킨다." 에밀 뒤르켐,《종교 생활의 원초적 형태》, 노치준·민혜숙 옮김(민영사, 1992), 81쪽.

보자.

그는 "존경할 만한 값어치가 있고 거룩한 것은 인간성이다"[17]라고 하면서 다음과 같이 적었다.

> 이 인간적 인격 … 은 그 말의 관례적 뜻에 있어서 거룩한 것으로 생각되고 있다. 그것은 어느 시대의 종교 단체이든 그들이 섬기는 숭배의 대상에서 주는 초월적 위엄을 같이 나누어 갖고 있다. 그것은 거룩한 것들 주변에 공간을 만들고 있는 신비스러운 속성이 주어진 것으로 생각되고 있으며, 그 속성은 세속적인 접촉에서 동떨어져 있고 통상적인 교류로부터 물러나 있는 것이다. 그리고 그것에 주어지는 존중은 바로 이러한 출처에서 나오는 것이다.[18]

여기서 우리는 뒤르켐이 일반 종교에 대해 가지고 있는 독특한 관점을 상기할 필요가 있다. 그에게 있어 성스러움은 종교의 중요한 원천인데, 이 성스러움의 근원은 본질적이고 내재적인 것이 아니라 주관적인 것이다. 다시 말해, 성스러움이나 거룩함에는 어떤 보편성이나 객관성이 존재하지 않는다는 것이다. 따라서—그의 호주 아룬타 부족 연구에서 드러났듯이—개구리와 오리도 성스러운 존재로서 숭배의 대상이 된다. 그 어떤 대상도 본질적인 속성과 상관없이 성스러운 숭배의 대상이 될 수 있는가 하면, 한 개인이나 집단에게 성스러운 것이 다른 사람들에

---

17 벨라, 151쪽.

18 Ibid., 148쪽.

게는 그렇지 않을 수 있다는 것이다.

동일한 논리에서 뒤르켐이 인간성을 성스럽고 거룩한 것으로 간주하고 있다고 말할 수 있다. 모든 사람들이 그가 말한 인간성을 성스러운 것으로 인식하지는 않는다. 인간성이 본질적이고 내재적으로 거룩하였다면 우리 모두는 여하간 그 거룩함을 인식하였을 것이고 그로 인해 인간성은 우리에게 예배의 대상이 되었을 것이다. 그러나 인간성이 중요하고 고귀하지만 거룩하거나 성스럽지는 않다고 생각하는 이들도 있다. 다시 말해, 그러한 사람들은 인간성을 종교의 대상으로까지 끌어올리지는 않는다. 그럼에도 뒤르켐은 자신의 논리에 따라 인간성에 성스러움을 부여하여 인간성의 종교적 차원을 확립한다. 이 종교에 대해 그는 "그것은 사람이 예배자이자 예배의 대상이 되는 그러한 종교"라고 말하면서 "공통적인 믿음의 대상이 개인의 본성에 이어지지 않아야 한다는 이유는 전연 없다"고 단언한다.[19]

뒤르켐은 여기서 더 나아가 인간성의 종교에 대한 모독은 곧 일반 종교에 대한 모독과 동일한 결과를 가져온다고 지적한다. 바로 성스럽고 거룩한 것을 모독한 자들에 대한 추종자들의 강력한 반감이다. 뒤르켐은 "사람의 생명을, 사람의 자유를, 사람의 명예를 빼앗고자 하는 사람은 누구이든 마치 믿는 이가 자기가 숭배하는 숭배의 대상이 모독을 당할 때 경험하는 것과 같이 소름끼치는 혐오감을 품게 한다"고 하였다.[20] 이는 다시 한 번 인간성이 '종교적' 속성을 가지고 있다는 것을 보여주

---

19   Ibid., 152쪽.
20   Ibid., 148~149쪽.

는 동시에, 뒤르켐이 인간성에 대한 자신의 주장에 모욕을 가하는 자들에게 품고 있는 '호교론적' 태도와 감정, 그것도 근본주의자들과 매우 유사한 태도와 감정을 보여준다.

인간성을 이렇게까지 종교적으로 '승화'시키는 뒤르켐의 인식에 우리는 의아해할 수 있다. 그러나 뒤르켐은 자신이 언급하는 인간성이 개인 자신을 이기적으로 숭배하거나 본능을 즐겁게 하는 것과는 아주 달리 오히려 본성을 뛰어넘고 높은 이상을 제시하는 것이라고 거듭 강조한다. 그리고 그는 인간성을 특정한 한 개별 인간—예를 들어, 인격적으로 훌륭한 개인—에서 찾지 않는다. 그보다는 인간성을 일반적인 개인들과 이 개인들이 서로 맺는 상호 관계에서 찾는다. 그는 인간성이 지극히 보편적이라고 주장하는데, 이것은 특정 개인의 인간성을 승화시키거나 성화시키려는 시도에서 발생할 수 있는 거부나 비판을 예방할 수 있기 때문이다. 그래서 인간성은 익명적이고 불특정적이다.[21]

인간성의 종교는 이렇게 선별이나 특권 의식에서가 아니라 보편성에서 출현한 것이기에 '모든 사람의, 모든 사람에 의한, 모든 사람을 위한' 종교가 될 수 있다. 그리고 이러한 특징은 이 종교가 민주주의를 위한 종교가 될 수 있게 돕는 좋은 토양을 제공한다. 실제로 2008년 촛불집회에서 이 종교는 민주주의와 잘 조화되었다.

---

21 Dew, p. 105.

기능적 측면

이 종교의 기능적 측면은 뒤르켐이 여타의 종교 연구에서 언급한 내용과 동일하다. 그에 따르면 모든 종교는 믿음과 의례의 체계를 가진다. 이 종교 역시 믿음과 의례의 체계를 가지는데, 믿음의 내용에 대해서는 이미 앞에서 언급하였다. 의례는 이러한 믿음을 가진 사람들이 함께 모여 집합행동을 수행하는 것으로—본 논문의 주제와 연결시키면—촛불집회가 그 예가 될 수 있다. 뒤르켐의 관점에서 보면 아룬타 부족의 토템 종교와 촛불집회에는 별반 차이가 없다. 거기에는 성스러운 대상(촛불집회의 경우 생명, 인권, 주권, 행복 등)과 이 대상을 중심으로 발생하는 집합 표현, 집합 흥분, 집합 의식(촛불 집회) 그리고 이를 통해 결성되는 '도덕 공동체'(촛불집회가 형성한 공동체)가 있다. 인간성의 종교는 의례를 통해 자신의 숭배자들을 공동체 안으로 결속, 통합시키는 기능을 수행하며, 동시에 성스러운 대상들을 숭배자들에게 지속적으로 재각인시킨다. 종교의 사회 통합 유지 기능이다.

드레퓌스 사건도 이와 유사하였기에 뒤르켐은 이 사건에서 인간성의 종교를 추출해낸다. 드레퓌스 사건에는 이 사건으로 상징되는 인권, 존엄성 등의 성스러운 대상들이 있었고, 이 성스러운 대상들을 보호하고 지켜내려는 뒤르켐을 위시한 지성인들의 집합행동이 있었고, 이를 통해 인권이나 인간의 존엄성을 해하려는 외부적 힘에 대항하는 도덕 공동체가 형성되어 있었다. 그리고 이 공동체를 중심으로 추종자들이 결집했다. 뒤르켐의 종교 이해는 이러한 집합행동에 근거하며, 종교의 역할 또한 바로 이곳에서 발견된다. 그는 인간성의 종교에 대한 논의에서 아래와 같이 기록하였다.

본질적으로, 종교는 어떤 권위가 주어진 집합적인 믿음과 관행의 덩어리일 뿐이다. 어떤 목적이 모든 사람에 의해 추구되면 곧, 이러한 의견 일치의 집착 때문에 그 목적을 사사로운 목표 위로 크게 올려놓음으로써 이에 종교적인 성격을 주는 일종의 도덕적 우월성을 얻게 된다. 다른 시각에서 보면, 사회 구성원들 사이에 어떤 지적 및 도덕적 공동체가 존재하지 않으면 그 사회는 응집될 수 없다는 것은 명백하다.[22]

결국 인간성의 종교의 기능은 성스러운 인간성을 중심으로 개인들을 통합하여 하나의 도덕 공동체를 형성하고 이를 근간으로 그 사회를 응집, 유지시키는 것이다. 이전 사회에서는 이러한 통합, 유지의 역할을 주로 전통 종교가 수행했지만 현대사회에서는 인간성의 종교가 이 역할을 수행한다고 그는 보았다.[23] 다만 전통 종교와는 달리 현대의 인간성의 종교에서는 "인간의 가치가 집합 의식의 핵심에 자리 잡는 것"이 다를 뿐이다.[24] 이렇게 수행되는 집합 행위(집합 감정, 집합 표현, 집합 의식)는 인간성의 가치를 더욱 고양시켜 그 중요성과 숭고성을 강화하는 역할을 수행하며, 이는 궁극적으로 개인들이 더욱더 그 종교를 숭배하게 만든다.

---

22   벨라, 154쪽.

23   Dew, p. 102; Robert A. Segal, "The Place of Religion in Modernity", *History of the Human Sciences*, Vol. 17, No. 4(2004), p. 134.

24   Barbara A. Misztal, "Durkheim on Collective Memory", *Journal of Classical Sociology*, Vol. 3, No. 2(2003), p. 132.

인간성의 종교의 미래

뒤르켐은 자신의 논문에서 인간성의 종교의 본질이나 역할 외에 몇 가지를 더 논의하였는데 그중 하나가 인간성의 종교의 미래이다. 그는 종교가 시대에 따라 변화하지만 "종교는 없어서는 안 된다"고 본다.[25] 이러한 관점에서 그는 인간성의 종교가 미래 사회에서도 존속할 뿐만 아니라 더욱 발흥할 것이라고 예견한다. 뒤르켐은 그 이유를 분업의 증가 현상에서 찾는다. 분업에 대한 그의 사전 연구에서 이미 주장되었듯이 미래 사회는 갈수록 분화가 심해질 것이고 그에 따라 통합의 필요성도 증대될 것이다. 사람들은 분화로 인해 매우 다양한 생각에 이끌리고 그에 따라 자유롭게 행동할 수 있다. 이런 상황에서 통합이라는 목표는 모든 사람들에게 보편적이고 공통적 토대가 있을 때 성취할 수 있다. 뒤르켐은 인간성이 바로 그 토대가 될 수 있다고 주장한다. 인간성이 "변화하는 흐름 위에서 지켜지고 불변하는 사사롭지 않은 유일한 이념"이기 때문에 또한 "거의 모든 사람의 마음속에서 찾아볼 수 있는 유일한 감정"이기 때문이다.[26]

뒤르켐은 이 '유일한' 이념과 감정을 보편적 토대로 사용할 때 통합이 성취될 수 있다고 본다. 따라서 통합의 요구가 강화되는 미래 사회에서 인간성의 종교는 더욱 요청될 것이다. 다시 말해, 인간성에 대한 요청이 분화 과정에 필수적이 될 것이고, 이것은 결국 인간성의 종교의 확산을 가져올 수밖에 없다는 것이다. 뒤르켐은 이 필연성을 아래와 같이 역설

---

25 벨라, 154쪽.

26 Ibid., 155쪽.

적으로 표현하였다.

> 개인주의(인간성의 종교)의 상승을 멈추게 하려면 사람들 사이에서 더욱
> 더 벌어지는 분화의 과정을 막아야 하며, 사람들의 인격을 평준화시켜야
> 하며, 과거와 같은 낡은 획일주의로 돌아가야 하며, 결과적으로 사회가 항
> 상 더욱 확대되고 더욱 집중되고 있는 경향성을 억제하여야 하며, 그리고
> 끊임없는 분업의 발전 과정을 방해하여야 할 필요가 있을 것이다.[27]

뒤르켐은 이런 일이 절대 가능하지 않은 것처럼 앞으로 인격적 인간
성이 절대적으로 요청될 것이라고 본다. 뒤르켐은 분명 이 종교의 열렬
한 신봉자이자 전도자이다.

이러한 뒤르켐의 주장은 일면 적절하다고 볼 수 있다. 다양하게 분화
된 오늘날의 사회에서 지금도 남아 있는 공통분모는 무엇이 있을까? 다
원주의 사회에서 제도 종교들은 더 이상 사람들에게 보편적 토대를 제
공하지 못한다. 현대 과학도 이전과 달리 객관적, 보편적인 지식을 제시
하지 못하고 있다. 이와는 다른 측면에서 보편성을 확보하고 있는 것이
하나 있는데, 바로 이기적 개인주의다. 이 개인주의는 '변화하는 흐름 위
에서 지켜지고 불변하는 (또 다른) 유일한 이념'이며 '거의 모든 사람의
마음속에서 찾아볼 수 있는 (또 다른) 유일한 감정'이다. 그러나 이 개인
주의는 뒤르켐이 언급하였듯이 그 이기심과 개체성으로 인해 조화롭고
원활한 통합이 아닌 갈등과 분열을 가져오는 이기적 통합만 만들 수 있

27　Ibid., 155~156쪽.

을 뿐이다. 그 대표적인 예가 현대사회에서 흔히 볼 수 있는 집단 이기주의다. 이런 상황에서 그나마 남아 있는 보편성, 통합의 토대가 될 수 있는 공통분모는 생명, 평등, 자유, 행복과 같은 인간적 가치들일 것이다.

따라서 오늘날 현대사회에서 통합적 사회운동이 발생할 가능성은 크게 두 방향에서 찾을 수 있다. 인간적 가치에 근거한 사회운동(예를 들어, 서울시청이나 오슬로에서 발생한 촛불집회)과 이기적 개인주의에 근거한 사회운동(님비 현상, 귀족 노동운동, 국수주의)이다. 인간성의 종교의 미래 가능성은 전자에 내포되어 있다. 그리고 이 가능성은 현재 전 세계적으로 발생하고 있는 다양한 인권 운동 혹은 시민운동에서 지속적으로 확장되고 있다. 우리는 이것을 "세계화 시대를 위한 인간성의 종교"라고 간주할 수 있다.[28]

뒤르켐은 기독교가 인간성의 종교를 대치할 가능성에 대해서도 논의한다. 그가 이를 언급한 이유는 뒤르켐의 비판자들이 인간성의 종교를 기독교와 대치되는 위치에 놓고 인간성의 종교를 위협할 수 있기 때문으로 보인다. 뒤르켐은 이러한 공격으로부터 인간성의 종교를 지키길 원하였다. 결론부터 말한다면, 그는 인간성의 종교와 기독교를 "적대 세력으로 만드는 것은 매우 큰 잘못이다"라고 단언한다. 그 이유는 "앞의 것은 뒤의 것에서 나온 것"이기 때문이다.[29] 개인주의 정신은 개개인 내면의 믿음과 신념을 중시해온 개신교 전통에서 유래된 것이고, 인간적

---

28   Michael A. Elliot, "Human Rights and the Triumph of the Individual in World Culture", *Cultural Sociology*, vol. 1, No. 3 (2007), p. 353.

29   벨라, 157쪽.

가치들(생명의 존귀함, 자유, 평등 등)은 성서에 바탕을 둔 기독교 신앙과 이어져 있다. 따라서 두 종교는 적대 관계가 아니라 조화롭고 상호 교류적인 관계가 될 수 있다는 것이 그의 지론이다.

두 종교 간의 관계를 이같이 설정하여 조화시킨 뒤르켐의 논지와 관련해 우리는 기독교와 인간성의 종교의 관계를 다시 한 번 생각해볼 필요가 있다. 여기에는 긍정적인 관계와 부정적인 관계의 가능성이 모두 공존한다. 긍정적인 측면은 기독교와 개인주의가 조화롭게 상호 보조를 맞추면서 인간의 가치와 관련된 사상이나 운동을 펼쳐 나가는 것이다. 이는 물질, 제도, 기술, 환경 등이 인간성을 위협하고 있는 현대사회에서 매우 중요하고 필요한 사항이기도 하다. 부정적인 면은 기독교가 인간성의 종교化되는 것이다. 기독교는 개인주의적 특성이 있고 인간적 가치를 강조하기 때문에 다른 어떤 종교보다도 인간성의 종교화될 개연성이 높다. 그러나 이렇게 될 때 기독교 신앙에 역전이라는 혼돈이 초래될 수 있다. 신 중심의 신앙이 인간 중심의 신앙으로 치환될 수 있기 때문이다. 그리고 이것은 오늘날 교회에서 실제로 뚜렷하게 나타나고 있는 현상이기도 하다.[30]

---

30 이에 대해서는 뒤에서 다시 논의하기로 한다.

촛불집회 분석

촛불집회의 '종교성'

2008년 5월부터 8월까지 서울시청 및 광화문 일대를 비롯하여 전국 주요 도시에서 다발적으로 발생한 촛불집회는 6월 10일경을 기하여 도합 100만 명 정도의 참여자가 모인 집회로 발전하였다. 촛불집회가 이같이 거대 집회가 된 배경에는 이 책 7장에서 밝혔듯이 여러 사회 문화적 요소의 강력한 개입이 있었다. 그러나 이 글에서 다루려는 것은 그러한 요소와 과정이 아니라 촛불집회의 '종교적' 성격, 곧 촛불집회에 스며들어 있는 뒤르켐의 인간성의 종교에 관한 것이다.

촛불집회는 7장에서 살펴보았듯이 본질적으로도 기능적으로도 종교적이었다. 뒤르켐은 종교를 형성하는 과정에서 성스러운 대상이 중요하다는 것을 인식하였다. 종교는 성스러운 대상과 관련된 제의, 신념, 공동체에서 나온 결과물이다. 이때 그 대상은 본질적으로 혹은 내재적으로 성스러운 것이 아니다. 성스러움은 외부에서 그 대상에 부여된다. 따라서 모든 것이 성스러운 대상이 될 수 있다. 한 개인이나 집단에게 성스러운 것이 타인이나 여타 집단에게 그렇게 여겨지지 않거나, 한 개인이나 집단 안에서 한때는 성스럽다고 여겨지지 않았던 것이 어떤 계기를 통해 성스럽게 여겨지게 되는 이유가 여기에 있다.[31]

2008년 촛불집회에는 성스러운 대상이 있었다. 에드워드 쉴즈의 용어를 사용하면, 성스러운 중심이 있었다.[32] 뒤르켐이나 쉴즈에게 성스

31　이에 대해서는 이 책 6장을 참조하라.

러운 중심 혹은 대상은 반드시 지리적 장소나 물리적 대상만을 의미하지 않는다. 추상적인 개념들도 성스러운 대상이나 중심이 될 수 있다. 촛불집회에서 이 대상은 생명, 인권, 주권, 건강, 행복 등이었다. 이러한 대상들은 집합 흥분, 집합 표현, 집합 의식으로 특징지어지는 집합 의례 collective ritual를 통해 성스러운 대상으로 부각되었으며, 의례를 반복할수록 성스러움은 더욱 강렬해졌다.

뒤르켐의 집합 의례 이론에 따르면 이러한 의례를 통하여 성스러움을 얻은 대상은 자신을 중심으로 구성원들을 결집시켜 도덕 공동체를 형성한다. 성스러운 대상을 중심으로 일종의 종교 공동체가 발생하는 것이다. 이 공동체는 종교 집단들이 일반적으로 가지고 있는 이항대립적 사고 구조와 신념을 갖고 있다. 대표적으로 선과 악 혹은 성과 속의 이분법적 구분이다.

이러한 이항대립에서 악은 언제나 제거되거나 정화되어야 할 어떤 것이다. 악과 속의 존재나 활동은 언제든지 성과 선을 위협할 수 있는 위험한 것이기 때문이다. 성과 선은 순수한 것이고 순수한 것은 언제든지 쉽게 오염될 수 있다.[33] 따라서 구성원들은 '순수'가 속에게 위협받는다고 생각할 때 '순수'를 지키기 위하여 속에 대응한다. 이런 갈등 속에서 이항대립은 더욱 분명하고 날카롭게 대립되고, 이 대립을 토대로 집합행동이 발생하고, 구성원들이 회집한다. 강력한 도덕 공동체가 형

32　필립 스미스, 《문화 이론》, 한국문화사회학회 옮김(이학사, 2008), 153쪽.

33　이에 대해서는 메리 더글러스의 《순수와 위험》(유제분·이훈상 옮김, 현대미학사, 1997)을 참조하라.

성되는 것이다.

촛불집회 역시 이러한 이항대립적 사고 구조와 신념이 강하게 작용한 사건이다. 구성원들이 성스럽거나 선하다고 생각하는 대상(생명, 건강, 주권, 행복, 가정, 미래 등)이 악과 속(미국산 소고기 수입 협정, 이명박 정부 등)에게 위협받고 있다고 믿었기 때문이다. 그리하여 사람들은 성스러운 가치와 신념을 지키고 보호하려는 자신들을 선 혹은 성의 자리에, 성스러운 것들을 위협하거나 오염시키고 있다고 생각하는 세력들을 악이나 속의 자리에 위치시켰고, 이 구분과 대립에 근거해 집단적 대항 운동을 전개하였다. 이들은 뒤르켐이 말하는 거대한 '도덕 공동체'를 이루었으며, 이 집단행동을 통해 시민운동을 펼쳐 나갔다.

이상에서 보았듯이 촛불집회는 뒤르켐의 종교 정의에 입각해서 볼 때 전형적인 종교 현상이라고 할 수 있다. 촛불집회에는 성스러운 대상이 있었고, 이와 관련된 믿음들과 의례들이 있었으며, 이 믿음들과 의례들에 의해 형성된 도덕 공동체가 있었다. 이 통합된 공동체는 자신들이 숭상하는 성스러운 대상을 위협하거나 오염시킬 수 있는 속의 세력에 대대적이고 강력하게 저항하였다.

촛불집회와 인간성

촛불집회에서 주창된 성스러운 대상은 개인적인 가치들이었다. 즉, 생명, 건강, 행복, 자유, 주권 등과 같은 것이었다. 이것은 인간성과 관련된 것들이고 따라서 뒤르켐의 인간성의 종교가 추구하는 '숭고한' 인간성의 요소로 간주될 수 있다. 그러나 관건은 과연 이러한 가치가 이기적 개인주의와는 관련이 없는가 하는 점이다. 만일 이러한 가치들이 이기적 개인주의에서 발로한 것들이라면(이러한 가능성이 없지 아니한데), 그리하여 촛불집회에서 발생한 구성원들의 규합이 이기적 개인주의의 집단적 표출에 불과하다면, 촛불집회는 뒤르켐의 인간성의 종교와 부합될 수 없는 것이 된다. 그것은 단지 이기적 개인의 자기 숭배가 집합적으로 표현된 것에 불과할 뿐이다. 이제 이 문제에 대해 고찰해보자.

뒤르켐은 자신이 주장하는 개인주의가 이기적 개인주의로 오해받지 않기 위해 신중하게 사고하였다. 그는 공리적 이기주의를 언급하면서 이것이 자신의 개인주의와 혼돈되지 않기를 요청하였다. 공리적 개인주의의 궁극적인 관심은 사사로운 이익 추구이고 공리적 개인주의에서 그 이상의 높은 가치란 존재하지 않는다. 뒤르켐은 자신의 개인주의는 그러한 이기주의가 아니라고 못 박는다. 그렇다면 촛불집회에서 추구된 가치들은 어떤 가치일까? 공리적 이기주의와 관련된 것으로 보아야 할까? 일면 그러한 점이 있다고 주장할 수 있다. 왜냐하면 집회 참여자들이 개인의 생명, 건강, 행복, 가정, 미래 등을 걱정하고 추구한 것으로 간주할 수 있기 때문이다. 그러나 숭고한 가치는 공적 영역 외에 사적 영역에 속할 수도 있다. 생명, 행복, 건강 등은 사적 영역과 관련된 가치이다. 그러나 사적 차원의 가치라고 하여 반드시 이기주의적이고 사사로운 가치라고 할 수는 없다. 그것이 인간의 존엄성이라는 매우 절대적이고 보편적인 가치를 보장할 수 있기 때문이다. 알베르트 슈바이처Albert Schweitzer의 생명 외경 사상이 이기주의적이고 사사로운 가치와 관련된 것이 아니듯이 집회 참여자들의 생명, 건강, 행복, 권리에 대한 주장을 이기적 개인주의로 폄하하는 것은 무리가 있다. 또 다른 예를 언급한다면, 우리는 외국인 노동자들이 복지를 요구하는 것을 사사로운 이익의 추구라고 치부하지 않는다. 이들의 주장이 인간의 존엄성과 관련 있기 때문이다. 더구나 촛불집회 참여자들은 단순히 자신만을 위해 집회에 참여한 것이 아니다. 뒤르켐의 인간성의 종교가 "타인의 자유, 권리, 사회 경제적 정의에 대한 헌신을 내포"하고 있는 것처럼,[34] 촛불집회 참가자들 역시 자신들뿐만 아니라 다른 사람들의 요구에도 관심을 가졌다.

따라서 생명, 건강, 행복, 미래에 대한 주장은 개인의 개별성에만 근거한 주장이라고 하기에는 그 외연이 훨씬 넓다고 할 수 있다. 오히려 이러한 주장은 보편적 인간성에 근간하고 있다고 보는 것이 더 적합하다. 뒤르켐이 인간성의 종교를 주창하는 토대도 바로 이 보편적 인간성이다. 따라서 인간성의 종교는 선별된 특정 개인에게서 유래된 것이 아니라 모든 자들에게서 유래되어 모든 자들을 위해 존재하는 그러한 종교이다.

지금까지 살펴보았듯이 촛불집회는 뒤르켐이 언급한 인간성의 종교가 모습을 드러낸 현상이다. 그의 종교 정의에 의거한다면 이 종교는 본질적이고 기능적으로 종교이며, 성스러운 대상을 중심으로 사람들을 인지적, 정서적, 감정적으로 연대시켜 하나의 도덕 공동체를 만들며 추종자들을 통합한다. 이 통합된 힘들은 때로 사회를 유지시키기도 하고 때로는—신기능주의가 지적하였듯이—사회를 변혁시키기도 한다. 뒤르켐의 예견대로 이러한 종교는 현대사회에서 더욱 발흥할 수 있다. 한편으로 개인주의, 사사화私事化, 인권의 중요성이 더욱 부각되고 다른 한편으로 집회와 결사의 자유, 인터넷, SNS 등이 계속 보편화되면, 미국

---

34 Dew, p. 105.

산 소고기 수입과 같이 개인의 생명과 권익에 관한 사건이 발생할 때 촛불집회와 같은 집합 행위가 더 많이 발생할 수 있기 때문이다. 다만 그 원인이 그가 생각한 것처럼 분업 때문만은 아니라는 것을 지적할 필요가 있다.

인간성의 종교에 대한 평가 및 기독교적 함의

뒤르켐은 인간성의 종교의 미래를 낙관적으로 보았다. 현대사회가 더욱 발전할수록 분업이 증가할 것이고 분업의 증가는 통합의 욕구를 불러일으킬 것이라고 생각했기 때문이다. 뒤르켐이 이러한 관점을 가졌던 것은 그가 기능주의적 시각을 토대로 사회를 조망했기 때문이다. 그는 모든 사회는 통합을 필요로 하고 각 사회의 내부 구조들은 통합을 위해 순기능적 역할을 한다고 보았다. 분업이 진행되면 통합은 더욱 필요해질 것인데 인간성의 종교가 이 통합의 역할을 일부분 수행할 수 있을 것으로 내다본 것이다. 그리고 그 이유를 변화하는 세상의 흐름 속에서도 불변하고 사사롭지 않은 유일한 이념이 바로 인간성이며 인간성만이 모든 사람들의 마음속에서 찾아볼 수 있는 유일한 감정이기 때문이라고 하였다.

과연 인간성이 위에서 언급한 것처럼 불변하는 유일한 이념이자 감정인가 하는 문제를 차치하고도 그의 이러한 주장은 여러 문제점을 내포하고 있다. 먼저, 인간성이 불변하고 유일하기 때문에 통합의 토대가 될 수 있다는 주장에는 다소간 억지가 있어 보인다. 통합의 토대 조건이 반드시 불변하고 유일해야만 하는 것은 아니다. 그렇지 않더라도 통합에 기여할 수 있고 그렇다 하여도 통합에 기여하지 않을 수 있다. 더 나아가, 통합이 반드시 있어야 하는 어떤 것이 아닐 수 있다. 기능주의자들만이 통합이 반드시 필요하다고 주장하며, 이 주장은 통합과 발전만을 중시하는 근대적 사고에 함몰된 사유일 수 있다. 루이스 A. 코저 같은 갈등주의자에게 통합은 반드시 필요한 목표가 아니다.[35] 많은 후기구조주의자들은 통합에 대한 열망이 전근대적이며 근대적인 사고의 결과라고 단언한다. 전근대주의자들은 신의 이름으로 통합을 이루고자 하였고, 근대주의자들은 신에 근거해 통합을 이루려는 시도를 비판하였음에도 불구하고 다시 사상, 정신, 이념, 이데올로기, 과학 지식에 근거해 통합을 이루고자 하였다.[36] 오히려 후기구조주의자들은 불일치, 분열 등을 사회의 본질적 특성으로 간주하고 이것을 인정하면서 대안이나 필요한 과제를 찾는 것이 중요하다고 지적한다.[37] 이들에 따르면 통합은 유토피아이자 환상이며 이데올로기이다. 따라서 분업의 활성화에 따른 통합의 필요성을 언급하면서 인간성의 종교의 확산을 설명하려는 뒤르켐의 의도에는 시대착오적인 요인이 내재되어 있다고 할 수 있다.

　한편 존엄성이 세상의 변화 속에서도 불변하는, 또한 개인에게서 발견되는 사사롭지 않은 유일한 이념이고 감정이라는 주장 또한 논쟁의 여지가 있다. 존엄성은 세상의 흐름과 변화 속에서 끊임없이 그 내용과

35　루이스 A. 코저, 《갈등의 사회적 기능》, 박재환 옮김(한길사, 1980).

36　야니 스타브라카키스, 《라캉과 정치》, 이병주 옮김(은행나무, 2006), 218~220쪽.

37　Ibid., 218~220쪽.

특징이 변화되어왔으며 지금도 그러하다. 또한 그것이 개인 속에서 발견되는 사사롭지 않은 유일한 것이라고 할 수도 없다. 예를 들어 개인의 사회성 또한 사사롭지 않은 이념이며, 또한 거의 모든 사람들 안에서 보편적으로 발견되는 감정이다. 사람들은 혼자 살기보다는 함께 모여 살고 싶어 한다. 이는 시대와 장소, 상황을 초월하여 개인과 사회에서 나타나는 일반적 현상이다. 종교계에서 또 다른 예를 찾는다면 성스러움에 대한 경외 사상을 들 수 있다. 이것이 인류 역사에서 지속적이고 보편적으로 나타나는 특성이라는 사실은 뒤르켐뿐만 아니라 여러 문화인류학자나 종교학자에 의해 재확인되었다. 따라서 존엄성이 불변하고 유일한 토대이기 때문에 현대사회에서 인간성의 종교가 더욱 확산될 것이라는 뒤르켐의 주장은 재고가 필요하다.

분업과 존엄성을 고찰하면서 인간성의 종교의 미래를 낙관적으로 예견한 뒤르켐의 관점은 또 다른 방식으로 비판받을 수 있다. 뒤르켐의 주장대로 인간의 존엄성이 시대와 장소를 초월하여 나타나는 이념이며 대부분의 사람들에게 발견되는 보편적인 감정이라는 것을 인정한다고 해보자. 그러나 존엄성이 변하지 않는 유일한 이념이고 통합에 기여하기 때문에 더욱 숭상되는 것이라고 볼 수는 없다. 존엄성이 숭상되는 이유는 오히려 근대 초기부터 지속된 인간 중심적 사고의 확장 때문이다. 중세의 신 중심적 사고가 인간 중심적 사고로 치환되면서 신의 존엄성 대신 인간의 존엄성이 주창되고 전파된 결과 인간성의 종교가 더욱 강화되고 확산된 것이다. 인간은 포스트모던 시대에도 역시 인간을 세계의 중심에 놓고 있다. 이러한 사고는 오늘날 문화의 여러 측면에서 끊임없이 재생산된다. 인간성의 종교의 미래를 낙관적으로 예견할 수 있는 것은 바로 이러한 상황 때문이다.

여기서 인간성의 종교의 기독교적 함의를 논의할 수 있다. 인간성의 종교는 기독교 신앙과 상치될 가능성이 높다. 그것이 단지 인간의 존엄성만을 주장한다면 별문제가 없다. 기독교는 인간의 존엄성, 생명, 건강, 행복, 주권, 미래 등을 중요한 가치로 여기고 있으며, 뒤르켐도 주장하였듯이 이러한 것들은 어느 정도 기독교에서 나온 것이기 때문이다. 민주주의도 개인주의도 기독교의 '작품'이라고 할 수 있다.[38] 문제는 인간성의 종교가 인간성 혹은 인간의 존엄성을 '신적 대상'의 위치까지 끌어올리거나 그것에 '거룩함'이나 '성스러움' 같은 종교성을 부과할 때 발생한다. 실제로 뒤르켐은 인간성의 종교가 '사람이 예배자이자 예배의 대상이 되는 그러한 종교' 혹은 '사람이 신자이자 동시에 신both believer and God이 되는' 종교라고 지적하면서 '믿음의 대상이 개인의 본성에 이어지지 않아야 하는 이유는 전혀 없다'고 주장하였다.[39] 인간성의 종교가 이렇게 될 때, 이 종교가 사회의 여타 제도와는 잘 조화될 수 있을지 몰라도 기독교의 본질과는 대척점에 서게 될 수밖에 없다.

기독교의 본질과 상이한 이런 요소들이 현대사회 내에 넓게 자리 잡고 있거나 심지어 교회와 교인의 의식 안에서도 발견된다면 이는 기독교 신앙의 입장에서 볼 때 문제가 아닐 수 없다. 기독교의 두드러진 특징은 인간이 아닌 하나님을 숭배의 대상으로 삼는다는 것인데 인간성

---

38 서구 개인주의의 출현과 기독교의 관계에 대해서는 막스 베버의 《프로테스탄티즘의 윤리와 자본주의 정신》(박성수 옮김, 문예출판사, 1996)을 참조하라.

39 Rosati, p. 243에서 재인용

의 종교는 인간성을 숭배의 대상으로 삼기 때문이다. 인간성과 인간의 권리 또한 가치가 있지만 하나님보다 더 가치 있지는 않다는 것이 기독교의 기본 입장이다. 이런 의미에서 인간성의 종교는 기독교와 기독교도들에게 위기이며 도전일 수 있다.

인간의 존엄성이 단순히 부각되는 차원에서 끝나지 않고 숭배의 단계까지 이어진다면 인간성의 종교의 확장은 기독교와 대립될 수밖에 없다. 이 대립 상황에서 기독교가 어떤 태도를 취하느냐에 따라 기독교의 모습과 미래는 달라질 것이다. 피터 버거에 따르면 이러한 대치 속에서 기독교가 취할 수 있는 태도는 일반적으로 다음 세 가지 중 하나이다. 바로 대항confrontation, 오염contamination, 타협compromise인데,[40] 어느 길을 선택하느냐에 따라 교회는 다른 모습을 띠게 될 것이다.

나가는 말

촛불집회에서 인간의 존엄성이 뒤르켐적 의미의 종교성을 띠었다는 것이 본 논문의 지적이다. 성스러운 것들과 관련된 가치, 신념, 이상을 위협하고 무시한 개인이나 세력은 촛불집회에서 악하고 속적인 대상으로 간주되면서 조롱과 공격의 대상이 되었다. 촛불집회가 정점을 향해 치

---

40 이 세 가지 길에 대한 내용을 이곳에 서술하는 것은 이 글의 목적이나 지면 관계로 볼 때 적절하지 않다. 이에 대한 자세한 내용은 버거의 책을 참조하라. 피터 버거, 《이단의 시대》, 서광선 옮김 (문학과지성사, 1981); 이철, 《사회 안에 교회 교회 안에 사회》(백의, 2006) 1장.

달을 때 권력, 재계, 보수 언론 등은 거의 무력한 상태로 촛불집회를 관망할 수밖에 없었다. 촛불집회는 다시 한 번 인간의 존엄성을 한층 '승화'시켰고 그것의 고귀성을 참가자들에게 강력하게 재확인시켰다. 비록 촛불집회는 얼마 후 일단락되었지만 그때의 느낌과 인식은 모리스 알박스의 지적대로 집합 기억의 상태로 개인들에게 남았다.[41] 그리고 그 기억은 새로운 유사 사건들을 통해 다시 표현되고 인식되면서 계속 강화될 것이다.

뒤르켐의 예상대로 인간성의 종교는 이러한 과정들을 거치면서 현대 사회에서 더욱 강력하게 자리 잡고 전파될 것이다. 오늘날처럼 인간 중심적 세계관과 가치관이 확산된다면 인간성의 종교의 전파 범위와 강도 역시 날로 확장될 수 있을 것이다. 이 종교는 기독교와 함께 갈 수도 있고 그렇지 않을 수도 있다. 그 경계점은 인간성 혹은 인간의 존엄성을 어디까지 승격시키느냐에 의해 구분된다. 인간성과 신성의 관계 설정 문제가 이 종교가 기독교에서 어떤 위치를 가질 것인가를 결정하는 핵심 요소가 될 것이다.

---

41 스미스, 136쪽.

10.
교단 갈등 시대의 서막:
서사와 코드로 본 1953년 한국 장로교회 분열

들어가는 말

1953년 4월 24일 대구 서문교회에서 열린 제38회 대한예수교장로회 총회에서 이후 '예장(예수교 장로회)'과 '기장(기독교 장로회)'이라고 명명된 교파의 분열이 발생하였다. 분열의 원인으로는 신학적 요인과 교권적 요인이 있었는데 외부에 알려진 것은 주로 신학적 요인이었으며, 신학적 요인의 핵심에는 소위 자유주의 신학과 정통주의 신학의 대결 혹은 성서 해석 방법론에 대한 대립적 사고가 자리 잡고 있었다. 정통주의 신학과 성서관의 근저에는 1648년에 발표된 웨스트민스터 신앙고백이 놓여 있다는 주장이 흔히 제기되기도 하나, 근본적인 토대는 칼뱅의 신학이었다.[1] 물론 칼뱅을 축자영감설의 기원으로 간주할 수 없다는 주장도 있다. 그러나 중요한 것은—특히 사회학 논문에서— 사실보다는 인식이다. 개인의 판단과 행동은 사실보다는 사실에 대한 인식에 근거하기 때문이다.

1953년 분열을 전후하여 정통주의자들은 축자영감설과 성서무오설을 반대하는 자유주의 신학의 김재준이 칼뱅을 따르지 않는다고 생각했다. 칼뱅을 따른다면 정통주의 성서관을 거부할 수 없다는 것이다. 이러한 인식이 한국 교계, 특히 보수 진영에 팽배하였다는 사실은 김재준의 다음 글들에서 잘 나타난다.

"내가 신신학자로, 칼빈신학을 부인하는 자로 운운하는 이도 있다고 들었습니다."[2]

"저가 정통을 자랑하는가? 나도 그러하다. … 저가 칼빈의 신학을 수호하는가? 나도 그러하다. 나는 칼빈이 주창하였기 때문에 좋다는 것이 아니라 자유로 여러 신학자의 순수한 학적 양심을 두드리다가 결국 칼빈의 문하에서 내 신앙의 지적 결론을 얻었기 때문이다."[3]

---

1   "웨스트민스터 신앙고백(1648년)은 장로교회의 신앙고백으로써 가장 이른 것으로 알려져 있지만 사실은 이 신앙고백의 배경에는 영국과 아일랜드의 청교도 신앙고백이 선재하여 있었고 그리고 그 청교도의 신앙의 배경에는 제네바의 개혁자 존 칼빈의 신학이 있었다." 이장식,《한국 교회백년》(한국기독교문화진흥원, 1987), 140쪽: "칼빈과 웨스터민스터 신앙고백 사이에 연속성이 있느냐 하는 논쟁에도 불구하고 칼빈의 성경관이 웨스트민스터 신앙고백에 분명히 반영되었음은 의심의 여지가 없다." 박윤규,《한국 장로교 사상사》(총신대학교출판부, 1992), 352쪽.
2   김양선,《한국기독교해방10년사》(대한예수교장로회, 1956), 242쪽.
3   양낙홍,《한국장로교회사》(생명의말씀사, 2008), 525~526쪽.

칼뱅과 그의 신학은 분명히 기장과 예장의 분열 사건에서 일정 역할을 수행하였다. 1953년까지 이어진 양측의 신학적 분규에서 칼뱅은 자유롭지 못하다. 설령 칼뱅의 신학이 실제로는 성경무오설이나 축자영감설과 동떨어져 있다 하더라도 당시 한국 교인들의 인식 안에서 칼뱅은 이 사건과 무관하지 않았다.

이 글은 칼뱅의 성서관, 그리고 이 성서관에 근거한 웨스트민스터 신앙고백이 한국 장로교회 역사에 가져온 교단 분열의 과정을 문화사회학의 입장에서 조망하는 연구이다. 이 과정을 문화사회학적으로 접근하는 이유는 장로교회 내의 갈등이 분열 사태로까지 이어진 연유에는 신학적 요인 혹은 교권(정치 및 경제)적 요인뿐만 아니라 문화적 요인도 있다고 보았기 때문이다. 따라서 분열에 이르게 한 문화적 요소들을 찾아 분석하는 것이 필요하다. 이러한 문화적 접근은 본 사건의 발단, 전개, 결과에 대한 새로운 분석을 가능하게 하며, 이 새로운 분석에 본 연구의 의의가 있다.

문화사회학: 코드와 서사

제프리 알렉산더와 필립 스미스는 사회현상을 설명하는 데 있어 경제나 정치 구조 외에도 문화 구조의 중요성을 강조한다.[4] 그에 따르면 문화

4　필립 스미스, 《문화 이론》, 한국문화사회학회 옮김(이학사, 2008), 19~20쪽; 제프리 알렉산더, 《사회적 삶의 의미》, 박선웅 옮김(한울, 2007), 14쪽.

는 정치나 경제 구조로 환원될 수 없는 독자적이고 자율적인 위치를 가지고 있으며, 때로 정치와 경제 구조의 독립변수가 되기도 한다. 이들은 문화적 요소들을 활용해 사회현상과 사회변동을 분석하면서 정치나 경제적 관점에서 설명하지 못한 것들을 해석해내기를 즐긴다.[5]

이들이 자주 사용하는 분석 틀 중 하나가 성과 속(혹은 선과 악)이라는 이항대립적 분류 체계이다. 그들은 뒤르켐과 레비스트로스의 연구에 근거해 "모든 집단의 중심에, 규모에 상관없이, 성과 속으로 확연히 구분되는 집합 표상의 상징 질서가 존재"한다고 보았고, 사회 구성원들은 이 집합 표상의 상징체계 안에서 "연대를 창출하고, 의례에 관여하며, 집합적으로 구조화된 강력한 '마나mana' 혹은 의미—감정을 유통시킨다"고 이해하였다.[6] 알렉산더는 이 이항대립이 "모든 인류 사회의 본질적 특징"이었음을 주장하고, 이 대립을 분석함으로써 사회의 현상과 변동을 설명할 수 있다고 생각하였다. 그는 이렇게 사회를 분석하는 것이 "복잡한 경험세계를 두 개의 대립하는 형태로 단순화시키며, 그 사이의 모든 회색 영역을 감소시킨다"고 하였다.[7] 혹자는 이러한 성과 속의 이항대립적 시도가 이분법적이고 다양성을 배제한다고 지적할 수 있으나, 연구의 대상이 일상의 평범한 사건이 아니라 갈등과 대립의 사건, 특히 외상이 심한 사건social trauma이라면 이러한 시도가 더 적합할 수 있다. 그러한 상황에서는 회색 혹은 중도 영역이 미미할 수밖에 없기 때문이다.[8]

---

5 Sociology of Culture 대신에 Cultural Sociology를 주창하는 알렉산더와 스미스의 '문화사회학'에 대해서는 알렉산더의 책 서론 및 1장과 스미스의 책 5장 및 11장을 참조하라.

6 알렉산더, 17쪽.

7 Ibid., 78~79쪽.

알렉산더는 선과 악을 "존재론적인 것이 아니라 인식론적인 것"이라고 본다.[9] 곧 선과 악의 범주는 "자연적으로 존재하는 것이 아니라 임의적인 구성, 즉 문화적, 사회적 작업의 산물로 인식되어야 한다는 것이다". 결국 선과 악은 구성 혹은 생성becoming의 문제이다. 이는 한 사건이 선 혹은 악의 위치를 차지하는 것은 그것이 어떠한 방향으로 구성(혹은 코딩)되는가에 달려 있다는 것을 의미한다. 구성의 향방과 성격에 따라 외상 사건이 선이 되기도 하고 악이 되기도 한다.

한편, 사건의 진행에 있어 이러한 구성은 선택 사항이 아닌 필연적인 것이다. 왜냐하면 사람들은 이 문화적 구성에 근거해서 외상적 사건을 이해하고 그에 따라 자신의 의견과 행동을 표출하기 때문이다. 사람들은 이 구성을 통해 사건의 성격을 인식하고 그 사건에 대응하는 방식을 결정하는 것이다.[10] 해당 사건이 갈등적이고 대립적인 경우에는 이러한 구성이 더욱 필요하다.

문화사회학은 이 구성의 과정에서 코드와 서사의 역할을 중요시한다. 외상적인 사건이 알려지는 과정에서 그 사건이 어떻게 코딩되는지, 그리고 어떤 서사로 구성되는지에 따라 사건의 성격과 의미가 달라지기 때문이다. 이항대립에 따라 두 개의 대립되는 코드가 형성되는데, 바로 성과 속(혹은 선과 악)으로의 코딩이다. 이 코딩은 사건의 범주와 성격을 나타내준다. 그러나 코딩만으로는 그 사건의 내용이 정확히 무엇인지

8　이에 대한 대표적인 연구로 알렉산더의 책 6장, 〈민주적 의례로서의 워터게이트〉를 참조하라.

9　Ibid., 78쪽.

10　알렉산더와 스미스는 이러한 구성을 '재현' 혹은 후설과 슐츠가 말하는 '전형화'라고 설명한다. 알렉산더, 82쪽; 스미스, 118쪽.

알 수 없기 때문에 코딩으로 사건의 의미를 명확히 규정할 수는 없다. 코딩은 공시적 차원에서 사건의 단면을 나타내주지만 통시적 차원에서 사건의 흐름을 나타내지는 않기 때문이다. 그래서 통시적 차원을 내포하고 있는 서사의 출현이 필요하다.[11]

로널드 제이콥스Ronald Jacobs는 사회 과정과 사회 변화에 관심을 갖고 있는 사회학자에게 서사 연구는 중요한 분석 도구가 된다고 말한다.[12] 이는 서사가 사회적, 공동체적 정체성과 의미를 구성하고 사회적 행위를 가능하게 하는 데 있어서 중요한 역할을 수행하기 때문이다. 플롯, 인물, 장르로 구성되는 서사는 사건의 전후 사정, 전개 과정, 인과관계, 사건 관련자들의 역할과 책임, 사건에 대한 해석 등을 포함한다. 이를 통해 서사는 개인 또는 공동체가 겪고 있는 사건을 '이야기'를 통해 이해하도록 도와준다.[13] 또한 개인 혹은 개별 공동체는 자신들의 서사를 더 큰 집단의 서사와 연결시킴으로써 그 집단 공동체, 사회와 공명할 수

---

11   알렉산더, 81쪽.

12   최종렬 엮고 옮김, 《뒤르케임주의 문화사회학》(이학사, 2007), 127쪽.

13   서사가 이러한 역할을 수행할 수 있는 것은 서사가 발생한 사건들에게 지속성과 동일성을 제공하기 때문이다. 각개의 사건들은 일회성, 불연속성, 비동일성, 혼돈의 상태에 존재한다. 그러나 서사는 사건들에게 지속성과 의미와 동일성을 부여하면서 그 사건들을 사람들의 인식과 판단의 범위 안으로 끌어들인다. 이런 의미에서 "서사를 통해 우리는 실재처럼 현실(사건들)을 생생하게 인식할 수 있다"고 말할 수 있다. 박승길, 〈포스트모던 문화의 서사구조와 현대 종교시장의 스펙트럼〉, 《종교사회학특별포럼자료집》(한국종교사회학회, 2009), 1쪽. 물론 서사는 "현존하는 실제 자체가 아니라, 오히려 부재의 허상이나 비실재적 이념형"일 수 있다. Ibid. 이것은 블라디미르 프롭Vladimir Propp이나 노드롭 프라이의 서사 연구에서 알 수 있다. 그럼에도 불구하고 사람들은 이러한 서사를 통해 자신의 주위에서 일어난 사건들을 의미 있는 실재로 인식하게 되고, 이에 근거해 행동을 취한다. 따라서 서사의 부재는 "알 수도 아무것도 할 수 없는 현장으로 부재 현장이기도 하다". Ibid.

있다.[14] 이러한 동일화를 통해 개인 혹은 개별 집단은 자신들의 정체성, 역할, 그리고 행위의 의미를 구축할 수 있으며, 그에 근거해 생각과 행동을 취하게 된다.

서사 연구가 특히 필요한 경우는 하나의 특정 사건을 상이한 사회집단이 서로 다르게 인식할 때이다. 한 사건은 여러 공동체나 공론장에서 상이한 방식으로 서사화될 수 있는데, 이때 발생한 경쟁적인 서사는 위에서 언급하였듯이 사람들이 해당 사건을 상이하게 이해하게 함으로써 그들을 갈등 관계에 놓이게 한다.[15] 특히 위기 상황에서 서사는 경쟁과 분열에 연결되며, 이때 그 "위기의 결과는 결정되어 있다기보다는 서사 구조와 사건 전개 과정 간의 상호작용에 달려 있다".[16]

한편, 서사에는 장르와 플롯이 존재하는데, 서사를 연구한 노드롭 프라이는 장르와 플롯 사이의 연결을 시도하면서 네 가지 서사, 곧 로망스 서사, 희극 서사, 비극 서사, 아이러니 서사를 구성하였다.[17] 이 글은 로망스 서사와 비극 서사에 주목한다. 로망스 서사에서는 일반인보다 힘이나 지혜가 많은 영웅이 등장해 공동체가 당면한 문제를 해결하고 공동체를 다시 안정과 통합으로 이끈다. 비극 서사에서도 영웅이 등장하지만 이때 영웅은 지배 집단의 공격을 받아 "속하기를 바라는 집단에서

---

14 알렉산더, 130~131쪽.

15 Ibid., 132~133쪽.

16 Ibid., 132쪽. 제이콥스는 이와 관련된 구체적인 예로 드레퓌스 사건, 워터게이트 사건, 로드니 킹 구타 사건을 들고 있다. 이에 대해서는 알렉산더의 책 중 6장 〈민주적 의례로서의 워터게이트〉와 제이콥스의 〈시민사회와 위기: 문화, 담론 그리고 로드니 킹 구타〉(최종렬, 127~174쪽)를 참조하라.

17 노드롭 프라이, 《비평의 해부》, 임철규 옮김(한길사, 2007), 307쪽; 스미스, 313~314쪽.

의 … 그 개인에 대한 축출과 같은 비극적인 종말이 발생한다".[18] 필자는 이번 주제의 특성을 고려하여 로망스 서사를 '영웅' 서사라는 명칭으로 대치하여 사용하고자 한다.

한 가지 주목할 사항은 이 코딩과 서사라는 문화적 구성의 향배가 누가 상징의 생산수단을 가지고 있느냐에 달려 있다는 것이다. 일반적으로 문화 권력이라고 할 수 있는 상징 생산수단의 통제자들이 코딩과 서사를 구축해 나간다.[19] 그리고 대부분의 경우 이들은 문화적으로뿐만 아니라 사회적으로, 정치적으로, 경제적으로 상위에 속한 계층이다. 이들이 주로 사건과 관련된 코딩과 서사를 주도하거나 통제하여 사건을 구성, 재현하며, 여타의 사람들은 이들이 제공한 코드와 서사를 수용해 이에 따라 사건을 이해하고 관련된 사회적 행위를 실행한다. 상위 계층은 빈번하게 자신의 관심과 목적에 따라 그에 적합한 코드와 서사를 구축한다.[20]

이러한 코드와 서사가 구성되거나 수용되면 사람들은 이에 단지 인지적으로만 반응하는 것이 아니라 감정적으로도 반응한다. 곧 공유되고 있는 성스러운 것(혹은 선한 것)을 위협하거나 오염시키는 속(혹은 악)

18　스미스, 314쪽.

19　알렉산더, 79~80쪽.

20　이는 코드나 서사 구축이 반드시 의도적으로 수행된다는 지적은 아니다. 개인이나 집단은 자신들의 목적과 관점에 무의식적으로 반응하면서 서사를 구축해 나갈 수 있다. 다시 말해, 코드나 서사 구성자들은 서사 구축을 자연스러운 것으로 이해할 수 있다. 그러나 분석적 차원에서 보면 그것은 롤랑 바르트의 의미에서처럼 자연이라기보다는 역사이다. 그것은 결코 자연스러운 것이 아니라 역사나 사회 혹은 개인의 관심과 의도에 따른 결과이다.

에 대해 강한 반대적 감정을 갖는다. 뒤르켐식 표현으로 다시 언급한다면, 사람들은 코드와 서사의 집합적 상징체계 안에서 '연대를 창출하고, 의례에 관여하며, 집합적으로 구조화된 강력한 마나 혹은 의미—감정을 유통시킨다'. 따라서 코드와 서사는 사람들의 생각을 규정할 뿐만 아니라 사람들이 악에 분노하게 함으로써 성을 지키는 데 중요한 '안전 장치'를 확립한다. 알렉산더는 성을 위협하거나 오염시키는 모든 것은 억제되어야 하기 때문에 이러한 위협이나 오염의 근원은 제거의 대상으로 인식되어 필요시 강력한 공격을 받을 수 있다고 지적하였다.[21] 바로 이런 상황으로 인해, '영웅' 서사에서는 '영웅'이 출현하여 위협이나 오염의 근원을 제거하고 공동체를 안정과 통합으로 이끄는 반면, 비극 서사의 영웅은 지배 권력의 공격을 받아 탄압이나 축출과 같은 비극적인 결말을 맞는 것이다.

1953년 교파 분열

한국 교회는 선교가 시작된 이래 반세기가 흐를 동안 "변함없이 철저한 보수주의 신학 사상에 의하여 훈도되어"왔다.[22] 1934년 제23회 장로교 총회에서 창세기 저자 문제에 대한 신학 논쟁이 처음으로 한 차례 있었을 뿐 한국 교회는 근본적으로 보수 신학의 토대에 놓여 있었다.[23] 그러

---

21 알렉산더, 78~79쪽.
22 김양선, 196쪽.

나 1945년이 지나면서 1920년대 미국에서 벌어진 현대주의 및 근본주의 논쟁과 유사한 사상적 대립이 한국 교회에서 발생하였으며, 이는 결국 한국 교회 분열의 요인이 되었다.

이 분열의 중심에는 신학적 논쟁이 있었는데, 이 사상적 논쟁 외에도 교권 대립이 존재하고 있었다. 이 시기 보수주의 신학을 대변한 측은 박형룡과 고려신학교 및 장로회신학교였고, 현대주의를 대변한 측은 김재준과 조선신학교였다. 또한 이 양자 간의 대립 뒤에는 관련 장로교회 총회, 노회 및 구성원 들이 있었다. 비록 사상 대립에서는 양자 간의 대등한 대결이 어느 정도 가능하였으나, 교권에 있어서는 그렇지 않았다. 한국 교회는 '변함없이 철저한 보수주의 신학 사상에 의하여 훈도되어' 온 교회였으므로 박형룡과 장로회신학교 측 인사들이 우세한 교권을 발휘할 수 있었다.

그러나 문화사회학적 관점에서 볼 때 신학과 교권만으로는 교단 분열이라는 과정과 결과를 충분히 설명할 수 없다. 과정과 결과를 제대로 이해하기 위해서는 문화적 요인들도 분석해야 한다. 이항대립, 코드, 서사 등과 같이 이 분열 사건에서 중요한 역할을 수행한 문화적 요소들을 고찰하고 분석해야 하는 것이다. 보수 진영은 자신들과 자유 진영의 대립을 이항대립의 구도, 즉 성과 속(혹은 선과 악)의 대결로 인식하였다. 이들은 김재준과 조선신학교를 '신신학', '자유주의자', '이단 신학교', '용공주의자'로, 자신들은 '정통', '성서 중심', '전통 수호', '교

23　1925년 캐나다 장로교회의 연합교회 가입 문제로 인한 신학 논쟁은 여기서 다루지 않기로 한다.

회 수호'로 코딩하였다. 또한 보수 진영은 전개 과정에서 발생한 여러 사건들을 자신들의 행동을 정당화하는 '영웅' 서사로 구성하였다. '악인'이 출현해 '진리'를 위협하는 상황에서 '진리'를 수호하기 위해 '분연히' 일어나 싸우고 지켰다는 것이다. 보수주의는 이러한 코딩과 서사를 통해 1953년 사건에 대처하면서 자신들이 원하는 방향으로 사건의 성격과 의미를 구성하여 사람들에게 제공하였다. 진보 진영 역시 자신들에게 맞는 코딩을 수행하였고 '영웅' 서사도 구성하였다. 그러나 상징 생산수단의 통제력은 보수 진영이 더 강했다. 자연히 김재준과 조선신학교의 신학은 성(혹은 선)을 대표하는 정통 신학을 위협하고 오염시키는 속(혹은 악)의 범주에 속한 것으로 인식되었고 결국 제거되어야 할 대상이 되었다. 좀 더 자세히 살펴보자.

논쟁의 발단은 김재준에게서 시작되었다. 김재준은 일제 식민지 기간 동안 일본의 청산학원과 미국의 웨스턴 신학교에서 소위 자유주의 신학 사상을 배웠으나, 한국에 돌아와서는 보수 진영의 교권으로 인해 자신이 습득한 사상을 자유롭게 발표할 수 없는 제한된 교수 활동을 하고 있었다. 그러나 1945년 해방을 계기로 상황이 달라졌다. 평양신학교와 이북 기독교는 38선으로 인해 지리적으로 고착되었고, 주요 보수 진영 신학자들과 선교사들은 1938년 신사참배 반대 사건으로 도피하거나 추방된 후 아직 귀국하지 못한 상태였다. 이러한 공백 속에서 김재준은 1946년 남부총회에서 인준받은 서울의 조선신학교 교수로 재직하게 되면서 "자유주의 신학 사상을 기탄없이 발표하는 동시에 보수주의 신학에의 도전을 공연히 선포하였다".[24] 특히 성서무오설과 축자영감설을 공격하였다.

김재준은 보수 진영의 성경무오설에 대해 "성경이 수많은 과학적, 지리적, 역사적 오류를 담고 있는 명백한 증거들이 있다고 주장"하였다.[25] 축자영감설에 대해서도 그는 "하나님의 계시에 대해 인간은 단지 기계적인 반응을 보이는 것이 바로 축자영감설"이라고 보았는데, 그에 따르면 "이것은 '살아계신 하나님을 떠나 지식 자체를 우상화한 결과'에 버금가는 현상이며, '교리적 노예dogmatic bondage'라고 불려질 만하고 또 '어떤 이념이 표현하려는 현실에 충성하려는 것보다도 그 이념 자체에 충성하려는 것이다'". 그뿐만 아니라 그는 축자영감설을 "성서를 자의적으로 이용하고 자기 주장을 관철하기 위한 '불경건한 태도'의 하나라고 보았다".[26]

보수 진영은 이러한 김재준의 학문적 도전에 적절히 대응할 신학적 인물이 부재하여 곤궁을 겪던 중 1947년 가을, 10여 년간 만주에서 망명 생활을 하던 박형룡의 귀국을 맞이하게 되었다. 그는 고려신학교 학장으로 초빙되어 귀국하는 길이었는데 보수 진영은 그를 김재준에 대항할 적합한 인물로 간주하였다. 그리고 "한국 교회가 기대했던 것처럼 박형룡 박사는 김재준의 자유주의 성경관을 비평하는 일에 전투적일 만큼 적극적"으로 활동하게 되었다.[27]

이 두 학자 간의 대결은 1949년 조선신학교의 학생 51명이 김재준 목

24 김양선, 199쪽.

25 박용규,《한국기독교회사 2》(생명의말씀사, 2004), 909쪽.

26 최성수, 〈김재준과 박형룡의 논쟁에서 나타난 신학적 배타성과 한국신학의 과제로서 비판신학〉,《기독교사상》45권 6호(대한기독교서회, 2001), 210쪽.

27 박용규,《한국장로교사상사》, 316쪽. 김재준과 박형룡은 이미 1935년 평양신학교의 기관지

사와 조선신학교를 반대하는 성명서를 총회에 제출하면서 본격적으로 촉발되었다. 학생들의 핵심 주장은 한마디로 김재준과 그의 신학이 '우리와 다르다'는 것이었는데, 바로 이질성을 말한 것이었다. 신학의 가르침이 '다르고' 신학교의 분위기가 '다르다'는 것이었다. 이들은 성명서 서두에 "우리가 초시로부터 믿어오던 신앙과 성경관이 근본적으로 뒤집어지는 것을 느꼈습니다"라고 적었는데, 이 이질성은 주일 성수, 새벽 기도회, 전도 활동, 학생 선발에 대한 김재준과 학교 측의 태도에서도 발견되었다고 하였다.[28]

박형룡은 총회의 요청에 따라 반대 성명서와 이에 대해 김재준이 총회에 제출한 진술서를 조사하였고 그 후 "김재준 교수는 '성경의 파괴적 고등비평의 옹호자와 신신학의 옹호자로 자현함이 명백하다'고 결론을 내렸다".[29] 그는 또한 김재준이 "성경 전부의 권위를 의문케 함이니 이 어찌 성경의 권위에 대파괴를 행함이 아니랴!"라고 비탄하면서 김재준이 "한국 교회를 '능욕'한다고 고발하였다. … 당시 이견은 능욕이었다".[30] 이러한 박형룡의 활동에 대해 "논쟁의 일선에 있던 이들은 물론 한국 장로교의 자유주의화를 염려한 교계 지도자들은 그에게 열렬한 박

《신학지남》1월 호의 권두언 문제로 인해 서로 대립 상태에 있었다. 박형룡은 김재준의 글이《신학지남》에 게재되는 것을 적극 반대하였던 것이다.

28 예를 들어, "교회 천서 없는 학생을 입학시켜 다수 공부하고 있는 것. … 현재 학생들의 신앙적 훈련은 일체 등한시하여 새벽 기도회엔 학교 구내 선생도 불참석은 물론, 120명의 기숙 학생 중, 20~30명밖에 출석 안 하는 것. 학우회 전도부 주최의 전교 학생 동원 전도를 중지시켜 일회도 학교적으로 전도한 일이 없음". 김양선, 221~222쪽.

29 박용규,《한국기독교회사 2》, 936쪽.

30 김양선, 230쪽; 민경배,《한국기독교회사》(한국기독교출판사, 1982), 461쪽.

수를 보내주었다".[31] 이들에게 '자유주의화'는 위협이고 오염이었다. 그리하여 이 이질적인 것은 정화되어야 하거나 혹은 정화가 가능하지 않으면 제거되어야 했다.[32]

김재준과 조선신학교에 대한 이러한 공격이 대립을 더욱 격화시키면서 다음과 같은 상징 분류 코딩이 출현하였다. 먼저 정통주의 신학 측의 분류이다.[33]

〈보수 진영의 상징 분류 체계〉

악(속)	선(성)
김재준	박형룡
조선신학교	고려신학교 / 장로회신학교
자유주의 신학	정통주의 신학
인본주의	신본주의
성서유오설	성서무오설
고등비평	축자영감설
전통 파괴	전통 수호
성경 파괴자	성경 수호자
이단자	전통주의자
용공주의자	반공주의자
교회 능욕자	교회 수호자
질서 파괴자	질서 수호자

---

31 박용규, 《한국기독교회사 2》, 934~935쪽. 이러한 비판에 대해 김재준은 "'교권을 잡고 있던 바리새인들은 자기네가 틀림없는 정통이라는 자신이 너무나 강하였기 때문에 자기네보다 조금이라도 다른 사람은 질서 문란, 율법 비방 등의 구실하에 이단으로 몰아 여지없이 심판을 내리는 것이었다'"라고 말하였다. 박용규, 《한국기독교회사 2》, 946쪽에서 재인용.

32 "김재준은 이유 없이 교단의 교권주의자들과 마음이 이미 돌처럼 굳어진 율법주의자들에 의해 '신신학자', '성경 파괴자', '예수의 신성, 기적 부활 승천을 믿지 않는 자', '인본주의자', '빨갱

이러한 코딩은 해당 사건의 범주와 성격을 나타내준다. 다시 말해 이 코딩은 사건에 직접 관련된 사람뿐만 아니라 주변 사람들에게도 사건의 분류와 성격을 파악하는 데 도움을 준다. 예를 들어 김재준 측은 '악'이고 박형룡 측은 '선'이며, 김재준 측은 '진리 파괴자'이고 박형룡 측은 '진리 수호자'라는 판단을 쉽게 갖도록 해준다. 물론 이러한 분류는 위에서 언급하였듯이 인식론적 행위이므로 매우 자의적이다. 그럼에도 불구하고 사건은 이러한 코딩으로 인해 보다 분명하게 재현되고 인식된다.

이러한 코딩과 함께 서사가 추가되면 사건의 기원, 발전, 인과관계, 주요 인물들에 대한 역할과 책임, 사건의 해석에 대한 이해가 확장된다. 한 사건의 서사는 여러 상이한 방식으로 구성될 수 있는데, 상이한 서사들은 경쟁 관계를 이룬다. 1953년 사건은 두 가지 방식으로 서사화되었는데, 바로 영웅 서사와 비극 서사이다. 전자는 보수 진영에서 구성되었으며 후자는 진보 진영에서 구성되었다.[34]

보수 진영의 서사 내용은 크게 네 개의 플롯으로 나뉠 수 있다. 먼저, 사건의 발단(김재준의 자유주의 신학 표출), 사건의 파장(보수 진영 정통 신학의 위기), 사건의 전개(보수 진영의 반격), 사건의 종결(김재준과 조선신학교 축출)이다. 이 플롯은 대략 다음과 같은 내용으로 구성된다. '김재준

이' 등등으로 모함을 당했다. '그들이 중세기에 태어났더라면 나 같은 사람은 벌써 종교재판소에 걸려 분살됐을 것이다'라고 김재준은 속으로 생각했다." 김경재, 《김재준 평전》(삼인, 2001), 103쪽.

33 여기서 선과 악은 존재론적이 아니라 인식론적이라는 앞의 지적을 다시 생각해볼 필요가 있다. 예를 들어, 자유주의와 정통주의, 교권 수호와 교권 도전은 존재론적 선 혹은 악이 아니다. 그것은 구성의 문제이며, 이 구성은 개인이나 집단에 의해 형성된다. 예를 들어, 신약 공동체에게 유대교 교권에 대한 도전은 악이 아니었다.

34 후자에서도 영웅 서사를 발견할 수 있다. 이에 대해서는 후반부에 다시 언급하기로 한다

은 해방을 전후하여 자유 신학을 표출하면서 한국 교회에 자유주의를 퍼뜨리고자 하였고, 교단이 이를 치리하자 그에 대적하면서 교계의 질서를 혼란스럽게 하였다. 그럼에도 보수 진영은 김재준과 그의 추종자들에게 반성과 복귀의 기회를 주었으나 그들은 이를 계속 거부하며 공격을 멈추지 않았고, 결국 보수 진영은 정통주의 수호를 위해 그들을 제거하여 한국 교회를 위기에서 구해내었다.'

이 서사의 형식은 보수 진영의 주도 인물이었던 박병훈 목사가 제38회 장로회 총회 이후 발표한 "전국 장로교회에 고함"이라는 성명서에서 잘 나타난다.[35] 비록 분열 후 발표한 성명서이지만 이는 그간 구성되던 서사가 발전하여 이루어진 결과라 볼 수 있다. 이 성명서는 다음 페이지의 표와 같이 분류할 수 있다.

보수 진영의 사람들은 이러한 코드와 서사를 통해 쉽고 분명하게 이 사건의 범주와 성격을 이해, 판단하였고 또 그에 따라 자신의 의견, 행동을 표출하였다. 또한 이들은 서사를 통해 사건의 변화와 추이를 이해하였고, 때로 이 집단 서사에 자신의 개인 서사(예를 들어, 정통 추구 혹은 성경 수호와 관련된 개인 서사)를 연결시킴으로써 보수 진영과 공명하면서 사건에 대응하였다. 예를 들어 '악한 자유주의 신학이 선한 정통 신학을 계속해서 심각히 위협하고 있다. 따라서 이 악과 싸워 선을 구하고 지켜야 한다. 이것이 하나님이 우리(개인 서사의 경우 나)에게 준 사명이다'라고 생각한 것이다. 이러한 생각은 사건이 '영웅적' 승리로 끝난 후에도 다음과 같은 형태로 지속될 수 있다. '우리(나)는 악을 물리치고 승리하

---

35 이 성명서의 전문은 김양선, 274~281쪽에 수록되어 있다.

사건의 발단	• "그(김재준)는…많은 수단 방법으로 자기 주장과 교수 내용을 가장 정당하며, 세계적이라고 고조하기를 주저하지 않았던 것이다." • "오늘 동교(조선신학교)의 교수, 학생은 모두 복음주의 보수 신학과 신앙 노선을 비평하고 총회를 반항한 행사, 언론문 등은 그 수를 헤아릴 수 없을 만큼 많은 것이다." • "그(김재준)의 직접 소치는 아닌지 알 수 없으나, 그 학교 학생을 중심으로 한 폭도 다수를 동원하여 완력으로 총회원을… 테로하는 행세로 응수하여 왔었다."
사건의 파장	• "조신(한신)은 그 신앙과 학문에 있어서 우리 총회와 대립하고 있으며 나아가서는 도전하고 있는 존재인 것이다." • "여기서 우리 총회는 유죄자의 항거를 책하며 규명함으로써 교회 정신앙을 보수하고 교계의 안녕 질서를 보전하여야만 될 사항"
사건의 전개	• "그러나 우리 총회는 그대로 어버이의 사랑의 마음을 버리지 않고 한 번 더 속아 보자는 격으로… 그의 법적 처단을 직결 시행하자는 다수 의견을 만류하고 그 선처를 한 번 더 하는 조건하에 전체 이 사회에 명명" • "끝까지 성경에 가르친 '사랑'과 '온유'의 방법을 불사하였으나, 저들은 반항, 혹은 도전, 기타 가진 수단 방법으로, 십 년을 혹은 삼십 년을 두고 싸우자고 선포를 공식적으로 설토하면서… 공공연하게 회의 방해, 비난, 욕설, 항의 등을 일삼을 뿐, 우리 총회의 평화적 해결의 성의를 무시하고 완강히 저항하는 기세를 노골화시켰다."
사건의 종결	• "마음은 원치 않는 바이지만 부득이 법에 호소하여 시와 비를 밝히는 외과 수술적인 방법 이외에는 별 도리가 없는 줄을 알아서 작년 37회 총회 시 입법 처단을 결의하고 그(김재준)의 소속 노회인 경기노회에 명명하였다가 경기노회가 여의치 않으므로 직결 처분하는 동시에 한국신학교 졸업생 처우 문제는 작년 총회의 결의를 재확인하는 등으로써 5, 6년 끌어오던 역사적인 이 문제를 일단락 지은 것이다." • "정신앙에서 이탈하여 그릇 감으로 총회 직영을 취소당한 것을 돌이키고 바른 길에 서게 되기를 바라는 마음에서 한 것이다. 그럼에도 불구하고 오히려 이를 불응하고 적대 행위를 하므로 동교 출신은 교역자 될 수 없다는 더 큰 채찍을 들어 경책해보는 결의인 것이다. 그러므로 제37회 총회 결의는 지당한 것이다."

였다. 우리는 하나님의 뜻을 이루었고, 마침내 사명을 완수하였다.' 이런 과정을 통해 우리(나)는 영웅 서사의 한 인물이 된다.

한편, 이러한 일은 단지 인지적인 차원에서만 발생하는 것이 아니라 감정적 차원에서도 발동된다. 보수 진영은 공유하고 있는 성스러운 것들을 위협하는 자유 진영에게 부정적인 감정을 표출하였다. 이들은 의례(예를 들어, 예배, 총회, 회의, 개인들 간의 만남 등)를 수행하고, 공동체로서의 연대감을 형성하고, 집합적으로 구조화된 강력한 의미와 감정을 유통시키면서 자유 진영을 제거하려 하였다. 그리고—아래에서 보다 자세히 언급하겠지만—그들 스스로 "대숙청"이라고 부른 김재준과 그의 신학교의 "처단"을 단행하는 데 "여력을 아끼지 않았다".[36]

이상과 같은 보수주의 측의 코딩과 서사에 대응하여 현대주의 측도 분류 체계를 구성하였다. 물론 초기에는 보수 진영의 코딩이 오해 혹은 모함이라고 지적하고 '우리는 다르지 않다'고 주장하면서 자신들이 이질적으로 분류되는 것을 거부하였으나 정통주의 측에서는 분명히 '다르다'고 구분하였다. 당시 활동했던 한 교회 사학자는 자유 진영에 대해 다음과 같은 인식을 피력하였다. "지금까지 '나는 너와 다른 것이 없다', '그는 너와 조금도 다른 것이 없다'는 식의 왜곡된 변호만을 위주로 하는 자유 진영은 차라리 '나는 이렇다. 이것이 우리의 소신하는 바 신학이다'라고 선명한 기치를 내세울 필요가 있었다."[37] 사건이 진행되면

---

36 "자유 진영은 수가 적으니만큼 법리논적으로 총회의 위반 행위를 극구 비난하였고, 상대편의 비난에 신경을 상한 보수 진영은 교권에 의하여 자유주의 신학을 제거하는 데 여력을 아끼지 아니하였다." 김양선, 260~261쪽.

37 김양선, 264쪽.

서 자유주의 신학 측에서도 이질성을 드러내면서 다음과 같은 코드화 작업이 형성되었다.[38]

〈자유 진영의 상징 분류 체계〉

악(속)	선(성)
박형룡	김재준
고려신학교/장로회신학교	조선신학교
교조주의 신학	자유주의 신학
율법주의	자유주의
교권 유지	진리 추구
바리새인/대제사장/율법학자/빌라도	'예수'/제자

　　자유 진영 또한 서사를 구성하였다. 한국 교회를 율법주의로부터 구한다는 '영웅' 서사적 구성은 초기에는 자유 진영에 존재할 수 있었으나 1952년 총회에서 교권주의자들에게 공격을 받아 이들이 결국 총회에서 제거되면서 서사는 '비극'의 형태를 취하게 되었다. 영웅 서사 기간에는 그 서사에 맞게 투쟁의 색채가 두드러졌지만, 비극 서사에 다다르면서 투쟁보다는 비통과 억울함의 분위기가 강해졌다. 그리고 언젠가는 옳고 그름이 밝혀질 것이고 결국 정의가 승리할 것이라는 '비극' 서사적 결론을 맺게 된다. '대숙청'이 실시된 38회 총회 직후 김재준이 남긴 말은 이를 잘 나타내주고 있다.

38　예를 들어, "장공은 《십자군》(1952년 4월)을 통해서 예수 당시 제사장과 바리새인들 그리고 율법학자들을 빗대어 정통 보수 진영의 한국 교회 지도자들을 강타한다. 그들은 당시 가장 고정주의적 고수파인 바리새인과 같고, 그들은 예수 살해의 주역을 담당했던 어용학자인 율법학자들과 같다고 맹공을 가한다". 손규태, 〈장공 김재준의 복음이해와 한국민족〉, 《신학사상》 115권(한국신학연구소, 2001), 115쪽.

한국신학대학은 죽었다. 가인에게 죽은 아벨과 같은 그는 형님에게 마자 죽었다. 하희는 하나님이 심판해주실 것이다. 하나님의 변호가 없었다면 승리는 영원히 가인에게 있었을 것이다. 그러나 하나님은 계시다. 한국신학대학은 다시 살 것이다. 복음의 자유, 학문과 양심의 자유를 위하여, 한국 교회의 역사를 창조하기 위하여 허무러진 한국산천의 재건을 위하여, 그리고 전 세계 크리스찬의 친교를 저버리지 않기 위하여 한국신학대학은 무덤에 머물 수는 없는 것이다.[39]

이 비극 서사는 김재준 개인의 비극 서사이자 '기장'의 비극 서사이지만 동시에 이들에게 동조하던 사람들에게도 전파되어 작동한 비극 서사이다. 이들은 수용된 비극 서사에 근거해 그간의 사건과 결과를 조망하면서 사건의 의미와 특징을 확정한다. 이같이 집단의 서사와 그 집단에 속한 개인들 간의 서사는 연결되어 있으며, 집단의 서사를 개인이 수용하여 활용하는 것을 서사의 자기화라고 일컬을 수 있다.

'기장'의 비극 서사가 전체적으로 잘 나타난 곳이 당시(1953년 6월) 자유 진영 측이 발표한 선언서이다. 이 선언서는 다음과 같은 플롯으로 구성되어 있다.[40]

---

39   김양선, 261쪽.

40   이 선언문은 김양선, 281~284쪽에 전문이 게재되어 있다. 이 선언은 분열 후 발표한 것이지만 그간 구성되던 서사가 발전하여 이루어진 결과라고도 볼 수 있다.

〈자유 진영의 비극 서사〉

사건의 발단	"해방 후 우리 장로교회에는 극단의 '전투적 근본주의'를 표방하는 당파와 그 동정자가 발흥하여 1951년 이해 '총회' 총대석의 다수를 점령하고 동시에 편협한 독선주의로 성도의 협동과 친교를 거부하고 오직 자기 독단에 의한 심판과 비리를 일삼아"
사건의 파장	"마침내 '거룩한 모임'을 위증과 저주의 탈쟁의 무대로 화하였다. 그리하여 헌법도, 신앙 양심도 유린되고 오직 '다수당'의 '기정 방침'만이 그 횡포를 극하게 되었다."
사건의 전개	"우리는 우리 장로교회의 정상적이요 세계적인 전통을 이 적은 당파인 타교파의 전단에 맡길 수 없었으며 복음의 자유를 그들의 율법주의에 희생시키거나, 신앙 양심의 자유를 그들의 불법한 교권에 종속시킬 수는 없었던 것이다. 그리하여 우리는 총회 당석에서 항의함과 동시에 … 총회에 그 불법 시정을 요청하였던 것이다."
사건의 종결	"그러나 '총회'는 추호도 반성할 의도가 없었을 뿐 아니라 더욱 강폭하여 정당한 여론을 봉쇄하여 양심이 충실하려는 회원들을 개인, 혹 노회로, 총회에서 제거하였으며 계속 제거할 태세를 갖추고 있는 것이다. 그리하여 총회 안에 머물러 그, 불의와 불법을 시정하려던 우리의 의도는 이제 온전히 그 가능성을 상실하였다."

이상에서 살펴본 것처럼 두 진영은 각자에 상응하는 코딩과 서사를 구성하면서 사건에 대처하였고, 당연히 각각의 코드와 서사는 갈등 관계에 놓이게 되었다. 이 갈등은 내용상의 갈등이자 사건의 성격과 의미에 대한 해석상의 갈등이었고, 정당성 획득과 관련된 갈등이었으며, 또한 추종자들의 협조, 동원과 관련된 갈등이기도 하였다. 그러나 상징의 생산수단에 대한 통제력은 보수 진영에게 있었다. 교권적으로 또 수적으로 자유주의 진영은 보수주의 측에 비해 자신들의 코딩과 서사를 정당화하고 파급시킬 힘이 미력하였다. 보수 진영은 이러한 상징 구성 및 통제 능력을 통해 김재준과 조선신학교를 악 혹은 속에 보다 분명하게 위치시켰고, 이에 근거해 악 혹은 속에 대한 일반적인 태도, 곧 악과 속

으로부터 성과 선을 지키려는 움직임을 수행하였다. 그리고 이와 관련된 사건들을 영웅 서사적 관점에서 인식하고 그에 따라 행동하였다. 구체적인 행동은 1948년 4월 20일 서울에서 열린 제34회 총회에서 시작되었고, 실제적으로 목표를 이룬 것은 1952년 4월 29일 "자유주의 신학의 대숙청의 단행이 예상되는 제37회 총회"였다.[41] 이 총회를 통해 보수진영은 다음과 같은 것들을 목표하였다.

> 그 첫째는 김재준 교수의 면직 처분이요, 그 둘째는 그와 동일한 신학사상의 소유자인 서고도 선교사의 처단이고, 다음은 앞으로 김재준 교수와 동일한 신학사상을 소유하거나, 옹호하거나, 변호하는 사람들의 처단이고, 그다음은 조신학교 출신의 교역자 불채용의 처단이었다.[42]

이러한 보수 진영의 움직임에 대해 김재준은 52년 3월에 다음과 같이 항변하였다.

> '학문과 신앙을 혼돈하여 학문에 속한 것을 신앙으로 해결하려는 것도 분간 없는 무지이다. 더군다나 학적 양심을 억압하며 학의 자유를 무시하는 것은 공산 공포정치에서밖에 볼 수 없는 야만성이다.'[43]

---

41 Ibid., 258쪽.

42 Ibid., 259쪽.

43 김재준, 〈그리스도교의 양극성〉,《십자군》7권(1952), 15~16쪽: 박용규,《한국기독교회사 2》, 945쪽에서 재인용.

그러나 제37회 총회는 보수 진영의 힘과 논리에 의거해 기존 목표대로 추진되었다. 회의가 시작되자 곧 "성경유오설의 주장자라는 죄목하에 김재준 교수의 처단이 논의되었다. … 결국 김 교수의 면직을 경기노회에 지시하자는 제안이 절대 다수로 통과"되었고 "마침내 조선신학 출신의 교역자 불채용을 의제에 올렸고 그것마저 다수결에 의하여 결정지었다".[44]

나오는 말

지금까지 살펴보았듯이 1953년 교단 분열을 문화사회학적으로 접근해 본 결과 기존의 연구들에서 나타나지 않았던 새로운 연구 결과들을 찾아볼 수 있었다. 그리고 사건의 발전과 결과에서 문화적 요소들—상징, 코드, 서사, 감정, 의미 등—이 중요하다는 것도 인식할 수 있었다. 물론 서두에서 언급하였듯이 이 사건에는 문화적 요소 외에도 정치적, 경제적 요인들이 작용하였다. 그러나 보다 정교하고 정확한 설명은 문화적 요인이 함께 해석될 때 얻어진다. 1953년의 분열 사건은 교권뿐만 아니라 상징의 생산수단까지도 소유하고 있던 보수 진영이 효과적이고 결정적으로 이항대립과 코드와 서사 등을 구성하여 사건을 재현한 결과이다.[45]

---

44 양낙홍, 529쪽; 김양선, 261쪽.
45 재현의 중요성에 대해 간단히 언급한다. 사건이 어떠한 의미와 특성으로 재현되는가에 따라

차후 연구를 위해 제언한다면 무엇보다 먼저 진보 진영의 서사가 처음부터 비극 서사였는지 혹은 영웅 서사로 시작하였으나 중도에 변화되었는지, 변화되었다면 그 원인이 되는 사건은 무엇인지 보다 자세히 살펴볼 필요가 있다. 또한 코드와 집단 서사에 대한 개인들의 인식, 의미 작용, 개인 서사적 반응을 더욱 구체적으로 보여줄 수 있는 자료들을 확보하는 것도 이 연구를 보다 깊게 만드는 계기가 될 것이다. 문화의 위치와 역할이 갈수록 증대되고 있는 이 시대에 문화사회학을 발전시켜 오늘날 현대사회에서 일어나는 여러 현상과 사건 들을 보다 세밀하게 분석하고 이해하는 것 또한 문화사회학도의 차후의 연구 과제라 할 수 있다.

그 사건에 대한 사람들의 인식과 태도가 다르게 결정된다. 재현을 구성하는 데 중요한 요소들이 지금까지 논의한 기호, 상징, 코드, 서사, 상징적 생산수단 등과 같은 문화적 요인들이다.

찾아보기